Predigten zum Lesejahr B

Das Reich Gottes ist nahe!

Michael Pflaum

Predigten zum Lesejahr B

Das Reich Gottes ist nahe!

Bibliographische Information der Deutschen Nationalbibliothek
Die Deutsche Nationalbibliothek verzeichnet diese Publikation
in der deutschen Nationalbibliographie; detaillierte
bibliographische Daten sind im Internet über http://dnb.d-nb.de
abrufbar

© 2017 Michael Pflaum
Herstellung und Verlag:
BoD – Books on Demand, Norderstedt

ISBN: 9783743165793

**Das Reich Gottes ist nahe!
Kehrt um und glaubt an das Evangelium!
Mk 1,15**

Inhalt

1. Adventssonntag: Utopie und Prophetie. 11
2. Adventssonntag: Ein Wissenschaftler sucht Gott. Eine Erzählung 16
3. Adventssonntag: Postwachstumsgesellschaft 20
4. Adventssonntag: Mit Kindern die Weihnachtsgeschichten von Lukas und Matthäus vergleichen 25

Christmette 28

1. Weihnachtsfeiertag: Die frohe Botschaft, dass Jesus der Logos ist. 33

Stephanus, unschuldige Kinder und die Erklärung zur Religionsfreiheit 36

Heilige Familie: Alle glücklichen Familien sind auf ihre besondere Weise glücklich. 40

2. Sonntag nach Weihnachten: Wie nach Weihnachten über Gott und Welt reden? Die Idiomenkommunikation 43

Erscheinung des Herrn: Platons Höhlengleichnis und die Epiphanie Gottes 46

Taufe Jesu: Vergiss es nie. Alle Menschen sind Kinder Gottes 49

Aschermittwoch: Kurzfilm „Am seidenen Faden" - Was sind meine Sicherungen? 53

1. Fastensonntag: Die Versuchung Jesu und „Der Herr der Ringe" 57
2. Fastensonntag: Jenseits von mehr und weniger 60
3. Fastensonntag: Mensch und Gott unverzweckt 65
4. Fastensonntag: Das innere Licht 69

5. Fastensonntag: Gedanken zum Opferbegriff 72
Palmsonntag: Warum wurde Jesus verurteilt? Der Prozess gegen Jesus 77
Gründonnerstag: Trotz Angst vor dem Tod 82
Osternacht: Was die Auferstehung über Gott offenbart 86
Ostern: Auferstehung damals - Ostererfahrungen heute 90
Ostermontag: Was die Auferstehung über Jesus Neues offenbart 94
2 Ostersonntag: Thomas Wundmale müssen sein 98
3. Ostersonntag: Der Friede, der alles Denken übersteigt 99
4. Ostersonntag: Ranieros Lichtflamme 103
5. Ostersonntag: Lumen gentium – Die Kirchenkonstitution 110
6. Ostersonntag: Die drei Ebenen der Gegenwart Gottes 116
Christi Himmelfahrt: Die 4 Grundaufgaben der Kirche 120
7. Ostersonntag: Heilige deinen Namen, im Namen ist alles 124
Pfingsten: Drei Pfingstwunder in unserer Zeit 127
Dreifaltigkeitssonntag: Spiritueller Zugang zur Trinität 131
2. Sonntag im Jahreskreis: Christologie von unten und von oben nach Karl Rahner 134
3. Sonntag im Jahreskreis: Paulus nach Alain Badiou 138
4. Sonntag im Jahreskreis: Dämonen und die anonyme Alkoholiker 143
5. Sonntag im Jahreskreis: Der Mensch ist Geist und Körper 147

6. Sonntag im Jahreskreis: Orte und Zeiten im Markusevangelium 152

7. Sonntag im Jahreskreis: Das Reich Gottes im Zwischenmenschlichen, im Werden und in der Minorität .. 156

8. Sonntag im Jahreskreis: Sacrosanctum Concilium – die Liturgiekonstitution 160

9. Sonntag im Jahreskreis: Parrhesia – freie Rede 166

10. Sonntag im Jahreskreis: Gewaltlogik nach Wink Ziel von GfK 170

11. Sonntag im Jahreskreis: Von der Langeweile zur Gnade 171

12. Sonntag im Jahreskreis: Wirtschaftskrisen 176

13 Sonntag im Jahreskreis: Heilung geschieht in Begegnung 182

14. Sonntag im Jahreskreis: Ignatius´ Gesprächsregeln 184

15. Sonntag im Jahreskreis: Die Narrheit der Armut 189

16. Sonntag im Jahreskreis: Aus der Einheit leben 193

17. Sonntag im Jahreskreis: Das Denken der Fülle 197

18. Sonntag im Jahreskreis: Ich bin das Brot des Lebens – Jesus als Symbol der Liebe Gottes 200

19. Sonntag im Jahreskreis: Einführung in das Johannesevangelium 205

20. Sonntag im Jahreskreis: Realpräsenz 211

21. Sonntag im Jahreskreis: Der Geist ist es, der lebendig macht – Freiheit nach Viktor Frankl 215

22. Sonntag im Jahreskreis: Umdeuten 218

23. Sonntag im Jahreskreis: Konsum versus Mitbeter ... 221

24. Sonntag im Jahreskreis: Die Jüngerregel 224
25. Sonntag im Jahreskreis: 10 Mal dienend leiten............229
26. Sonntag im Jahreskreis: Die Entwicklung der Ökumene im II. Vatikanum..................232
27. Sonntag im Jahreskreis: Anfängergeist 237
28. Sonntag im Jahreskreis: Der heilige Franziskus............240
29. Sonntag im Jahreskreis: Der Weg Jesu angesichts der Ungerechtigkeit 245
30. Sonntag im Jahreskreis: Die kleinen Helden im Markusevangelium 250
31. Sonntag im Jahreskreis: Gottesliebe und Nächstenliebe 254
32. Sonntag im Jahreskreis: Die Frage nach Hobbes Urzustand und das Paradox der armen Witwe................258
33. Sonntag im Jahreskreis: Rahners Gedanken zu Mariä Himmelfahrt................263
Christkönig: Hoffnung auf mehr Frieden? 266
Allerheiligen: Wer ist Ihr Lieblingsheiliger? 268

1. Adventssonntag: Utopie und Prophetie.

Mk 13,24-37
Für die meisten Menschen ist Advent nur eine Vorbereitungszeit auf Weihnachten, Vorfreude auf das große Familienfest. Unser heutiges Evangelium aber verweist uns auf eine ganz andere, viel größere Dimension: Advent ist Erwartung, dass der Herr kommt, dass sein Reich anbricht, dass er die Zukunft gestaltet und vollendet!
Ja, der normale bürgerliche Christ in Europa oder Amerika hat diese Dimension von Advent überhaupt nicht in seinem Bewusstsein. Ebenso wenig kann er mit Prophetie oder Utopie etwas anfangen. Wenn vielen normalen bürgerlichen Christen die adventliche Haltung, Prophetie und Utopie fremd sind, dann entgeht ihnen wohl eine wesentliche Dimension des Christlichen! Denken wir an den Propheten Amos im Alten Testament, der die soziale Ungerechtigkeit der Gesellschaft und die Herzenskälte der Reichen und Mächtigen anprangert – heute noch passend und lesenswert. Oder denken wir an Jesaja, dessen Texte wir im Advent besonders häufig lesen, - ein früher Meister der Utopie: „Dann wohnt der Wolf beim Lamm, der Panther liegt beim Böcklein." Jes 11,6.
Und die erste moderne Utopie schrieb nicht irgendein ein Schwärmer sondern der Heilige und Märtyrer Thomas Morus im Jahr 1515. Er beschrieb eine angebliche Insel, die der Reisegefährte Amerigo Vespucci besucht habe: Auf dieser Insel gab es all das nicht, was in der englischen Gesellschaft unmenschlich, ungerecht und unvernünftig war.
Zuletzt Jesus selbst. Er verkündet: Das Reich Gottes bricht an, besonders für die Armen und Ausgestoßenen. Kehrt um und glaubt an das Evangelium! – das ist prophetisch, utopisch und adventlich zugleich!
Wie können wir heute wieder neu das Prophetische, Utopische, Adventliche des christlichen Glaubens entdecken?

Karl Rahner z. B. hat zu Recht darauf hingewiesen, dass der Christ nicht einer rein innerweltlichen, unreligiösen Utopie folgen kann. Denn letztlich vollendet sich die menschliche Geschichte in der ewigen Zukunft Gottes, in seiner neuen Welt, in der Ewigkeit. Die Gewissheit, dass alle menschliche Geschichte von Gott zum Guten letztlich geführt wird, lässt den Christ nicht verzagen oder in Egoismus oder Zynismus oder verzweifelten Aktivismus verfallen.[1]
Aber das Reich Gottes bricht hier und jetzt schon an, es klagt die jetzigen ungerechten Strukturen an und treibt unsere Sehnsucht zu mehr Gerechtigkeit, Frieden, Heilung und Versöhnung an und lässt uns immer neu erleben, dass die verändernde Macht des Geistes Gottes wirkt.
Die Befreiungstheologie betont deswegen ebenso zu Recht, dass es zwei Gefahren gibt:
1. Das Reich Gottes wird zu sehr verinnerlicht gedacht und seine gesellschaftsverändernde Kraft geht dann verloren. 2. Das Reich Gottes wird allein als ewiges jenseitiges Reich nach dem Tod verstanden. Dadurch verliert die Botschaft vom Reich Gottes ebenso seine gesellschaftsverändernde Kraft.

Die Kirche hat das Prophetisch-Utopische in drei Schritten neu entdeckt:
Provoziert durch das Elend und Ausbeutung in der Zeit der Frühindustrialisierung entwickelte die Kirche ihre kritische Soziallehre.
Im II. Vatikanum griffen die Väter den Begriff „Zeichen der Zeit" auf, den Johannes XXIII. schon in seiner Friedensenzyklika verwendet hat, und machten ihn zum zentralen Begriff in der Pastoralkonstitution. „Zeichen der Zeit" sind zentrale Herausforderungen, wo die Kirche prophetisch Missstände ansprechen muss und konkrete Utopien anbieten oder aufgreifen muss, damit die Benachteiligten und die Opfer Hoffnung schöpfen können und echte Veränderungen angestoßen werden.

Und zuletzt hat insbesondere die Befreiungstheologie in Lateinamerika das Prophetische und Utopische im christlichen Glauben neu entdeckt. Für diese Theologen ist folgendes wichtig: Eine allgemeine christliche Utopie muss konkret werden, in einer bestimmten Zeit, in einem bestimmten gesellschaftlichen Zusammenhang. In dieser Konkretisierung wird die Predigt Jesu vom anbrechenden Reich Gottes lebendig und entwickelt seine verändernde Kraft. Prophetie verdeutlicht auf klare Weise, dass das, was jetzt passiert, eben nicht das ist, was wir als Fülle des Reiches Gottes ersehnen. Prophetie klagt an und weckt auf. Prophetie spricht Zeichen der Zeit an.

Die zerstörerischen und ausbeuterischen Seiten eines weltweit immer stärker sich ausbreitenden Kapitalismus erlebten und erleben die meisten Menschen in Lateinamerika. Deswegen konnte auch die lateinamerikanische Befreiungstheologie Utopie und Prophetie, Advent und Reich Gottes ganz neu und lebendig auf ihre gesellschaftliche Situation anwenden.

Aber wir leben hier in Europa. Was könnte hier eine christliche Utopie sein? **Welche Zeichen der Zeit müssten wir hier prophetisch ansprechen?**

Die Finanzkrise, der Klimawandel, die wachsende Zahl von Migranten, die aufgehalten werden, die steigende Zahl von Unwetterkatastrophen, die immer schneller werdende Arbeitswelt, die ansteigende Zahl von psychosomatischen Krankheiten – genügend Zeichen der Zeit, die wir als Christen in Europa aufgreifen müssen, um heute glaubwürdig Christsein zu leben.

Es gibt außerdem heute bei uns auch genügend Utopien und Propheten, die wir Christen aufgreifen und unterstützen sollten. Ich denke da z. B. an Harald Welzer und sein Buch „Selbstdenken". Er stellt sich wie viele andere die Frage, wie wir eine Gesellschaft gestalten können, die nicht immer weiter wachsen muss, die sich nicht immer weiter dem kapitalistischen Motor der modernen Wirtschaft hingibt.

Für ihn sind Utopien ein großartiges Mittel, um anders denken und wünschen zu üben. Utopisches Denken fördert den sogenannten Möglichkeitssinn. Wir sind zu sehr im Wirklichkeitssein verhaftet, wie Robert Musil schon erkannt hat: Der Hamster im Rad kann nur noch vorlaufen. Ihm kommt nicht in den Sinn, dass er die Möglichkeit hat, seitlich hinauszuspringen oder das Tempo zu verlangsamen und dann inne zu halten.
Welzer betont: Utopien werden gefährlich, wenn sich jemand daran macht, einen Masterplan zu entwickeln, um direkt umzusetzen, was wünschbar erscheinen mag. Soziale Masterpläne haben immer den Nachteil, dass es Individuen und Gruppen gibt, die sich den aus der Utopie gefolgerten Beglückungsvorstellungen nicht fügen mögen oder können. Man denke nur an die große Masterplanutopie Kommunismus. Deshalb ist eine Ökodiktatur auch weder wünschenswert noch funktionsfähig.
Die konkrete Utopie für Europa heißt: Zivilisierung durch **weniger**. Weniger Material, weniger Energie, weniger Dreck. Aber: Wir wissen heute noch nicht, wie eine nachhaltige moderne Welt genau aussieht, die frei, demokratisch, sicher, gerecht ist und einen Ressourcenbedarf hat, der gegenüber heute um den Faktor fünf bis 10 verringert ist.
Also entwirft man den nächsten oder allenfalls den übernächsten Schritt auf Probe und prüft, wie das Ergebnis jeweils ausfällt: ob man so weiterkommt oder nicht. Kein Masterplan sondern probieren, abbrechen, aufhören, innehalten und pausieren usw. - ein Patchwork aus unterschiedlichen Experimenten.
Dabei betont Welzer, dass die entscheidenden Impulse nicht von den großen Institutionen kamen und kommen. Diese verharren im Wirklichkeitssinn, im faustischen „Weiter so". Sie sind nur von außen zu Kurskorrekturen zu bewegen:
„Der Siegeszug der erneuerbaren Energien ist weder der Energiewirtschaft noch der Universitäten zu verdanken. Vielmehr war sie die Fortsetzung des Kampfes gegen die Atomenergie mit

anderen Mitteln und wurde von praktischen Träumen wie Rolf Dirsch oder Ursula und Michael Sladek vorangetrieben. Sie haben mit Plus-Energiehäusern, Energiegenossenschaften und steter Penetration des kulturellen Klimas vor Ort eine Energiewende vorausgeträumt, Jahrzehnte, bevor die hoch subventionierte Energiewirtschaft die Erneuerbaren als Zukunftstechnologie entdeckte. [...] So wenig Bioenergiedörfer, Mehrgenerationenhäuser oder Bürgersolaranlagen die Erfindung von Verwaltungen oder Ministerien waren, so wenig wurden Gemeinschaftsgärten oder der ökologische Landbau von Agrarwirtschaft oder der Wissenschaft ins Leben gerufen. [...] Tatsächlich ist die Geschichte des gesellschaftlichen Fortschritts der letzten Jahrzehnte eine, die von unten geschrieben wurde. [...] Desertec, Elektroautos, Smart meters – das sind alles Konzepte, die aus der Welt von gestern kommen und hochskaliert werden zur Gegenwart plus. Sie ergeben keine neue Geschichte, schon gar keine Gegengeschichte zur expansiven Moderne."[2]

Solche Denker, Aktivisten und gesellschaftliche Bewegungen sollten wir als Christen aufgreifen und unterstützen und mit unserem christlichen Glauben verknüpfen: Ein Glaube an Jesus Christus, der in einem von Römern besetzten Land so utopisch war, das anbrechende Reich Gottes zu predigen. Und dessen Kreuz und Auferstehung uns Hoffnung wider aller Hoffnung geben kann.

2. Adventssonntag: Ein Wissenschaftler sucht Gott. Eine Erzählung

Mk 1,1-8
Ein Biologe in Aktion
Ein Biologe hört von Berichten, dass im afrikanischen Urwald ein Säugetier entdeckt worden ist, das bis vor kurzem völlig unbekannt war. Der Eifer, das Tier zu finden, packt ihn. Er macht sich mit einer Expedition auf. Tatsächlich findet er einige Exemplare dieser neuen Art. Zuerst beobachtet er sie. Genau notiert er die Verhaltensformen. Dann bekommen einige Tiere Betäubungsspritzen ins Fell geschossen. Der Wissenschaftler nähert sich den ohnmächtigen Tieren. Ein Gefühl des Erfolges und des Sieges kommt in ihm auf. Er überlegt schon, in welcher Zeitschrift er seine Entdeckungen veröffentlicht und welche Auszeichnungen er dafür bekommen kann. Er hat nun genug Wissen über diese Tiere gesammelt; jetzt hat er sogar einige in seiner Hand. Er kann sie an Tierparks verkaufen oder sie an Institute für Gentechnologie schicken.
Ein neues Forschungsgebiet: Gott suchen Als der Wissenschaftler daheim war und seinen Artikel veröffentlicht hatte, überlegte er, welchen Forschungszielen er sich nun widmen sollte. Auf einmal kam er auf die ungewöhnliche Idee, nach Gott zu forschen. Er hatte plötzlich Lust, sein Forschungsgebiet komplett zu ändern. Er war nicht religiös aufgewachsen. Er hatte sich nie viel Gedanken über die Existenz oder Nichtexistenz Gottes gemacht. Aber in diesem Augenblick fand er, dass nun die Zeit für diese Suche wäre.
Ihm war klar, dass er Gott nicht wie ein Tier oder einen Gegenstand auf der Erde suchen und untersuchen konnte. Also kaufte er sich einen ansehnlichen Haufen von theologischen Werken. In einem Buch fand er vier Wege aufgelistet, um Gott finden zu können:

1. Intellektuelles Nachdenken über Gott. Philosophen und Theologen konnten dabei helfen.
2. Training der Achtsamkeit: Menschen gut zuhören, bei einem Spaziergang die Natur bewusst wahrnehmen, seinem eigenen Körper hellhörig gegenüber sein, mit einem inneren Lächeln mit sich selbst umgehen.
3. Das Gebet, besonders die stille Meditation.
4. Sich für andere Menschen, sich für eine gute Sache einsetzen.

Gleich am nächsten Tag begann er, alle vier Wege gleichzeitig in seinem Leben umsetzen zu wollen. Er las täglich zwei Stunden in philosophischen und theologischen Büchern. Er versuchte Menschen gut zuzuhören, er besuchte Menschen im Altenheim, er betete eine Stunde am Tag usw. Er schrieb seine Beobachtungen auf. Er überlegte auch, in welcher Zeitschrift er seine Forschungsergebnisse veröffentlichen sollte, wenn er Gott gefunden habe. Er hatte den Drang, auch dieses „Lebewesen" in den Griff zu kriegen.

Ein Jahr lang hielt er diese Suche durch. Aber „es passiert nichts" – so schrieb er in sein Tagebuch. Zufällig hörte er von einem Kloster in der Nähe seiner Stadt. Er suchte es auf, um mit einem der Brüder über sein Problem und seine Suche zu reden.

Ein aufschlussreiches Gespräch In dem Gespräch erzählt er ausführlich über seine Suche und seine Überlegungen. Er erzählte auch von seinem früheren Leben und seinen wissenschaftlichen Ergebnissen. Als er geendet hatte, sagte der Bruder zu ihm: „Die vier Wege zu Gott, von denen du gelesen hast und die du versuchst zu begehen, sind wahrlich gute und richtige Wege zu Gott. Aber auch wenn du äußerlich versuchst, sie zu begehen, wirst du bei keinem der Wege einen Schritt vorankommen, wenn du nicht deine innere Einstellung, deine innere Haltung veränderst." Der Wissenschaftler schaut den Bruder fragend an. „Als Wissenschaftler bist du es gewohnt, zu beobachten, um neues Wissen zu erreichen. Du möchtest etwas Neues besitzen, sei es neues Wissen oder ein neues Lebewesen oder etwas

anderes. Du möchtest die Dinge in Griff bekommen. Reden wir Klartext: Du möchtest Macht erreichen, zum Beispiel durch Wissen. Und mit deinen Veröffentlichungen möchtest du Ansehen erreichen. Diese Ziele heben dein Selbstbewusstsein! Für naturwissenschaftliche Forschungen ist diese Haltung günstig. Aber für die Suche nach Gott ist sie komplett falsch. Wenn du an Gott glauben willst, wenn du Gott suchen willst, dann musst du eine andere innere Haltung einnehmen. Intellektuelles Nachdenken, beten, anderen Menschen helfen, achtsam sein - all das darfst du nicht für dich tun, damit du mehr weißt, damit du die Dinge mehr in den Griff bekommst, damit du von anderen Menschen gelobt wirst. Du musst es für Gott tun wollen. Wende deinen Blick weg von dir auf Gott und versuche die Haltung einzunehmen, ihn zu loben, ihm zu dienen und ihm letztlich dein ganzes Leben hinzugeben."
Dann folgte eine Stille; der Wissenschaftler grübelte. „Wie kann man diese Haltung einnehmen?" „Eigentlich kann diese Haltung nur von Gott selbst geschenkt werden. Ein Mensch, der wirklich ganz auf Gott ausgerichtet ist, würde nie sagen, dass er diese Haltung selbst erreicht hätte. Aber wir können diese Haltung einüben und uns regelmäßig umwenden. Zum Beispiel kannst du am Anfang eines Gebetes, einer Meditationszeit zu Gott sprechen: Diese Zeit möchte ich dir schenken. Oder wenn du jemanden im Altenheim besuchst, kannst du innerlich zu dir sagen: Diese Besuche möchte ich zur größeren Ehre Gottes machen. Du kannst auf deine Gedanken achten und überlegen, wann kreise ich in Gedanken um mich selber und wann bin ich mit meiner Aufmerksamkeit genau bei der Sache, die ich gerade tue. Und wenn du merkst, dass du zu viel in Gedanken bist, dann wende dich dem zu, was gerade ist: Der Natur, die du gerade siehst; dem Menschen, dem du gerade zuhörst; dem Namen Jesu, den du gerade meditierst."
„Als ich 14 Jahre alt war, besuchte ich einmal meine Oma im Krankenhaus. Eigentlich passierte nichts Besonderes. Es war kein

Abenteuerausflug mit ihr, kein Einkauf, bei dem ich mir etwas wünschen konnte. Viel reden konnten wir auch nicht, sie war schwach. Ich ging mit meinen Eltern hin, weil ich sie gern hatte. Ich glaube, da habe ich einfach ihr Zeit geschenkt. Und es war sinnvoll, wertvoll, ich war danach ganz erfüllt auf besondere Weise." „Ja genauso kannst Du es beim Jesusgebet erleben. Du schenkst Gott Zeit, du erlebst nichts Besonderes, aber du spürst: Es ist sinnvoll, weil du dir Zeit für deine Beziehung zu Gott gegönnt hast. Das ist Gott selbst suchen, statt seine Gaben haben wollen."

Langsamer Wandel Ein weiteres Jahr setzte der Wissenschaftler sein „Lebensexperiment" fort. Er merkte zuerst nicht deutlich, wie sich etwas veränderte. Aber plötzlich bemerkte er, dass sich seine innere Betrachtungsweise gewandelt hatte. Es konnte passieren, dass er mit großer Achtsamkeit durch die Natur ging und innerlich eine Ausrichtung auf ein Du spürte. Er konnte diesem Du keinen anderen Namen geben als Jesus Christus oder Gott. Außerdem hatte er das Gefühl, dass er dieses Du als tragende und lebendige Kraft in der Natur erspüren könne. Einmal fragte er sich, ob dies Einbildung sei. Aber dann fiel ihm ein, dass vor kurzem einige Mitarbeiter und eine gute Freundin ihm gesagt haben: „Irgendwie bist du seit ein oder zwei Monaten gelassener, freundlicher und etwas weniger von dir eingebildet." Da musste er lachen und sagte zu sich selbst: „Die Wahrheit oder die Einbildung, dass es Gott gibt und bei mir ist, hat mich eingebildeten Menschen verändert?! Ich scheine, ihn ein wenig gefunden zu haben…"

3. Adventssonntag: Postwachstumsgesellschaft

1 Thess 5,16-24
Löscht den Geist nicht aus! Verachtet prophetisches Reden nicht! Prüft alles, und behaltet das Gute! Meidet das Böse in jeder Gestalt! – Johannes der Täufer, er war ein solcher Prophet, der den Geist nicht ausgelöscht hat, der das böse in jeder Gestalt gemieden hat. Er wollte in einer schwierigen Zeit des Wandels seine Zuhörer wachrütteln. Sein prophetischer Geist zerstörte falsche Sicherheiten: Gott kann aus diesen Steinen Kinder Israels machen! Der Illusion eines „Immer weiter so" machte er den Garaus!
Was sind heute unsere falschen Sicherheiten und wer traut sich heute, dem prophetischen Geist zu folgen? Ich glaube eines der wichtigsten prophetischen Diskussionen ist zurzeit die Frage, ob und wie eine Postwachstumsgesellschaft möglich sei:
Diese Diskussion verdeutlicht, dass ein „Immer weiter so" eine Illusion ist. Die fossilen Brennstoffe werden weniger, die Ökosysteme werden immer stärker belastet und zerstört, das Klima wandelt sich.
Ebenso verdeutlicht die Diskussion, dass die Gesellschaften nach dem Zweiten Weltkrieg süchtig nach Wirtschaftswachstum geworden sind, aber sich auf Dauer diese Sucht nicht leisten können. Wie kann nun eine moderne Gesellschaft ohne Wirtschaftswachstum ausschauen? Wie kann der Übergang zu einer solchen Postwachstumsgesellschaft gestaltet werden?
Wenn Johannes der Täufer heute leben würde, ich glaube, er würde sich auch mit diesen Fragen in seinen Predigten beschäftigen. Ähnliches möchte ich von alttestamentlichen Propheten wie Amos oder Jeremias behaupten. Wenn ich also heute über die Frage nach einer Postwachstumsgesellschaft predige, dann – glaube ich – entdecke ich den prophetischen Geist von damals in der heutigen Zeit in neuem Gewande wieder. Und die katholische Soziallehre täte gut daran, diese Diskussionen mit

Elan aufzugreifen. Papst Franziskus hat dafür mit seiner Enzyklika „Laudato si" einen entscheidenden Schritt getan!
In sechs Punkten kann ich die wesentlichen Aspekte dieser prophetischen Diskussion darlegen:

1. Was wollen wir? Wir wollen Wohlstand und ein glückliches Leben. Klar! Das ist schnell gesagt aber schwer beschrieben. Ein glückliches Leben schaut für jeden anders aus. So kamen die Ökonomen auf eine einfache Lösung: Das Bruttoinlandsprodukt ist ein ungefährer Maßstab für den Wohlstand einer Nation. Also ein Wachstum der Wirtschaft, des Bruttoinlandsprodukts bringt mehr Wohlstand und Glück.

2. Nun haben aber Forschungen über Wohlstand und Glück herausgefunden, dass diese einfache Gleichung nicht stimmt. Nachdem die Forscher viele Länder verglichen haben und Analysen und Umfragen über Wohlstand und Glück in diesen Ländern angestellt haben, kamen zwei bemerkenswerte Ergebnisse heraus:
I. Wenn ein Land arm ist, dann bringt jede Steigerung der Wirtschaftskraft des Landes auch eine Steigerung des Wohlstands und Glücks mit sich. Hat aber das Land einen gewissen Reichtum in seiner Mittelschicht erreicht, wenn ca. 15.000$ pro Jahr pro Person im Mittel verdient wird, steigert sich die Zufriedenheit der Menschen nicht durch ein wachsendes BIP! (Bsp: Großbritannien 1957 bezeichneten sich 57 % als sehr glücklich, heute nur 36 %.) Ebenso hat sich auch nicht immer in den letzten Jahrzehnten erwiesen, dass sich der Wohlstand im weiten Sinne immer durch ein wachsendes BIP in den Industrienationen vergrößert.
II. Größere soziale Unterschiede in einer Nation machen unglücklicher und vermindert den allgemeinen Wohlstand, auch bei den Reicheren! Im Ländervergleich fühlen sich die Menschen zufriedener und glücklicher in den Ländern, in denen die Schere zwischen arm und reich wenig auseinandergeht.

3. Wenn Wirtschaftswachstum uns in den Industrienationen nicht glücklicher macht, warum halten dann trotzdem (fast) alle

Politiker und Wirtschaftsbosse Wachstum für not-wendig, Not wendend? Wie sind wir süchtig geworden nach Wirtschaftswachstum?

Auf der Seite der Unternehmen haben wir eine Dynamik, die Schumpeter den Reiz des Neuen und die schöpferische Zerstörung genannt hat. Immer wieder entstehen neue Technologien und Produkte und verdrängen die bestehenden. Ein Unternehmen, das sich nicht anpasst und neues erfindet, setzt ihr Überleben aufs Spiel. Die Kreisläufe der schöpferischen Zerstörung werden immer schneller. Die Lebensdauer der Produkte nimmt rapide ab. Die Wegwerfgesellschaft ist weniger eine Folge der Gier der Verbraucher als eine strukturelle Voraussetzung fürs Überleben der Unternehmen in diesem Wirtschaftssystem. Gleichzeitig wird man immer effizienter, man kann mit immer weniger Arbeitsstunden gewisse Produkte herstellen und das treibt weiterhin das Wachstum an. Man kann immer mehr produzieren mit der gleichen Anzahl an Arbeitern.

Auf der Verbraucherseite: Selbstverständlich brauchen wir materielle Güter für unsere Bedürfnisse wie Ernährung, Obdach, Schutz, Gesundheit, Lebenserwartung, Vitalität usw. Aber was passiert, wenn wir shoppen gehen?

Wir kaufen zum Beispiel Klamotten, CDs usw. ein, die wir nicht unbedingt bräuchten. Aber nach dem Kauf fühlen wir uns besser. Wir stärken unser Selbstwertgefühl durch neue Dinge, die wir neu besitzen. Dass die Postwachstumsdiskussion nicht nur rein ökologisch und ökonomisch analysiert, sondern auch diese – ich möchte sagen – spirituelle Dimension miteinbezieht, halte ich für sehr wertvoll. Ja, es ist auch wichtig zu erkennen, dass wir auch in unserem alltäglichen Verhalten tief in der Illusion der Konsumgesellschaft stecken.

Die symbolische Funktion dieser Güter wird sogar zur Klärung existenzieller Fragen verwendet, etwa, wer wir sind und worum es im Leben geht. Materielle Güter sind zwar mangelhafte, aber trotzdem irgendwie überzeugende Stellvertreter unserer Träume und Sehnsüchte. Konsumgüter, meint der Anthropologe Grant McCracken, stellen uns eine reale Brücke zu unseren höchsten Idealen zur Verfügung. Natürlich können sie keinen echten Zugang zu diesen Idealen schaffen, aber gerade dadurch bleibt das Bedürfnis nach weiteren Brücken bestehen, wird die Lust auf weitere Güter geweckt. Die Konsumkultur erhält sich also eben dadurch am Leben, dass sie so erfolgreich versagt!

Das rastlose Begehren des leeren Selbst, das sich mit immer neuen Konsumgütern stärken möchte, ergänzt perfekt die rastlosen Innovationen des Unternehmens. Beides zusammen schaukelt sich ständig hoch, so wird Wachstum am Laufen gehalten!

4. Die negative Folgen sind einerseits die bekannten: Die Ökosysteme sind immer gefährdeter. Die Ressourcen an fossilen Brennstoffen, aber auch an Metallen, seltenen Erden, frischem Wasser, fruchtbarem Boden usw. sind begrenzt. Aber andererseits gefährdet das „Immer schneller", „Immer effizienter" auch unsere Sozialsysteme. Die Hektik wächst! Soziale Netze, wie zum Beispiel Vereine, Nachbarschaften, Kirchengemeinden usw., die auf ihre Weise Wohlstand und glückliches Leben ermöglichen, sind ebenso durch den Wachstumswahn gefährdet. Staatssysteme sind überfordert, die demokratischen Prozesse werden durch die immer schnelllebigere Finanzwelt überrollt.

5. Mit einer Illusion räumt diese Diskussion gnadenlos auf: Es reicht nicht auf neue Technik zu hoffen. Neue Technik kann zwar relativ den Verbrauch von Rohstoffen vermindern. Aber wenn die Wirtschaft weiter wächst, wird absolut gesehen auch der Rohstoffverbrauch steigen. Neue Techniken mildern das nur relativ ab.

6. Also gilt es das Unmögliche zu denken: Wie kann eine Wirtschaft und Gesellschaft jenseits der Wachstumslogik ausschauen? Immer mehr Wissenschaftler aber auch Politiker denken darüber nach: Wie kann eine Volkswirtschaft jenseits von

Wachstum heutzutage funktionieren? Wie können Übergänge gestaltet werden? Wie verändert sich dann das Arbeitsleben, die Rentensysteme, die Gesundheitssysteme usw.?

Fazit: Es geht auf Dauer nicht weiter mit dem „Immer mehr!" Das führt uns ökologisch aber auch gesellschaftlich in immer größere Krisen, das zeigen auch die Finanzkrisen der letzten Jahre. Die Diskussion um eine Postwachstumsgesellschaft möchte den Wandel nicht nur auf einer Ebene erreichen. Wie die großen Propheten der Bibel deckt sie Zusammenhänge zwischen sozialer Gerechtigkeit und persönlicher Lebenseinstellung, Achtung vor der Schöpfung und Veränderungen auf den verschiedensten Ebenen sozialen Lebens auf.

Sie belebt und aktualisiert einen alten, vielleicht verstaubten Begriff biblischer Predigt: Kehrt um! – Ja Umkehr tut Not: Abkehr vom Wachstumswahn!

Wir können das Paradies auf Erden nicht errichten, aber wir sollten alles Mögliche mit der Gnade Gottes tun, damit wir unser Glück nicht in der Droge Wachstum suchen, denn diese führt uns auf Dauer in die Zerstörung.

So ist die Postwachstumsdiskussion auch ein Zeichen dafür, dass das Reich Gottes auch heute immer wieder neu zu wachsen beginnt.

4. Adventssonntag: Mit Kindern die Weihnachtsgeschichten von Lukas und Matthäus vergleichen

Lk 1,26-38

Als ich vor Jahren eine 3. Klasse unterrichtete und der Advent nahte, stand ich vor der Frage: Wie vermittle ich den Kindern die Geschichten von der Geburt Jesu im Lukas- und Matthäusevangelium? Das Ergebnis möchte ich Ihnen nun vorstellen:
In einem ersten Schritt bekamen die Schülerinnen und Schüler acht Zettel mit acht Ereignissen aus den Geburtsgeschichten: 1. Ein Engel bringt Josef die Botschaft von der Geburt Jesu im Traum. 2. Ein Engel bringt Maria die Botschaft von der Geburt Jesu. 3. Volkszählung. 4. Jesus wird geboren. 5. Die Weisen bei Herodes. 6. Der Engel verkündet den Hirten die frohe Botschaft. 7. Die Weisen ehren Jesus. 8. Die Hirten gehen zur Krippe. Die eine Hälfte der Kinder bekam die Geburtsgeschichte nach Matthäus, die andere Hälfte der Kinder die nach Lukas. Wenn sie den Text aufmerksam lasen, merkten sie: Fünf Zettel passen zu meinem Text. Bei Lukas bringt ein Engel Maria die Botschaft von der Geburt Jesu. Die Volkszählung berichtet Lukas. Jesus wird geboren. Der Engel verkündet den Hirten die frohe Botschaft. Die Hirten gehen zur Krippe. Die anderen Zettel passen zu Matthäus: Ein Engel bringt Josef die Botschaft von der Geburt Jesu im Traum. Jesus wird geboren. Die Weisen sind bei Herodes. Die Weisen ehren Jesus.
Auf einem Plakat konnten sie die Zettel kleben und sahen zwei Erzählstränge, die sich an einer Stelle berührten: Jesus wird geboren. Ansonsten sind die Erzählungen unterschiedlich: Bei Matthäus geht der Engel zu Josef und die Weisen besuchen das Kind. Bei Lukas geht der Engel zu Maria und die Hirten besuchen das Kind.

Ich fragte dann die Schüler: Wo war nun der Engel? Manche sagten: Bei beiden. Manche meinten: Bei Maria. Diese Geschichte war ihnen bekannter. Manche kamen ins Nachdenken: Das können wir gar nicht genau wissen, weil Lukas und Matthäus verschiedenes berichten.

Dann sagte ich ihnen: Matthäus und Lukas erzählen die Geburt unterschiedlich und deswegen wissen wir nicht genau, was damals wirklich passiert ist. Aber der Sinn beider Geschichten ist gleich! Und auf den Sinn der Geschichte kommt es an. Und das möchte ich Euch nun zeigen.

Im zweiten Schritt teilte ich ihnen wieder acht Zettel aus. Diesmal waren es acht wörtliche Zitate aus den Geburtsgeschichten: Vier aus Lukas, vier aus Matthäus. Sie sollten erst einmal herausfinden: Welche der Zettel finde ich bei Lukas, welche bei Matthäus. Folgende vier Sätze fanden sie bei Lukas: Der Engel sagte zu Maria: „Fürchte dich nicht Maria, denn du hast Gnade gefunden bei Gott. Dein Sohn wird groß sein und Sohn des Höchsten genannt werden." „Siehe, du wirst empfangen und einen Sohn gebären und du sollst ihm den Namen Jesus geben."
Und den Hirten sagt der Engel: „Denn heute ist euch in der Stadt Davids ein Heiland geboren, nämlich der Messias, der Herr." „Dies soll euch das Zeichen sein: ihr werdet ein Kind findet in Windeln eingewickelt und in einer Krippe liegend."

Im Matthäusevangelium fanden sie: „Sie wird einen Sohn gebären, und du sollst ihm den Namen Jesus geben." „Man wird ihm den Namen Immanuel geben, das heißt übersetzt: Gott mit uns." „Und du Bethlehem, Land Judas, bist keineswegs die geringste unter den Fürstenstädten Judas, denn aus dir wird der Herrscher hervorgehen, der mein Volk Israel weiden wird." „Sie traten in das Haus ein und schauten das Kind mit seiner Mutter Maria."

Dann bekamen sie folgende Aufgabe: Unterstreiche mit rot alle Sätze, die irgendwie ausdrücken, dass Jesus Christus göttlich ist.

Und unterstreiche mit grün alle Sätze, die irgendwie ausdrücken, dass Jesus Christus menschlich ist.

Schnell war das Ergebnis da! Vier Sätze konnten sie grün unterstreichen: Vier Sätze waren rot unterstrichen.

Was ist nun der Sinn beider Geschichten? Die Kinder konnten es am Ender der Stunde formulieren: Beide Evangelisten wollen ausdrücken: Jesus Christus ist sowohl göttlich als auch menschlich. Matthäus und Lukas erzählen verschieden und beide auf wunderbare Weise eine Wahrheit, die das Konzil von Chalcedon ganz kurz und mit philosophischen Begriffen so ausdrückt: Jesus Christus ist wahrer Mensch und wahrer Gott, Einheit von zwei Naturen, unvermischt und ungetrennt.

Schöner haben es die beiden Evangelisten mit ihren beiden Geburtsgeschichten formuliert. Wir sollten es Maria gleich machen, die den Engel fragte, wie das geschehen soll. Wir dürfen kritische Fragen stellen. Die Vernunft soll nicht ausgeschaltet werden. Erst dann können Herz und Verstand vereint das Wesentliche, den eigentlichen Sinn der Glaubenswahrheit erkennen und ihr zustimmen. So wie Maria Ja sagte zum Willen und zur Gnade Gottes!

Christmette

Was gehört zu einem schönen Weihnachtsabend, zu einem schönen Adventsabend? Draußen fällt der Schnee vom Himmel auf den Boden. Wir sitzen am Fenster, sehen den Schnee, diese wunderbare Art des Wassers, leicht, hell, glänzend zu Boden schweben. Und vor uns steht vielleicht eine Kerze oder wie hier eine Schale mit Kohle und Weihrauch. Ein Duft, ein Rauch steigt empor und erfüllt den Raum.
Der Schnee geht zu Boden, der Rauch steigt in den Himmel auf. Der Schnee ist kühl, der Rauch ist warm.
In dieser Szene ist geheimnisvoll die Botschaft von Weihnachten schon enthalten. Jesus Christus, der Sohn Gottes, der zur Samariterin sagte: Ich bin das Lebendige Wasser. Wer davon trinkt, hat das ewige Leben. Jesus Christus, das Lebendige Wasser kommt vom Himmel auf die Erde, um alles, alle Menschen mit neuem Leben zu beleben. Und dieses Lebendige Wasser hat seltsamerweise die Wirkung, dass es das Feuer in unserem Herzen neu entbrennt, damit unsere Liebe zu Gott neu entflamme und sich nach oben wende. Hier geschieht eine heilige Doppelbewegung: Gott kommt auf die Erde, damit wir uns zum Himmel erheben können.
Aber ist die Sache nicht noch komplizierter? Ist der Himmel wirklich oben? Es ist vielmehr so: Die Erhebung nach oben in den Himmel geschieht für uns mit Leichtigkeit, sozusagen von selbst, wenn wir vorher eine andere Bewegung vollziehen: Wir selbst müssen wie Gott erst einmal hinabsteigen.
Die Weihnachtsgeschichten von Lukas und von Matthäus sind dafür uns eine Richtschnur, wie wir das Geheimnis von Weihnachten in uns selbst erleben können. Also legen wir diese Richtschnur aus:
Die Hirten auf dem Feld schauen nach oben in den Himmel und sehen einen Engel, der ihnen verkündet, dass der Heiland der Welt geboren ist. Der Himmel selbst, die himmlischen Boten

verweisen nach unten: Euer Heil, euer Heiland ist nicht hier oben im Himmel zu finden sondern ganz unten auf der tiefsten Stufe der Erde. Aber diese frohe Botschaft wird euch von hier oben vom Himmel aus verkündet.
Genauso ergeht es den drei Königen, den drei Weisen aus dem Morgenland. Sie sehen einem Stern am Himmel. Aber der Stern verweist auf einen Stall, der im Abseits steht. Wieder das Oben, der Himmel zeigt auf, dass unser Heil im Unten, auf der Erde, ja im dunklen Winkel zu finden ist.
Und was sehen die Hirten und die drei Weisen! Drei Menschen, die in der menschlichen Hierarchie an unterster Stelle stehen. Von der Herberge abgewiesen, abgeschoben in einen Stall, bei Ochs und Esel kommt der Heiland als ärmliches Kind auf die Welt. Später werden diese drei Menschen sogar verfolgt, sie müssen flüchten in ein anderes Land.
Johannes Tauler, ein großer Prediger im Mittelalter, spricht in seiner Weihnachtspredigt von den drei Geburten Jesu Christi.
Erstens der himmlische Vater gebiert seinen einzig geborenen Sohn. Aus dieser Beziehung entsteht der Heilige Geist. Das ist das Geheimnis der Dreifaltigkeit.
Zweitens Maria gebiert Jesus in Bethlehem.
Drittens "Die dritte Geburt besteht darin, dass Gott alle Tage und alle Stunden wahrhaft geistig in Gnade und Liebe geboren wird in jeder guten Seele..." Gott wird zu aller Zeit, zu jedem Augenblick neu und immer wieder neu lebendig, geboren in jedem Menschen, in meiner Seele und deiner Seele - ob wir das bewusst erspüren oder nicht. Wenn wir aber das - und sei es auch nur ganz leise - wahrnehmen, dass Gott in uns immer neu geboren wird, dann finden wir den wahren Frieden.
Wenn die Weihnachtsgeschichte von Lukas und Matthias eine Richtschnur ist auch für diese Geburt Jesu Christi in unserer Seele, dann stellt sich die Frage: Wie und wo geschieht diese Geburt Jesu Christi in uns?

Im Dunklen geboren Jesus ist nicht in einem großen Palast geboren worden. Er wurde nicht von allen Großen der Welt freudig begrüßt, als er geboren wurde. Sondern er wurde in einem Stall geboren, aus der Herberge abgewiesen und später verfolgt. Das Göttliche, Jesus Christus, der Gottessohn wird also nicht geboren in unseren großartigen Gedanken, Plänen und Wünschen; nicht in unseren großen Reden und in unseren Annehmlichkeiten. Sondern vielmehr wird er geboren in unseren dunklen Seiten, in den Bereichen unserer Person, die wir am liebsten abschieben möchten. Vielleicht ist das eine Eigenschaft, die wir gern an uns ändern würden; wo wir aber immer wieder neu erleben, dass wir versagen. Der eine kann seine Wut nicht bändigen, der andere kann sich selbst nicht organisieren, der dritte versinkt in melancholische Löcher, der vierte wird regelmäßig von Angst überwältigt, sein Leben nicht meistern zu können.
Liebe Schwestern und Brüder, glauben wir wirklich, dass Jesus Christus gerade in diesen dunklen Seiten von uns geboren wird? Wenn wir ehrlich sind, dann können wir das fast gar nicht glauben! Wir glauben doch vielmehr, dass Gott in unseren tollen Seiten geboren wird. Und dass dies nicht so ist, das gehört wirklich zum großen Geheimnis von Weihnachten. Lassen wir dieses Geheimnis tief in uns wirken und es wird uns sehr viel Trost und Freude schenken. Dann können wir mit Paulus sagen: "Viel lieber also will ich mich meiner Schwachheit rühmen, damit die Kraft Christi auf mich herabkommt; denn wenn ich schwach bin, dann bin ich stark." 1 Kor 12,9f.
Charles Dickens hat in seinem Weihnachtslied in Prosa all dies auf wunderbare Weise ausgedrückt. Somit möchte ich meine Predigt abschließen, indem ich Ihnen diese bekannte Weihnachtsgeschichte in Kurzform erzähle.
Im Mittelpunkt der Geschichte steht ein Geschäftsmann namens Scrooge. Er hat wahrlich ein Herz aus Stein. Er hat nur die Ansammlung seines eigenen Reichtums im Sinn und ist für seine Umgebung äußerst unangenehm und unfreundlich. Die

Straßenjungen laufen vor ihm weg und kein Bettler wagt es, ihn um Geld zu bitten. Ein erpresserischer, blutsaugerischer, schäbiger Filz, ein raffgieriger zupackender alter Sünder war er. Die Geschichte beginnt am 24. Dezember spät nachmittags. Wir lernen den Neffen von Scrooge kennen. Ein froher und angenehmer Mensch, der sogar seinen unsympathischen Onkel mag. Was Scrooge an diesem Tag überhaupt nicht hören kann, ist der Gruß „Fröhliche Weihnachten"! Am 25. Dezember muss er sein Geschäft schließen und kann keinen Gewinn machen! Seinen Angestellten muss er für diesen Tag bezahlen, obwohl dieser nicht für ihn arbeitet. Ja so denkt dieser harte Mann.

Da erscheint ihm einige Stunden später der Geist seines ehemaligen Partners im Geschäft Marley. Dieser war wie Scrooge ein brutaler und egoistischer Mensch. Jetzt als Geist merkt er, wie viel er in seinem Leben falsch gemacht hat. Er möchte Scrooge warnen: Beende dein Leben nicht so wie ich, sondern lass dein Herz aus Stein weich werden, damit du Wohlwollen und Erbarmen als deine Aufgabe im Leben siehst. Und er kündigt drei Geister an.

Um 12 vor Mitternacht erscheint der erste Geist: Der Geist der vergangenen Weihnachten. Dieser Geist führt den alten Scrooge zurück in seine Kindheit. Er sieht, wie er als Junge Weihnachten erleben musste. Seine Eltern feierten mit ihm kein fröhliches Weihnachten. Er fühlte sich allein und verlassen. Jahre später erlebte er ein wunderschönes fröhliches Weihnachten bei seinem Meister, bei dem er in die Lehre ging. Er war sogar in seinem Leben mit einer wundervollen Frau verlobt. Aber sie trennte sich von ihm, weil er mit der Zeit immer mehr auf sein Geschäft und seinen Reichtum fixiert war. Durch diesen Rückblick wird Scrooge die Möglichkeit gegeben, sich selber ins Gesicht zu schauen. Ja vielmehr er sieht seine Fehler, seine Enttäuschungen, seine innere Armut, sein Herz aus Stein. Auf jeweils andere Weise geschieht ihm das auch bei den zwei folgenden Geistern: der Geist der jetzigen Weihnacht und der Geist der zukünftigen

Weihnachten. Er sieht auf seine Schattenseiten, auf seine dunklen Seiten, auf sein trauriges Bethlehem, auf seinen armseligen Stall. Tränen kommen ihm und Reue. Und da geschieht das Geheimnis von Weihnachten: Das Herz von Stein wird zu einem Herz aus Fleisch (um die Worte von Jesaja zu benutzen). Am Ende der Geschichte hat sich Scrooge verwandelt. Er grüßt die Menschen herzlich mit „Fröhliche Weihnachten". Er gibt dem Bettler Geld, ist freundlich zu seinem Angestellten und freut sich mit seinem Neffen.

Wenn wir nun Gottesdienst feiern, dann lasst uns darum beten, dass dieses Geheimnis von Weihnachten uns bewusst werde und uns verwandle!

1. Weihnachtsfeiertag: Die frohe Botschaft, dass Jesus der Logos ist.

Joh 1,1-18
„Und das Wort, der Logos, ist Fleisch geworden." In Jesus offenbart sich das göttliche Wort, der Logos! Nur im Johannesprolog wird so direkt Jesus Christus als Logos bezeichnet. Aber trotzdem wurde „das Wort" ein äußerst wichtiger Begriff, um das Geheimnis der Menschwerdung Gottes zu verstehen.

Wir können vielleicht nicht so viel mit dem Begriff „Wort", „Logos" anfangen. Damals zur Zeit der Evangelisten war das anders. Denn unter „Logos" konnten sich sowohl die Griechen als auch die Juden etwas vorstellen.

Logos bei den Griechen und Juden
Bei den Griechen war der Logos das universale Gesetz der Welt. Der Begriff „Logos" drückt aus: Die Welt ist sinnvoll, weil in allem der Logos, sozusagen eine gewisse göttliche Weltvernunft herrscht.

Im Judentum dachte man bei dem Begriff „Logos" an die Schöpfung und an die Weisheit. Gott sprach und es wurde. Gottes Wort ist schöpferisch! In der weiteren Entwicklung wurden die göttliche Weisheit und der Logos gleichgesetzt und quasi als göttliche Person verstanden. Gottes Wort kann gehört werden oder auch abgelehnt werden. Mose hat Gottes Wort gehört und weiter gegeben. Die Propheten müssen anklagen, weil viele das Wort Gottes ablehnen.

Die frohe Botschaft, dass Jesus der Logos ist!
Mit diesem Vorwissen verkündet nun der Hymnus am Anfang des Johannesevangeliums auf seine Weise die frohe Botschaft von Weihnachten: Jesus Christus ist der Logos, die göttliche Weisheit, die Weltvernunft. Jesus ist in allem, was er tut und ist, Offenbarer des Vaters.

Diese frohe Botschaft des Johannesprologs möchte ich nun in acht Aussagen entfalten:
1. Das Wort ist vor der Schöpfung. Das Wort ist göttlich, nicht geschaffen, und kommt vom Vater! So verstand das Judentum auch die göttliche Weisheit.
2. Durch das Wort wurde die Schöpfung. Damit ist alles in der Schöpfung vom Logos durchdrungen. Die Griechen waren gleichermaßen wie die Christen überzeugt: in der Welt herrscht der Logos.
3. „Das Licht leuchtet in der Finsternis". Das ist der Samen des Logos in jedem Menschen, der zum Logos Jesus Christus treibt. Alles, was im Keim beim Menschen an Gutem angelegt ist, kommt vom Logos, der in jedem Menschen ist. Der gute Keim in jedem Menschen ist Christus-Ähnlich und strebt letztlich zu ihm.
4. „Das Wort ist Fleisch geworden und hat unter uns gezeltet": Gott geht völlig ein in die Welt. Wie ein Nomade, der sein Zelt aufschlägt: so ist Gott mit uns, bei uns und geht mit uns durch die Geschichte. Er lässt sich auf unser Auf und Ab, auf unsere Schwachheit und Zerrissenheit ein.
5. Erlösung geschieht, weil uns Gott seine Liebe zeigt: In einer Übersetzung heißt es: „Aus seiner Fülle haben wir alle empfangen, vor allem Liebe, die auf seine Liebe antwortet." Ja das kennen wir: Wer erlebt, dass er wirklich geliebt wird, der fühlt sich angenommen. Das gilt zwischen Menschen und noch mehr für Gottes Liebe. Wer Gottes Liebe wirklich merkt, der spürt: Ich bin nicht mehr getrennt. In der göttlichen Liebe können Wunden heilen, geschieht Erlösung, kann ich Liebe weiter geben.
6. Herrlichkeit meint: Jesus offenbart den Vater und seine Liebe.

7. Gnade bedeutet: Gott nähert sich von selbst aus den Menschen. Er macht aus freien Stücken den ersten Schritt auf die Menschen zu und wird Mensch.
8. Gott offenbart sich nicht in einem leeren Feld, sondern in einer Welt mit Lüge und Gewalt. Die römische Fremdherrschaft, die Machtpolitik der Hohenpriester usw. Das Wort wird nicht nur angenommen sondern auch abgelehnt. Wie kann man darauf antworten? Das Johannesevangelium zeigt zwei Wege: Liebe führt zum Verzeihen und das Ärgernis des Kreuzes durchbricht den Teufelskreislauf der Gewalt und Lüge! Durch Liebe und Kreuz wird das Dunkle der Welt überwunden.

Weihnachten geht weiter

Und Weihnachten geht weiter, nämlich bei uns: Gott offenbart sich, wird Mensch in Jesus Christus. Aber weil wir in der Zeit leben, offenbart sich Gott auch heute. Das ist wirklich die Pädagogik Gottes, dass er uns immer neu lernen lässt. So offenbart sich Gott auch heute noch – in anderer Weise. Zum Beispiel durch die Zeichen der Zeit. Für das II. Vatikanische Konzil sind Zeichen der Zeit Herausforderungen, die uns Gott heute zumutet, damit wir im Geiste Jesu an diesen Herausforderungen neu Christen werden. Dafür müssen wir uns an Jesus Christus erinnern aber auch fragen, was würde Jesus heute sagen und tun angesichts von Herausforderungen wie soziale Ungerechtigkeit, Krieg und Frieden, Bewahrung der Schöpfung?

Erst durch Erinnern und die Bereitschaft, im Heute immer neu zu lernen und im Geiste Jesu zu urteilen und zu handeln, werden wir christusförmig. Jesus nachfolgen heißt nicht, Regeln folgen, sondern sich von Jesus Christus formen lassen. Dann wird der göttliche Logos, der in jedem Menschen ist, auch in uns lebendiger und wirksamer. Wir werden Zeugen von Weihnachten! Dann vermitteln wir Freude und Hoffnung, auch nach der Weihnachtszeit![3]

Stephanus, unschuldige Kinder und die Erklärung zur Religionsfreiheit

Wir feiern heute das Fest des ersten Märtyrers der Christenheit: Stephanus. In zwei Tagen, am 28. Dezember feiert die Kirche das Fest: Unschuldige Kinder. Sie sind die eigentlichen ersten Märtyrer der Christenheit. Denn obwohl sie kein Bekenntnis für Christus abgegeben haben, sind sie gestorben, weil Herodes um seine Macht fürchtete. Sie sind wegen Jesus Christus gestorben.
Im Kirchenjahr feiern wir und gedenken wir regelmäßig bekannter oder weniger bekannter Märtyrer: Märtyrer aus der alten Kirche wie die Apostel, wie Justin, der Apologet, die heilige Barbara oder der Bischof Irenäus. Aber auch Märtyrer aus dem Mittelalter und der Moderne, die aus ganz verschiedenen Kontinenten kommen wie Karl Lwanga und Gefährten oder Paul Miki und Gefährten oder Edith Stein.
Es ist wichtig, dass wir diese Märtyrerfeste feiern. Sie zeigen uns, dass unser Glaube durch die Gnade Christi so stark sein kann, dass er sogar noch im Tod trägt. Und sie wecken uns auf: im Irak und in Syrien werden in diesen Monaten Christen wegen ihres Glaubens ermordet. Die internationale Politik tut zu wenig, um diese Christen zu retten und zu schützen!
Jedoch ein Vergleich aus dem Buch „Eine kurze Geschichte der Menschheit" vom Historiker für Universalgeschichte namens Harrari hat mich nachdenklich gemacht. Er zeigte auf, dass die Christenverfolgung in der Römerzeit eher halbherzig durchgeführt wurde. Es gab in den drei Jahrhunderten „lediglich vier organisierte Christenverfolgungen. Hin und wieder führten zwar Provinzstatthalter und Gouverneure auf eigene Faust Pogrome durch. Doch wenn man sämtliche Opfer aller Christenverfolgungen zusammenrechnet, stellt man fest, dass die polytheistischen Römer in diesen drei Jahrhunderten lediglich einige 1000 Christen ermordeten. Zum Vergleich: […] Am 23. August 1572 überfielen französische Katholiken […] die

französischen Protestanten [...]. Bei diesem Pogrom, der so genannten Bartholomäusnacht, wurden innerhalb von 24 Stunden zwischen 5000 und 10 000 Protestanten dahingemetzelt. Als der Papst die Nachricht aus Frankreich erhielt, war er derart begeistert, dass er Dankesgebete abhalten ließ und den Maler Giorgio Vasari beauftragte, einen Raum des Vatikans mit der Darstellung des Massakers auszumalen (dieser Raum ist heute für Besucher geschlossen). Allein in diesen 24 Stunden töteten Christen mehr Christen als das polytheistische Römische Reich in allen Christenverfolgungen zusammen."[4]

Wir feiern unsere Märtyrer. Aber wir gedenken kein einziges Mal im Kirchenjahr der Opfer, die durch Christen, durch christliche Glaubenskriege starben. Viele von ihnen sind so unschuldig wie die unschuldigen Kinder, derer wir am 28.12 gedenken! Ich will damit nicht verhehlen oder kleinreden, dass das römische Imperium grausam war und gerade mit Sklaven und unterdrückten Völkern brutal umgegangen ist. Mir geht es darum die dunklen Seiten unserer christlichen Geschichte nicht zu verdrängen!

Erklärung über die Religionsfreiheit Vor diesem Hintergrund erst wird deutlich, wie wichtig ein Dokument des II. Vatikanums war und ist: Die Erklärung über die Religionsfreiheit! Die Aussagen des Textes waren so umkämpft, dass Papst Paul VI die Abstimmung am Ende der dritten Sitzungsperiode aussetzte. Es war dann der allerletzte Text, über den die Konzilsväter abstimmten. Damit strich das Konzil zwei Grundsätze der Kirche, die zu so viel Opfer in der Geschichte der Christenheit geführt hat: Der eine Grundsatz lautet „Außerhalb der Kirche gibt es kein Heil!" und der andere Grundsatz „Nur die Wahrheit, nicht der Irrtum hat ein Existenzrecht."[5] Daraus lässt sich leicht folgern: Alle Ungläubige und Falschgläubige haben kein Existenzrecht! Damit räumt das Konzil mit der Erklärung der Religionsfreiheit grundsätzlich auf. Es bekennt sich deutlich dazu, dass jeder Mensch eine Würde hat und dass jeder Mensch das Recht auf religiöse Freiheit hat. Weil Gott selbst die Menschen führt, - nun zitiere ich - „hat jeder die Pflicht und das Recht, die Wahrheit im Bereich der Religion zu suchen". „Er darf also nicht gezwungen werden, gegen sein Gewissen zu handeln." „Es geschieht also Unrecht [...], wenn jemandem die freie Verwirklichung der Religion in der Gesellschaft verweigert wird."

Es ist ein Wunder, dass die katholische Kirche freiwillig so viel Macht abgegeben hat! Wenn sie den Satz „außerhalb der Kirche kein Heil" streicht, gibt sie die Macht zu drohen ab. Damit grenzt sich die Kirche auch ab von jeder Religionsform, die Heil lokal begrenzt.

Das Konzil überwindet ein altes und schlichtes Wahrheitsverständnis, das meint: Wahrheit muss widerspruchsfrei sein. Und: Wahrheit ist die Übereinstimmung von Sätzen und Wirklichkeit. Jedoch: Die Wirklichkeit und das Handeln Gottes sind komplexer und unbegreiflicher. Deswegen müssen wir gerade im Religiösen Gegensätze und Widersprüche aushalten. Andere religiöse Wahrheiten, auch wenn sie im Widerspruch zur christlichen Wahrheit sind, können vom Heiligen Geist sein. Es gibt ein Wahrheitsgefälle. Wir dürfen gerade im Dialog mit anderen Religionen nicht in schwarz oder weiß, richtig oder falsch denken. Vielmehr dürfen wir von unserem Standpunkt aus argumentieren, dass wir gute und vielleicht auch bessere Argumente haben. Aber in dieser Haltung sind wir auch lernbereit und können Wahrheiten bei anderen entdecken, die uns auf unserem Weg zu Gott helfen können.

Das Wahrheitsverständnis des Konzils ist einerseits existenziell wie Johannes Evangelium: ich suche in der Begegnung mit Jesus meinen wahren Lebensweg. Und das Wahrheitsverständnis des Konzils ist pragmatisch und fragt nach den Früchten, wie Jesus im Evangelium: An den Früchten werdet ihr sie erkennen. Die Erklärung und das ganze Konzil sagt deutlich: Es reicht nicht, dass die Kirche behauptet, dass sie Heil schenkt. Sie muss in der Welt, im Dialog mit der ganzen

Menschheitsfamilie zeigen, dass sie durch ihren Glauben Früchte bringt.

Durch dieses neue Denken des II. Vatikanums wird offensichtlich: die vielen Opfer durch Religionskriege und Verfolgungen von Christen sind verdorbene Früchte. Deswegen konnten nach dem Konzil Päpste Schuld der Kirche gegenüber einem Galileo Galilei oder Jan Hus eingestehen. Und unser Erzbischof hat im Jahr des 1000-jährigen Jubiläums einen Bußgottesdienst gefeiert, in dem er die Hexenverfolgung in Bamberg als große Sünde in der Diözesangeschichte bekannte.

Wir Christen zeigen damit allen Religionen: Keine Religion darf im Namen der eigenen Religion andere wegen ihres Glaubens ermorden. Und wir dürfen und sollten uns einsetzen, dass dieses absolute Tabu nicht gebrochen wird.

Die Erklärung sagt aber auch am Ende des vierten Kapitels etwas Interessantes über Gott aus: In Bezug auf das Heil gibt es kein Gefälle. Am Kreuz werden alle Menschen in unendlicher Liebe von Gott aufgenommen. Gott schenkt ohne Gefälle unendliche Liebe. Das wird im Kreuz sichtbar. Schöpfungsoffenbarung und Offenbarung durch Christus ist verschränkt. Christus ist schon in der Schöpfung präsent und die Schöpfung wird durch ihn geschaffen.

Durch Jesus Christus wird deutlich: Von Gott her ist jeder Mensch, ob er an ihn glaubt oder anders glaubt oder nicht glaubt, mit unendlicher Würde beschenkt.

Wenn die Kirche das lehrt und lebt und vorlebt, dann wird sie zum Mahner der Religionsfreiheit und zum Werkzeug göttlichen Friedens, so wie die Engel bei der Geburt Jesu singen: Verherrlicht ist Gott in der Höhe, und auf Erden ist Friede bei den Menschen seiner Gnade. Denn seine Gnade schenkt er allen Menschen!

Heilige Familie: Alle glücklichen Familien sind auf ihre besondere Weise glücklich.

Tolstoi begann seinen Roman Anna Karenina mit dem Satz: Alle glücklichen Familien ähneln einander. Alle unglücklichen Familien sind auf jeweils ihre besondere Weise unglücklich. Stimmt der Satz? Ich glaube, die zweite Hälfte stimmt, aber der ersten muss ich widersprechen.

Die erste Hälfte geht von einem falschen Denkmodell aus. Alle glücklichen Familien ähneln einander. Dahinter steht das Denkmodell: es gibt das Ideal „glückliche Familie". Die wirklichen glücklichen Familien haben dieses Ideal erreicht. Deswegen ähneln glückliche Familien einander. Und wie ist dieses Ideal? Der westliche Mensch würde sagen: Mein Partner bzw. Partnerin, meine zwei Kinder, mein Haus, mein Auto, mein Hund, mein Jahresurlaub.

Nach diesem Denken ist die heilige Familie weit davon entfernt glücklich zu sein. Sie müssten total unglücklich sein: Obdachlos, verfolgt und arm.

Wenn wir aber unsere Dogmen wirklich ernst nehmen, dann ist die heilige Familie auch eine glückliche Familie. Josef, Maria und Jesus sind auf Gott ausgerichtet, leben aus Gottes Gnade, und diese Verbindung zu Gott ist durch nichts getrübt: Jesus ist Gottes Sohn und Maria ist ohne Erbsünde.

Also müssen wir die erste Hälfte von Tolstois Satz umändern: **Alle glücklichen Familien sind auf ihre besondere Weise glücklich.** Diese Veränderung schafft eine große Erleichterung. Um glücklich zu werden, muss ich nicht irgendeinem Ideal hinterher rennen, das wahrscheinlich nicht mehr als eine kulturelle Konstruktion ist. Und es schafft Raum, in der eigenen Partnerschaft, in der eigenen Familie neue Lebensstile zu entwickeln, zu experimentieren, neue Traditionen zu schaffen.

In einer Gruppe frage ich gerne: Was gibt es bei Euch am Heiligenabend zu essen? Die Antworten waren sehr unterschiedlich: Weihnachtssalat, Karpfen, Raclette, Grünkohl oder Weißwürste. So vielfältig sind die Möglichkeiten, den Heiligenabend kulinarisch zu gestalten. Das ist nur ein kleines Beispiel dafür, dass die Wege zu einer glücklichen Familie ganz verschieden sind.

Kann uns die heilige Familie Hinweise dafür geben, wie wir unsere eigenen Wege zu einer glücklichen Familie finden können? Ich denke schon! Hier eine kleine Auswahl von Hinweisen und Anregungen:

1. Das Leben in seinen Höhen und Tiefen so anzunehmen, wie es ist. Maria und Josef akzeptierten die Schwierigkeiten und nahmen geduldig die Herausforderungen an: Wenn das Kind eben nur in einer Krippe zur Welt kommen kann, dann soll es so sein. Wenn wir verfolgt werden, dann soll es so sein, dass wir in Ägypten Asyl suchen. So folgt daraus eine Frage an uns alle, eine besinnliche Frage für das neue Jahr: Wo habe ich mir das Leben schwer gemacht, weil ich gegen Dinge ankämpfte, die ich nicht ändern konnte?

2. Die heilige Familie vertraute auf Gott, auch in den schwierigsten Situationen. Und so können wir uns nun fragen: Welche Sorgen möchte ich abgeben? Wofür möchte ich Gott danken?

3. Die heilige Familie geht Konflikten nicht aus dem Weg. Sie werden durch faire Gespräche ausgetragen. Das können wir wenigstens erahnen, nachdem die Eltern Jesus im Tempel wieder gefunden haben. Das führt zu den Fragen: Wie gehe ich in meiner Familie mit Konflikten um? Gibt es in unserer Familie Versöhnungs-Stile und Rituale?

4. Die heilige Familie fand ihren eigenen Weg, mit ihrem ungewöhnlichen Sohn selig zu werden. Man muss sich immer wieder bewusst machen, dass im Markus-Evangelium auch steht, dass die Verwandten Jesu ihn mit Gewalt aus einem Haus zerren wollten, um ihn nach Hause zu bringen. Sie dachten, er sei verrückt geworden. Es ist ja auch wirklich eine Herausforderung für eine Familie, wenn der Sohn mit 30 Jahren plötzlich Wanderprediger wird und durch das ganze Land streift. Maria aber war bei ihrem Sohn, als er am Kreuz starb und gehörte nach der Auferstehung fest zur christlichen Urgemeinde in Jerusalem. Was ist an meiner Familie eigentümlich, besonders? Und wie gehe ich damit um? Konnten wir aus manchem Besonderen bewusst einen wertvollen Lebensstil in unserer Familie entwickeln?

Und nicht zuletzt können wir für unsere Familien die heilige Familie um Gottes Segen bitten, dass der Heilige Geist auch uns führen möge.

2. Sonntag nach Weihnachten: Wie nach Weihnachten über Gott und Welt reden? Die Idiomenkommunikation

Joh 1,1-18
Das Wort ist Fleisch geworden! Der göttliche Logos ist Mensch geworden. Gott hat sich auf unüberbietbare Weise mit der Geschichte der Menschen verbunden.
Deswegen nennen wir Maria Gottesmutter. Natürlich kann ein Mensch nur einen Menschen gebären. Aber in Jesus Christus ist göttliche und menschliche Natur vereinigt, so dass man Maria als theotokos, Gottesgebärerin, Gottesmutter verehren kann. Ebenso können wir sagen: Jesus offenbart die Liebe Gottes. Oder: Gott hat am Kreuz gelitten.
Wir können also Eigenschaften, die menschlich sind, in Jesus Christus Gott zuschreiben. Und wir können göttliche Eigenschaften dem Menschen Jesus zuschreiben.
Idiomenkommunikation bei Jesus Christus
Das nennt man in der Theologie Idiomenkommunikation: Idiomen sind Eigenschaften. Und Kommunikation muss man hier mit Austausch übersetzen. Idiomenkommunikation heißt also: Ich kann menschliche und göttliche Eigenschaften in Jesus Christus austauschen. Ich darf nicht nur sagen: Der Mensch Jesus hat gelitten, sondern auch: Der Sohn Gottes hat gelitten. Ich darf nicht nur sagen: Jesus war barmherzig, sondern auch: Jesus offenbarte in Wort und Tat die Barmherzigkeit Gottes selbst. Und ich darf nicht nur Maria als die Mutter Jesu bezeichnen, sondern auch als Gottesmutter.
Idiomenkommunikation allgemein
Aber diese Idiomenkommunikation wenden wir nicht nur auf Jesus Christus an. Zum Beispiel sagen wir nach der Lesung: Wort des lebendigen Gottes! Obwohl der Text von einem Menschen geschrieben wurde. Und das II. Vatikanum sagt über die Kirche,

dass sie ähnlich wie Jesus Christus zwei Seiten, eine menschliche und göttliche Seite, hat: Sie ist sichtbare Versammlung und geistliche Gemeinschaft, irdische Kirche und mit himmlischen Gaben beschenkte Kirche. Diese beiden Seiten gehören zusammen. Also ist die irdische Kirche heilig und die göttlichen Gnaden werden in der sichtbaren Versammlung erfahrbar.
Ja wir sollten das Denken der Idiomenkommunikation ausweiten! Denn mit der Menschwerdung, mit Weihnachten sollte uns eines klar werden: Letztlich alles, was in der Welt geschieht, hat eine göttliche Bedeutung! Und jede Aussage von Gott muss auf Weltliches bezogen werden, damit sie sinnvoll ist!

Konsequenzen

Langsam wird deutlich, dass in Weihnachten Sprengstoff liegt. Zum Beispiel wollte Luther das Weltliche vom Geistlichen trennen. Deswegen sagte er: Es gibt zwei Reiche, das Reich Christi und das Reich der Welt. Für das eine ist die Kirche zuständig, für das andere der weltliche Staat. Verständlich, dass er die ungute Verquickung von Bischöfen mit ihren weltlichen Ämtern als Fürsten nicht gut hieß. Aber die Zwei-Reiche-Lehre tendiert immer dazu, die zwei Reiche zu sehr zu trennen. Und dann folgen daraus Anklagen wie: Die Kirche soll sich da heraus halten! Das ist Politik, das geht sie nichts an!
Aber Armut, Ungerechtigkeit, Gewalt – Migranten, die vor der Küste in ihren Schiffen sterben; Frauen, die vergewaltigt werden; Wasser, das verkauft wird und nicht mehr Gemeingut ist usw. all das ist ein Ärgernis Gottes! Eine Herausforderung Gottes!
Ja – es fordert Gott selbst heraus, dass die Leidenden mit Hiob rufen: Wo bist du? Warum? – Und Jesus hat sich am Kreuz mit ihnen solidarisiert und gerufen: Mein Gott! Warum hast du mich verlassen!
Ja – und Gott fordert uns mit dieser Not heraus: Christen, seht die Zeichen der Zeit! Wo könnt ihr als Kirche Freude und Hoffnung, Trauer und Angst der Menschen von heute mittragen?!

Seit Weihnachten ist klar: Gott ist nie zu trennen von all diesen weltlichen Ärgernissen. Denn die ersten, die von seiner Geburt hörten, waren die armen Hirten. Seitdem hat alles, was in der Welt geschieht, eine göttliche Bedeutung. Und jede Aussage von Gott muss auf Weltliches bezogen werden, sonst ist sie vielleicht intelligentes Gerede, aber nicht eine passende Rede von Gott nach Weihnachten! Denn Gott ist Immanuel: Gott mit uns![6]

Erscheinung des Herrn: Platons Höhlengleichnis und die Epiphanie Gottes

Wir feiern heute Erscheinung des Herrn! Wir feiern, dass der Herr als Kind der Welt erscheint. Gott erscheint selbst in der Welt. Gott wurde Mensch und geht in die Niederungen dieser Welt.
Gott ist die Wahrheit, das Leben, die Liebe. Wem dieses Kind erscheint, findet den Weg zum wahren Leben in Liebe.
Ich will das heutige Fest mit einem berühmten Gleichnis aus der Philosophie vergleichen: dem Höhlengleichnis von Platon! Diese Gegenüberstellung wird uns wichtige Aspekte des Festes deutlicher erscheinen lassen.
Platon lebte von 427 bis 327 vor Christus. Er war ganz fasziniert von Sokrates und seiner Suche nach Wahrheit. Er wird Sokrates´ wichtigster Schüler. Platon entschloss sich, nicht Politiker zu werden, sondern das Anliegen von Sokrates fortzusetzen: Menschen zu bilden. Nicht durch Politik sondern durch die Philosophie wollte er Menschen zu tugendhaftem Leben in Gerechtigkeit und Wahrheit führen.
Genau dies beschreibt auch das **Höhlengleichnis**: Menschen sind zuerst einmal ungebildet und erkennen nie die Wahrheit. Sie meinen etwas zu sehen und zu verstehen, aber das sind nur Verzerrungen der Wahrheit. Platon beschreibt dies mit einem Gleichnis: Die Menschen sitzen in einer Höhle und sehen nur Schatten. Sie sitzen gefesselt vor einer Felsenwand und sehen dort die Schatten von Gegenständen. Hinter ihnen brennt ein Feuer. Wenn Gegenstände vor dem Feuer vorbei ziehen, sehen die Menschen nicht die Gegenstände sondern nur die Schatten. Das ist die gleichnishafte Beschreibung für den ungebildeten Menschen. Er erkennt nur Schatten und Verzerrungen, aber nichts Wahres.
Platon setzt sein Gleichnis fort: Ein Mensch jedoch wird befreit, dreht sich um und klettert in Richtung des Lichts. Erst einmal muss er sich an die Helligkeit gewöhnen. Jedoch er wird nach

oben geführt, aus der Höhle heraus. Die Sonne blendet ihn – und erst einmal kann er gar nichts sehen. Mit der Zeit gewöhnt er sich an das Licht. Er sieht die Gegenstände in Wahrheit und nicht nur die verzerrten Schattenbilder. Er erkennt, dass Dinge sich im Wasser spiegeln und dass Dinge durch Licht an einer Wand verzerrte Schatten werfen.

Wenn dieser Mensch in die Höhle zu den anderen zurücksteigt und ihnen die Wahrheit erzählt, werden sie es ihm schwerlich glauben. Vielmehr werden sie vermuten, dass seine Augen durch so viel Licht verdorben wurden. Wenn er sie befreien möchte und ermuntert, mit nach oben zu steigen, werden sie ihn vermutlich umbringen. So geschah es Sokrates: Er musste den Schierlingsbecher trinken. Es ist schwer und gefährlich, anderen Menschen die Wahrheit zu vermitteln.

Welche Ähnlichkeiten und Unterschiede gibt es zwischen Platons Weg und seinem Höhlengleichnis und Gottes Weg und seiner Erscheinung in der Welt?

Das Ziel ist durchaus ähnlich. Beide, Platon wie Jesus, möchten die Menschen zur Wahrheit führen, möchten sie bilden und zu einem tugendhaften Leben führen.

Auch die Methoden beider sind ebenso verwandt. Platon wendete die Fragemethode des Sokrates an. Durch wiederholtes kritisches Nachfragen entlarvte Sokrates bei seinen Gesprächspartnern falsche und verzerrte Ansichten und führte sie dazu, die Wahrheit, die in ihnen schon schlummert, hervorzuholen. Er war mit seinen Fragen quasi eine Hebamme, die verschüttete Wahrheiten in einem Menschen wieder erscheinen ließ.

Jesus offenbarte den Menschen durch Gleichnisse, dass das Reich Gottes schon jetzt anbricht. Er zeigte ihnen durch verständliche Gleichnisse, wie sie das Reich Gottes in ihrem Leben entdecken können. In Streitgesprächen entlarvte Jesus die falschen Ansichten der Pharisäer und Schriftgelehrten. Mit Fragen und provozierenden Sätzen lädt er sie zur wahren Erkenntnis ein: Ist es erlaubt, am Sabbat ein Leben zu retten? Wer ohne Sünde ist, werfe den ersten Stein!

Sogar das Ende von Sokrates und Jesus ähneln sich. Beide werden verurteilt und getötet, weil sie die Wahrheit verkündeten, weil sie angeblich das Volk verwirren.

Der große Unterschied ist die Bewegung! Platon lädt die Menschen ein, nach oben zu steigen. Nur oben kann man die Wahrheit erkennen. Gott jedoch geht von oben nach unten. Gott mit seiner Wahrheit und Liebe erscheint nicht oben sondern unten. Er erscheint nicht im Himmel, auf höchsten Höhen sondern in einem Stall, in einer Höhle, einem dunklen Loch.

Platons Philosophie hat immer die Tendenz, die Welt zu entwerten. Eigentlich wirklich ist nur das Oben, sind nur die Ideen. Die weltliche Verkörperung ist nur ein Schatten, eine Verzerrung. Seine Philosophie kann zur Weltflucht verleiten.

Jedoch Gott erscheint an Weihnachten nicht oben, sondern unten. Die Wahrheit dürfen wir in unserer Welt, in unseren Niederungen, in unserer Höhle unseres Alltags suchen. Denn Gott erschien unten den drei Weisen. Das ist die Wahrheit von Epiphanias, dem Fest: Erscheinung des Herrn!

Taufe Jesu: Vergiss es nie. Alle Menschen sind Kinder Gottes

Zengeschichte Ich möchte am Anfang eine Geschichte aus dem Zen-Buddhismus erzählen. Der 5. Patriarch hat einen ganz unbedeutenden Küchenhelfer zu seinem Nachfolger bestimmt. Er war noch nicht einmal ein ordinierter Mönch. Aber der 5. Patriarch muss in diesem Mann einen hohen Bewusstseinszustand festgestellt haben. Auch unter Zen-Mönchen gibt es menschliche Gefühle wie Neid und Missgunst. Warum hat er als Nachfolger keinen hochstehenden Mönch bestellt? Der 6. Patriarch erkannte die Gefahr und flüchtete. Jedoch die anderen verfolgten ihn. Und nun kommt die Geschichte:

„Einst verfolgte der Mönch Myo den 6. Patriarchen bis zum Berg Daiyu. Als der Patriarch Myo herankommen sah, legte er Robe und Essschale, das äußere Zeichen für das Patriarchen-Amt, auf einen Felsblock und sagte: „Diese Robe vergegenwärtigt das Dharma [d. h. die buddhistische Lehre]. Wie kann darum mit Gewalt gestritten werden? Ich erlaube dir, sie mitzunehmen."

Myo versuchte, sie hochzuheben, aber sie war so unbewegbar wie ein Berg. Erschrocken und zitternd vor heiliger Scheu sagte er: „Ich kam wegen des Dharma, nicht wegen der Robe. Ich bitte Euch, offenbart mir das Dharma!"

Da sagte der Patriarch: „Denk nicht gut und denk nicht böse - was ist in diesem Augenblick das ursprüngliche Gesicht des Mönches Myo?"

Im selben Augenblick erfuhr der Mönch tiefe Erleuchtung. Am ganzen Leib in Schweiß gebadet, mit Tränen in den Augen, verneigte er sich und sagte: „Gibt es jenseits der geheimen Worte und Bedeutungen, die Ihr mir jetzt eben geoffenbart habt, noch etwas Tieferes?"

Der Patriarch entgegnete: „Was ich dir eben gepredigt habe, ist kein Geheimnis. Wenn du dich auf dein eigenes wahres Angesicht besinnst, findest du das vermeintlich Geheime in dir selbst."

Myo sagte: „Als ich zu Obai mit den anderen Mönchen zusammen war, habe ich nie mein eigenes Wahres Selbst erfahren. Dank Eurer Unterweisung weiß ich aber jetzt: es gleicht einem Menschen, der Wasser trinkt und selber weiß, ob es warm oder kalt ist. Ihr, Laienbruder, seid jetzt mein Meister." Der Patriarch sagte: „Wenn du so empfindest, lass uns beide, dich und mich, Obai als unseren Meister ansehen. Sei immer achtsam und schau auf das, was du erfahren hast!"[7]

Das wahre Selbst Der Mönch erfuhr durch eine Frage tiefe Erleuchtung: Denk nicht gut und denk nicht böse - was ist in diesem Augenblick das ursprüngliche Gesicht des Mönches Myo? Er fragt: Was bist Du wirklich? Beurteile Dich nicht, sondern frage viel tiefer: Was bist Du ursprünglich? Was ist dein wahres Selbst? Was ist das wahre Selbst? Es ist ein Geheimnis, ein Mysterium. Man kann es nicht in Worte fassen, aber man kann es erfahren!

Für uns Christen besteht das wahre Selbst darin, dass wir Kinder Gottes sind. Das ist unsere tiefste Bestimmung, unser tiefstes Sein. Deswegen fragt die Zen-Geschichte ganz richtig: Was ist dein ursprüngliches Angesicht, dein Antlitz, bevor deine Eltern geboren wurden? Es gibt nichts Wertvolleres, als dass ich und Du Kind Gottes sind. Mit der Taufe wird uns allen das offensichtlich. Deswegen ist die Taufe auch das wichtigste Sakrament!

Die Taufe zeigt uns das größte Geschenk Gottes an einem Menschen auf, das Gott uns machen kann: dass dieser Mensch Kind von Gott ist.

Das Größte, was wir sind, haben wir nicht erworben. Und was wir sind, können wir auch nicht verlieren. Man kann nur verlieren, was man hat. Wir sind einfach Kinder Gottes. Deswegen ist es auch sinnvoll, Babys zu taufen. Man muss nichts leisten, um Kind Gottes zu sein. Die Taufe macht offensichtlich, was verborgen ist: Ich bin Kind Gottes!

Deswegen brauchte auch Jesus die Taufe: Ihm musste in der Taufe mit seinem menschlichen Bewusstsein deutlich klar werden, dass Gott sein Vater ist. Diese Beziehung zum Vater ist sein Wesen, sein Sein, sein Ein und Alles. Das ist ihm nach der Taufe klar.

Wenn wir vergessen, dass wir Kinder Gottes sind So einfach und klar das alles klingt, so wenig leben wir das, was wir in der Taufe feiern. Erst wenn uns dieser Widerspruch zwischen unserem Lebensstil und unserem offiziellem Glauben bewusst wird, erkennen wir das Heilende der Taufe.

Das Enneagramm beschreibt neun Typen, neun Verstrickungen in Sünde, neun Arten, zu vergessen, dass wir Kinder Gottes sind. Ich will ein wenig davon erzählen:

Wenn man davon ausgeht, dass man nicht geliebt wird, so wie man ist, dass man nicht gratis geliebt wird, dann versucht man etwas zu tun, um geliebt zu werden:

Z. B. kann man helfend und umsorgend sein, um dadurch Zuneigung zu erreichen. Z. B. kann man meinen, man müsse als Star erscheinen, als einer, der etwas leistet und Erfolg hat, dann werde man geliebt. Oder man meint, dass man etwas Besonderes, eben anders sein müsse, um aufzufallen, um geliebt zu werden. Grundlegend dabei ist die Illusion: Liebe gibt es nicht gratis, allumfassend, sondern nur bei gewissen Bedingungen, Zeiten oder Situationen. Wenn ich den Eindruck habe, dass ich nicht dazu gehöre, bin ich entweder frustriert oder ich versuche zwanghaft Liebe zu erreichen.

Genau das ist es, was die Taufe vermitteln will. Gottes Liebe ist grenzenlos, sie übersteigt alle Unterschiede, auch die zwischen Guten und Bösen, auch die zwischen Religionen.

Alle Menschen sind Kinder Gottes Die Taufe wurde in der Kirchengeschichte bis zum II. Vatikanischen Konzil benutzt, um Grenzen und Unterschiede zwischen Menschen zu schaffen – eigentlich das Gegenteil von dem, was sie offenbaren soll. „Außerhalb der Kirche ist kein Heil." Extra ecclesiam nulla salus est. Dieser Satz ist seit dem II. Vatikanischen Konzil gestrichen! Denn Kinder Gottes sind alle Menschen.

Wir Christen haben das Glück und die Gnade, durch die Taufe angestoßen zu werden, das mehr und mehr im Leben zu entdecken und zu leben, was für so viele Menschen völlig fern und unglaubwürdig ist: Wir müssen nichts leisten, wir sind gratis geliebt! Von Gott selbst!

Aschermittwoch: Kurzfilm „Am seidenen Faden" - Was sind meine Sicherungen?

Am seidenen Faden Es gibt einen beeindruckenden Kurzfilm, der uns zum Wesentlichen des Aschermittwochs hinführt. Er heißt: „Am seidenen Faden" und dauert gerade 8 Minuten. Er zeigt einen Bergsteiger, der in der kalten Jahreszeit in den Anden eine schwierige und gefährliche Steilwand hochklettern will. Man sieht, wie er eine Sicherung nach der anderen in die Wand setzt. In verschiedenste Spalten befestigt er seine Klemmen. Er ist schon recht weit gekommen. Da gelingt ihm eine besonders schwierige Stelle nicht, er stürzt ins Seil. Die Wucht ist zu groß. Die erste Klemme reißt aus der Spalte. Weitere folgen. Immer tiefer fällt er, bis kurz vor dem Boden ihn eine Sicherung hält. Der Trotz ist stärker als die Vernunft und er fängt von neuem an zu klettern. Inzwischen wurde es dunkel. Mit dem Licht der Stirnlampe klettert er weiter. An der besonders schwierigen Stelle schafft er es wieder nicht. Wiederum halten die Sicherungen zum großen Teil nicht, die Klemmen reißen aus den Spalten, er stürzt wieder viele Höhenmeter nach unten. Bis ihn eine Sicherung hält. Der Zuschauer sieht das nur noch schemenhaft, denn inzwischen ist es Nacht und die Stirnlampe des Bergsteigers wird durch den Sturz zerstört. Da hängt nun der Kletterer in der Dunkelheit! Er fragt sich: Wo hänge ich jetzt? Er hängt in der Luft und hat keinen Kontakt zum Fels. Seine Stirnlampe ist beim Sturz kaputt gegangen. Alles ist dunkel. Er weiß nicht, wie weit er vom Boden entfernt ist!
Er ruft Gott um Hilfe. Gott erscheint ihm als helles Licht und einer Stimme. Gott fragt ihn: Vertraust du mir! Der Bergsteiger: Ja. Da antwortet Gott: Dann schneide das Seil durch!
Oft wird bei einer Aufführung des Films in einer Jugendgruppe der Film an dieser Stelle angehalten. Denn spannend ist die Frage: Was würdet ihr machen? Das Seil durchschneiden oder nicht? Das können Sie sich jetzt auch fragen.

Der Bergsteiger schreit verzweifelt: Nein! – Szenenwechsel. Ein Nachrichtensprecher berichtet von einem toten Bergsteiger, der an einem Seil hängt und erfroren ist. Tragisch, weil er nur 2 Meter über dem Boden hing. Wenn er das Seil durchgeschnitten hätte, wäre er nicht tief gefallen. Er hätte überlebt und ins Tal absteigen können.

Das Leben ist wie eine Klettertour Man muss Risiken eingehen. Wagnis und Abenteuer gehören zum Leben. Wir befestigen Sicherungen. Aber nicht alle halten. Ich habe mit Jugendlichen in einem Nachgespräch folgende unsichere Sicherungen herausgefunden:

Reichtum? Man kann noch so viel Geld und Reichtum haben. Wenn man stirbt, kann man nichts mitnehmen. Verfalle ich nicht auch manchmal der Illusion, ich wäre glücklicher, wenn ich reicher wäre?

Beste Freunde? Das war mal meine Clique! Und jetzt ist es vorbei! Ich weiß es nicht, wie es gekommen ist. Aber irgendwie fühle ich mich von den anderen verraten, verkauft, ausgestoßen.

Alkohol? Eine Tequilarunde, eine Jägermeisterrunde, dann eine Pfläumchenrunde und so weiter: Alles Gegrüble und Probleme sind weg! Wunderbar! Und der Tag danach? Übelkeit, Kopfweh, Streit und Frust!

Traumfrau? Ich habe wirklich um sie gekämpft! Ich habe wirklich geglaubt, das ist sie: Meine Traumfrau! Und wir waren zusammen! Alles schien super! Und ich habe nichts gemerkt: Dann kam die SMS: Es ist Schluss!

Mein schöner Körper? Oh je, wie schaut die denn aus? Alt, zerfallen, dick, gebrechlich. Ich habe einen schönen Körper! Die anderen schauen nach mir! Aber was ist in 30 oder 40 Jahren? Schau ich dann genauso aus wie die da?

Meine Eltern? Daheim hatte ich einmal Halt, wie meine Eltern noch zusammen gelebt haben. Und jetzt? Jetzt lebe ich bei meinem Vater. Inzwischen ist bei ihm seine Freundin eingezogen.

Die ist schon nett. Aber ich fühle mich nicht mehr wirklich daheim - so wie damals.

Zwei Straßengräben Soll ich mich nicht auf diese Sicherungen wie Geld, beste Freunde, meine Eltern usw. verlassen? Ein einfaches Ja oder Nein ist nicht der richtige Weg! Wenn ich radikal Nein sagen würde, dann müsste ich radikaler Asket oder Einsiedler oder Pessimist werden: Auf nichts und keinen ist Verlass! Das wäre dann das Lebenscredo! Solche Menschen gibt es. Wenn ich radikal Ja sagen würde, wäre ich blauäugig. Aschermittwoch nimmt mir diese Blauäugigkeit: Keine Sicherung der Welt ist ewig! Ein Ehepartner kann vor mir sterben oder sich von mir trennen. Mein Körper wird alt und gebrechlich. Geld kann man verlieren, spätestens beim Tod.

Wie sollen wir mit den weltlichen Sicherungen umgehen?
Weltliche Sicherungen können reißen, aber wir können nicht ohne sie leben. Das zeigt der Film „Am seidenen Faden" deutlich: Ein Bergsteiger muss Klemmen und Sicherungen anbringen. Aber er weiß auch: 100 % Sicherheit gibt es beim Klettern nie! Weltliche Sicherungen können reißen, aber wir können nicht ohne sie leben. Wir können ja nicht sagen: Ein möglicher Freund kann mich enttäuschen. Also gehe ich keine Freundschaft ein! Wir sehen: Das Leben ist ein Wagnis, ein Abenteuer, eine Klettertour – wie können wir damit umgehen?

Zirkusartisten haben ein Sicherheitsnetz: Wenn alles schief läuft, fallen sie ins Netz. Was ist unser Netz? Ich werde jetzt nicht den theologischen Schnellschuss loslassen und einfach sagen: Jesus Christus. Die Antwort stimmt! Aber dann weiß ich noch nicht, wie ich dieses Netz bei mir finde.

Deswegen erst ein Zitat: Es gibt viele Berichte von Menschen, die tiefes Gottvertrauen erlebt haben, „meist infolge eines tragischen Verlusts irgendwann in ihrem Leben. Sie haben vielleicht ihr Hab und Gut, ihre Kinder oder Partner, ihre gesellschaftliche Stellung, ihren Ruf oder ihre körperliche Gesundheit verloren. Manchmal haben sie durch eine Katastrophe oder Krieg alles auf einmal verloren und standen vor dem „Nichts". Das können wir eine Grenzsituation nennen. Womit sie sich auch identifiziert hatten und was immer ihnen ein Selbstgefühl vermittelt hatte, war ihnen genommen worden. Und dann wich die Qual oder tiefe Furcht, die sie anfangs empfunden hatten, urplötzlich und auf unerklärliche Weise einem heiligen Gefühl von Gegenwärtigkeit, von tiefem Frieden und Gelassenheit, von vollkommener Angstfreiheit. Dieses Phänomen muss auch dem Apostel Paulus bekannt gewesen sein, als er vom „Frieden Gottes, der höher ist als alle Vernunft" sprach. Es ist wirklich ein Friede, der nicht zu begreifen ist, und wer ihn erfahren hat, fragt sich oft: „Wie kann es sein, dass ich in dieser Situation einen solchen Frieden empfinde?"[8] Dieser Friede Gottes, der höher ist als alle Vernunft ist in jedem von uns. Dieses Netz haben wir immer. Wir spüren dieses Netz normalerweise aber nicht. Wie können wir dahin kommen, dass wir es spüren?

Maria und Martha, die um ihren Bruder Lazarus trauerten, vertrauten Jesus. Der Bergsteiger im Film vertraute nicht. Vertrauen auf Christus führt immer weiter zum Frieden Gottes. Der Weg des Vertrauens zeigt das Netz! Dazu gehört aber auch, die weltlichen Sicherungen als vergänglich zu sehen. Sie sind kein Netz, nur vorläufige Sicherungen! Hängen wir unser Ich nicht zu sehr an sie! Und manchmal muss man bewusst einige Sicherungen loslassen, um das Netz zu spüren, um ins Netz zu fallen!

1. Fastensonntag: Die Versuchung Jesu und „Der Herr der Ringe"

Mk 1,12-15

Der Kinofilm „Herr der Ringe" ist inzwischen schon ein Klassiker. Damit wurde der berühmteste Fantasy-Roman verfilmt. Er stellt sich auf ganz besondere Weise die Frage nach dem Bösen, der Versuchung, und wie man damit umgehen soll.
Die Geschichte in Kürze: Wir befinden uns in Mittelerde. Es leben dort nicht nur Menschen, sondern auch Zwerge, Zauberer, Elben und Hobbits. Die Hobbits sind noch kleiner als Zwerge, sehr gemütliche und angenehme Gesellen.
Der dunkle Herrscher Sauron, eine Art Zauberer, hat einen Ring geschmiedet, der besondere Eigenschaften hat:
1. Wer ihn trägt, wird unsichtbar für die meisten Wesen.
2. Wer ihn trägt, bekommt durch ihn unermessliche Macht.
3. Wer ihn trägt, kann Angst und Schrecken verbreiten und uneingeschränkt befehlen.
4. Umso häufiger man den Ring trägt, umso süchtiger wird man nach ihm. Man wird abhängig vom Ring.
5. Umso häufiger man den Ring trägt, umso mehr besteht die Gefahr, dass Mitleid und Barmherzigkeit in der Seele zerstört wird.
Mit diesem Ring errichtet der dunkle Herrscher seine Gewaltherrschaft. Mit großem Kampf und vielen Kriegen wird er besiegt. Ein Elbenkönig kann den Ring dem dunklen Herrscher abnehmen. Einige Zeit später verliert er diesen Ring bei einem Fluchtversuch im Fluss. Viele Jahrzehnte später entdeckt ein kleiner Hobbit diesen Ring. Er wird von seinem Freund, der sogleich von dem Ring wie wild angezogen ist, umgebracht. Mit dieser Mordtat hat der neue Ringträger sein gutes Herz verspielt: er heißt Gollum.
Durch einen Zufall findet der Hobbit Bilbo Beutlin den Ring. Weil er aber Gollum nicht umbringt, bleibt in seinem Herzen

Mitleid bestehen. Dies wird in der Vorgeschichte „Der kleine Hobbit" erzählt.

Nach einiger Zeit bekommt der dunkle Herrscher durch Gollum mit, dass sein Ring noch existiert und gefunden wurde.

Der Ring ist inzwischen auf den Neffen Frodo Beutlin übergegangen. Der gute Zauberer Gandalf weiß um die Gefahr: Wenn der dunkle Herrscher den Ring bekommt, dann wird er die Welt mit seiner Schreckensherrschaft überziehen. Es gibt für ihn nur eine Möglichkeit: Der Ring muss in den Schicksalsberg geworfen werden, denn in dem Feuer des Schicksalsberges wurde der Ring auch geschmiedet. Nur dort kann er zerstört werden. Aber der Schicksalsberg liegt in Mordor. Das ist das Gebiet, in dem der dunkle Herrscher immer noch herrscht. Man muss also in die Höhle des Löwen, um den Ring zu zerstören.

Der dreibändige Roman „Herr der Ringe" erzählt die gefährliche Reise, diesen Ring vom Auenland, in dem die Hobbits wohnen, durch ganz Mittelerde zum Schicksalsberg zu bringen.

Die vielen einzelnen Abenteuer kann der Film besser erzählen als ich hier in der Predigt. Ich möchte mich auf drei Aspekte begrenzen, die ein interessantes Licht auf Versuchung werfen.

1. Wer soll den Ring tragen, um ihn in den Schicksalsberg zu werfen? Der gute Zauberer Gandalf will, dass dies ein Hobbit übernimmt: der junge Herr Frodo. Denn er ist ein kleines Wesen, bescheiden, er hat Mitleid. Ihm kann der Ring eventuell weniger zur Macht verführen als andere.

2. Warum den Ring nicht einsetzen? Besonders der Herrscher von der Stadt Minas Tirith wird diese Entscheidung Gandalfs als verrückt und Torheit bezeichnen. Viel besser wäre es nach ihm, wenn er diesen Ring hätte. Er würde ihn verstecken und nur in der größten Not benutzen. Aber Gandalf ist anderer Meinung: Die Macht des Rings, einen Menschen negativ zu verändern, ist zu groß.

3. Keiner ist vor Versuchung gefeit! Am Schluss des Romans steht der Hobbit Frodo am Schicksalsberg. Manchmal musste er den Ring benutzen, um sich unsichtbar zu machen. Er ist abhängig geworden. Er kann nicht mehr, er will nicht mehr den Ring in den Schicksalsberg werfen, um ihn zu zerstören. Seit einiger Zeit hat ihn auch Gollum verfolgt. Und da passiert folgende Szene: Der Hobbit Frodo setzt den Ring auf, Gollum greift nach der Hand von Frodo, reißt den Ring ab. Er tanzt einen Freudentanz und fällt dabei in den Abgrund, in das Feuer. Durch ein glückliches Missgeschick, nicht durch einen freien Entschluss, wird der Ring der Macht zerstört.

Was ist heute der Ring der Macht, der Mitleid zerstört und größenwahnsinnig macht? Präzisionswaffen und Drohne, die mit Satelliten gesteuert werden, so dass die eigenen Leute nicht zu Schaden kommen? Eine Atombombe?

Aber vielleicht brauchen wir nicht so extrem denken. Wo werde ich von der Lust versucht, Macht zu haben? Wo möchte ich bestimmen anstatt Mitleid zu haben?

Die stärkste Szene im Roman ist sicherlich die Schlussszene: Frodo, sogar er, ein bescheidener Hobbit, ist nicht fähig, der Versuchung zu widerstehen.

Stellen wir diese Geschichte dem Evangelium gegenüber: Jesus Christus ist fähig, der Versuchung totaler Machtausübung zu widerstehen.

Dieser Kontrast der beiden Geschichten zeigt uns deutlich: Wir können der Versuchung nur widerstehen, wenn wir auf Jesus Christus schauen. Nur von ihm her bekommen wir die Kraft dazu.

2. Fastensonntag: Jenseits von mehr und weniger

Mk 9,2-10

Bei Blutdruck ist die Sache ganz einfach: Wenn er zu hoch ist, gibt der Arzt ein blutdrucksenkendes Mittel. Wenn er zu niedrig ist, gibt der Arzt ein anregendes, blutdrucksteigendes Mittel. Die Sache ist deswegen so einfach, weil wir den Blutdruck messen können und wissen, wie hoch ein optimaler Blutdruck ist.

Aber in anderen Bereichen ist es nicht so einfach herauszufinden, ob mehr oder weniger zum besten Ergebnis führt. Zum Beispiel ein Kind oder einem Jugendlichen zum Lernen animieren. Wie viel Motivation oder auch Druck soll man aufbauen? Wenn Du Dich verbesserst, bekommst Du dies und jenes! Also jeden Tag eine Stunde Vokabeln lernen! Willst Du lieber durchfallen und die Klasse wiederholen? Der eine braucht Anschübe! Der andere verkrampft sich, wenn man zu sehr auf ihn einredet, und dann klappt das Lernen auch nicht.

Lernpsychologen haben herausgefunden, dass die optimale Leistung erreicht wird, wenn die Motivation, der Druck mittelstark ist. Bei zu wenig Motivation oder Druck ist der Jugendliche zu sehr „relaxt", zu sehr entspannt: Die Lernleistung ist niedrig. Sie steigt durch Motivationserhöhung. Bei zu viel Druck oder Motivationsaufbau wird der innere Stress zu groß: Die Lernleistung ist ebenso niedrig. Sie steigt durch Druckminderung.

Manche Erzieher oder Eltern meinen, dass der Zusammenhang zwischen Druck und Leistung direkt proportional ist: Umso mehr Druck, umso mehr Leistung. Das klappt jedoch nicht. Die Kinder leiden unter zu viel Druck und bringen dann auch nicht ihre bestmögliche Leistung.

Jetzt wird auch verständlich, warum es eine intelligente, nützliche Strategie sein kann, wenn viele Jugendliche während des Lernens Musik hören. Sie vermindern dadurch den Druck, der vielleicht

kurz vor der Prüfung sie zu stark belastet. So können sie mit Musik besser lernen. Aus alldem ergibt sich:
Das richtige Maß an Motivation und Druck zu finden ist eine Kunst! Und man muss aufmerksam regelmäßig nachkorrigieren. Das Beste ist, wenn der Jugendliche an einem Fach selbst Interesse findet. Wenn Chemiebücher lesen und Chemieexperimente ausprobieren zum Hobby wird, dann wird das Lernen leicht. Wie von selbst stellt sich dann meistens die beste Spannung ein und die beste Lernleistung wird wie von selbst erbracht.
Meditation Wer in der Stille betet, steht vor einem ähnlichen Dilemma. Wenn Sie sich eine halbe Stunde in eine stille Kirche setzen, um zum Beispiel das Allerheiligste anzubeten, erleben Sie vielleicht ähnliches. Am Anfang sind Sie eventuell aufmerksam dabei, Sie können sich ganz auf Jesus ausrichten, Sie meditieren aufmerksam seinen Namen und schauen das Allerheiligste an. Aber dann kommen Gedanken und Sie beschäftigen sich mit diesen und jenen Sorgen. Sie merken es und entschlossen kehren Sie zu Ihrem Gebet zurück. Sie haben Ihrer inneren Motivation, jetzt zu beten, einen Anstoß gegeben. Ein andermal bemühen Sie sich redlich, Sie wollen gut meditieren, ganz aufmerksam sein, aber es ist alles mühselig. Sie ärgern sich über sich selbst. Dann kommen Sie auf die Idee, sich zu sagen: Ach, ich sitze jetzt einfach hier und es darf alles so sein, wie es ist, ich muss nichts erreichen. Da entspannen Sie sich und Sie merken, Sie können ruhiger da sein und besser beten. Sie haben den Druck vermindert.
Was soll ein geistlicher Begleiter seinen Zuhörern sagen? Wenn er nur antreibt, hilft er der einen Hälfte und den anderen bereitet er blockierenden Stress beim Beten. Wenn er nur Beruhigung und Gelassenheit predigt, hilft er den übertriebenen Perfektionisten und hemmt die Entwicklung der „zuviel Gechillten". Was tun? Manche Impulse vereinigen beides: z. B. kann man empfehlen. Wenn Du merkst, dass Du in Gedanken

bist, kehre mit entschiedener Sanftheit oder auch sanfter Entschiedenheit zurück.

Solche Impulse sind sehr wertvoll. Oft wissen wir selbst nicht, ob wir nun zu wenig oder zu viel motiviert sind. Aber dieser Impuls hilft uns, liebevoll mit uns selbst umzugehen und die ausgewogene Mitte zu suchen. Auch Aristoteles hat die Tugenden immer in der ausgewogenen Mitte zwischen zwei Extremen gesucht. Solche Impulse sind also UND-Mittel: Sie vereinigen beide Korrekturrichtungen.

Der Königsweg Und sonst gibt es keine Möglichkeiten, die ausgewogene Mitte zu finden? Doch! Beim Gebet haben wir noch einen Königsweg! Der Sehnsucht folgen, mit Jesus zusammen zu sein. Wenn ich auf meine Sehnsucht höre, dass ich Zeit mit Jesus verbringen will, dann führt mich die Sehnsucht. Ähnlich wie der Jugendliche, der eine Begeisterung für Chemie selbst entwickelt hat und plötzlich aus eigenem Antrieb Chemiebücher liest oder Experimente ausprobiert, weil es ihm Spaß macht, weil er echtes tiefes Interesse an Chemie selbst hat.

Deswegen ist es so wertvoll und wichtig, die Zeit des Gebetes Gott zu schenken! Wenn ich am Anfang des Gebets sage: Ich schenke Dir diese Gebetszeit. Ich möchte nun dich loben, für Dich da sein, mich Dir hingeben. Dann rufe ich meine Sehnsucht wach: Ich möchte bei Dir Jesus sein! Nicht wie die Gebetszeit abläuft ist wichtig. Mir ist wichtig, mit Dir Jesus Zeit zu verbringen.

So wird auch deutlich, dass das Zuwenig und das Zuviel oft ichbezogen ist: Ich will es mir gut gehen lassen, schöne Erfahrungen haben! oder: Ich will es perfekt machen! Ebenso ein anderes Zuwenig und Zuviel ist ichbezogen: Ich will das nun nicht spüren, also verdränge ich es! Oder: Ich will das so nicht haben, also beschäftige ich mich damit, vielleicht kann ich es dann verändern! Jenseits von Verdrängen und sich Beschäftigen ist einfach: es darf da sein. Wer die Zeit des Gebets Gott schenkt, der verlässt diese ichbezogenen Tendenzen.

Tabor-Erlebnisse Und dann gibt es immer wieder ganz besondere Momente, in denen wir uns ganz dieser Sehnsucht bewusst sind, sie spüren und voll da sind und ganz innig auf Jesus schauen. Das sind dann die Tabor-Erlebnisse in unseren Gebetszeiten. Wir spüren: Ja Du bist da! Du trägst mich! Ich schaue auf Dich! Alles ist da, in Dir! Und ich bin in Dir!
Solche Tabor-Erlebnisse werden uns geschenkt. Aber auch wir müssen wieder hinuntersteigen. Auch wir können keine Hütte bauen, um in dieser Erfahrung uns einzurichten.
Wer aber weitergeht, der darf Gott für diese Taborerfahrung danken. Und wer in Dankbarkeit diese Erfahrung loslässt, dem wird sie auf dem weiteren Weg eine Kraftquelle.
In der Ebene angelangt werden wir merken, dass wir wieder suchen: Wo ein bisschen mehr? Wann ein bisschen weniger? Wir werden in unserem irdischen Leben nie ganz aus diesem ständigen Suchen und Ausbalancieren herauskommen. Und hier dürfen wir ruhig mit Witz und Tricks vorgehen. Dobelli erzählt von seiner Nachberin, die in drei Monaten ihre Doktorarbeit schrieb: „Sie mietete sich ein winziges Zimmer ohne Telefon und Internetanschluss. Sie setzte sich drei Termine – für die drei Teile ihres Buches. Sie erzählte jedem, der zuhören wollte, von ihren selbst definierten Zielen, ja sie druckte sie sogar auf die Rückseite ihrer Visitenkarte. Über Mittag und an den Abenden lud sie ihre „Batterien" auf, indem sie Modehefte durchblätterte und viel schlief."[9] Sie hatte bestimmt ihr Studiumfach gewählt, weil sie echtes Interesse an dem Fach hatte. Aber wenn man eine große Arbeit schreibt, dann müssen sich zu der Begeisterung auch Disziplin und immer auch eine Portion Erholung gesellen.
Ähnliches erzählen auch gebetserfahrene Menschen. Manchen hält eine Gebetsgruppe, um auch in dürren Zeiten dran zu bleiben. Andere haben feste Gebetszeiten am Tag, wieder andere gönnen sich jährlich Besinnungstage und Exerzitien.
Was sind Ihre Taborerfahrungen, von denen Sie zehren, die Ihnen Kraft geben? Welche Impulse helfen Ihnen, die ausgewogene

Mitte zu finden? Und wie halten Sie Ihre Sehnsucht nach Jesus Christus wach? Was sind Ihr Ort, Ihre Zeit, Ihre Formen, Ihre Tricks, dieser Sehnsucht Raum zu geben?

3. Fastensonntag: Mensch und Gott unverzweckt

Lk 2,13-25
Zu unserem heutigen Evangelium möchte ich Ihnen eine kleine Betrachtung von Ute Mordhorst vorlesen:
Wenn ich meine, ich müsse mich
gut verkaufen
auf dem Arbeits- oder Heiratsmarkt,
Körper und Seele zu Markte tragen,
für jeden Spaß zu haben sein,
nichts für mich behalten,
alles muss raus
selbst das privateste,
sagt Jesus mir:
Verkauf dich nicht.
Nicht unter Wert.
Nicht über Gebühr.
Lass dich nicht für dumm verkaufen.
Du hast für mich
einen unvergleichlich hohen, wahren Wert.
Keinen Warenwert.
Macht das Haus meines Vaters nicht zu einer Markthalle.[10]
Bei dieser Betrachtung geht es um meine Beziehung zu mir selbst. Bei der Tempelreinigung geht es aber um die Beziehung zu Gott. Eine weitere Verschiebung kann man feststellen: Im Evangelium geht es um den Tempel in Jerusalem. Geht es bei Betrachtung von Ute Mordhorst nicht um meinen Körper, so wie Paulus sagt: Dein Körper ist der Tempel des Heiligen Geistes?!
Wie passt das zusammen? Die Beziehung zu mir selbst und die Beziehung zu Gott? Wieso ist es sinnvoll, dass die Autorin in ihrer kleinen Betrachtung diese Verschiebung vornimmt?
Diesen Fragen möchte ich nun in drei Schritten nachgehen:

1. Schritt: Eine Formulierung des kategorischen Imperativs von Immanuel Kant lautet:
„Handle so, dass du die Menschheit, sowohl in deiner Person, als in der Person eines jeden anderen, jederzeit zugleich als Zweck, niemals bloß als Mittel brauchest."

Das klingt kompliziert, aber an einem alltäglichen Beispiel wird der Sinn deutlich. Wenn Sie zum Bäcker gehen, dann möchten Sie ein Brot oder ein Gebäck kaufen. Der Bäcker und die Verkäuferin sind also Mittel, damit Sie ein Brot oder ein Gebäck essen können. Aber Bäcker und Verkäuferin sind nicht nur Mittel, sie sind auch Menschen. Deswegen gehen wir in den Laden, sagen freundlich „Grüß Gott" und fangen vielleicht ein Gespräch über das Wetter an usw. Sie könnten in den Laden gehen und sagen: „Brot 1 kg!" und legen das Geld auf den Tresen. Fertig ist das Geschäft. Aber das würde uns seltsam und unfreundlich anmuten. Da gäbe es nicht mehr viel Unterschied zu dem Verhalten, wenn Sie zu einem Bankautomaten gehen, Ihre IC-Karte hinein stecken und 50 € abheben. Sie haben den Automaten benutzt, um Geld zu bekommen. Er ist allein Mittel für diesen Zweck. Aber wir wollen unsere Mitmenschen nicht nur als Mittel für irgendwelche Zwecke benutzen. Die Begegnung mit ihnen hat einen Sinn, einen Zweck in sich, weil sie Personen, Menschen sind. Wenn ich mit einem Menschen rede, kann ich merken, da ist jemand drin. Und Massenentlassungen in einem großen Betrieb kommen uns oft so unmenschlich vor, weil der Mensch hier als ein kleines Rädchen erscheint, was abgeschrieben wird, das als Mittel nicht mehr taugt.

Die Autorin hat beschrieben, dass Menschen sich auch selbst als Mittel für irgendetwas benutzen und damit ihre Würde nicht erkennen. Der Egoist, wenn er ganz in seinem Ego ist, benutzt immer den anderen Menschen als Mittel für seine eigenen Zwecke.

Kant lädt uns ein, nicht als Egoisten zu handeln, sondern die eigene Würde und die Würde der anderen Menschen zu sehen und von ihr her auch zu handeln.

2. Schritt: Die 10 Gebote und der Fluss der Liebe Die 10 Gebote gehen auch von einer Beziehung aus. Gott erinnert das Volk Israel daran, dass es durch ihn befreit wurde. Ihr habt durch mich mein Leben gewonnen. Ich bin euer Gott, der euch aus Ägypten befreit hat. Merkt euch, dass ich euch die Freiheit und das Leben geschenkt habe, dass ich eine Beziehung zu euch haben möchte. Dann werdet Ihr aus dieser Beziehung heraus meinen Namen heiligen, keine anderen Götter neben mir haben, einen Tag in der Woche heiligen und mir widmen, dann werdet Ihr untereinander euch achten, eure Eltern ehren, die Wahrheit und das Eigentum der anderen respektieren und die Partnerschaften anderer achten.

Der tiefste Sinn der 10 Gebote ist, dass sie den Fluss der Liebe beschreiben: Was ergibt sich aus dem Befreiungsgeschenk, das Gott Israel gegeben hat? Was ergibt sich sinnvollerweise aus einer Beziehung zu Gott, deren andere Seite der Medaille die Beziehung zu den Mitmenschen ist? Das sind die 10 Gebote! Es geht darum, aus dieser Beziehung zu leben und deswegen Gott zu loben, ihm zu dienen, ihm das eigene Leben hinzugeben, und deswegen auch den anderen zu helfen, ihn zu loben und zu ehren, dem anderen Zeit zu schenken. Aber auch sich selbst zu achten und sich selber Zeit zu schenken.

Die Beziehung zu Gott, die Beziehungen zu sich selbst und die Beziehungen zu den anderen sind nur verschiedene Seiten der einen Sache, dem Fluss der Liebe.

3. Schritt: Der Tempel ist der Ort, an dem Gott nicht ein Mittel für irgendetwas sein soll und an dem ich und der Mitmensch als Kind Gottes wahrgenommen werden soll, unverzweckt, nicht als Mittel.

Aber was hat Jesus feststellen müssen, als er in den Tempel ging! Gott wurde verzweckt, eingespannt in menschliche Ziele! Geld verdienen, Macht gewinnen, Ansehen und soziales Prestige ausbauen. Reichtum, Macht, Ansehen – das sind die egoistischen Ziele. Die Mitmenschen werden ebenso wie Gott verzweckt: von ihnen bekommt man Geld, sie geben den Hohenpriestern Macht und Ansehen. Schluss damit! Der heilige Zorn, den Jesus packt, richtet sich auf diesen Missbrauch.

Im Tempel muss Raum für Gott als das unerreichbare Geheimnis sein. Er ist der, der unsere egoistischen Ziele und Vorstellungen überschreitet, der uns über uns selbst hinaus führt.

Im Tempel muss Raum für mich selbst sein: Ich darf mir selbst Geheimnis sein, mit Würde beschenkt, als Kind Gottes.

Im Tempel muss Raum für die anderen sein. Die Mitmenschen sind Geheimnis, denen ich zweckfrei begegne, weil es in sich sinnvoll ist, mit Mitmenschen zu sprechen und ihnen zu begegnen.

In unserem Gottesdienst wird das deutlich, dass wir kurz nach dem Hochgebet uns gegenseitig den Friedensgruß zu sprechen. Im Hochgebet loben und ehren wir Gott als das unverfügbare Geheimnis und im Friedensgruß begegnen wir dem anderen völlig unverzweckt, als Mitmensch, als Du. Hier versuchen wir einzuüben, dass unsere Kirchen Raum für diese Haltung jenseits der Verzweckung und des Egoismus sind.

Natürlich dürfen wir Gott um etwas bitten. Unsere begrenzten Bitten dürfen wir vortragen. Aber diese Bitten müssen weiter führen in die Haltung: Gott du bist größer, dein Wille geschehe! Ich will dich dafür loben und dir dienen und mich von dir führen lassen!

Als provokative Lesung empfehle ich Sandel „Was man für Geld nicht kaufen kann" S. S.9-14. Er listet Beispiele auf, was man inzwischen mit Geld kaufen kann. Suchen Sie sich die Sonderbarsten heraus.

4. Fastensonntag: Das innere Licht

Joh 3,14-21
Oft hält das Leben eine bessere Predigt bereit als die Gedanken, die man sich am Schreibtisch macht. Zum heutigen Evangelium, dem Gespräch zwischen Jesus und Nikodemus, passt die Geschichte von Jacques Lusseyran! Er wird 1924 geboren. Mit sieben Jahren wird er durch einen Unfall völlig blind.
Nur kurze Zeit nach seinem Unfall entdeckt er aber in sich ein inneres Licht: „Anstatt mich hartnäckig an die Bewegung des Auges, das nach außen blickte, zu klammern, schaute ich nunmehr von innen auf mein Inneres. Ich sah, wie von einer Stelle, die ich nicht kannte und die ebenso gut außerhalb meiner wie in mir liegen mochte, eine Ausstrahlung ausgehen, oder genauer: ein Licht - das Licht. Das Licht war da, das stand fest. Ich fühlte eine unsagbare Erleichterung, eine solche Freude, dass ich darüber lachen musste. Zuversicht und Dankbarkeit erfüllten mich, als ob ein Gebet erhört worden wäre. Ich entdeckte das Licht und die Freude im selben Augenblick, und ohne Bedenken kann ich sagen dass sich Licht und Freude in meinem Erleben seither niemals mehr voneinander getrennt haben: zusammen besaß oder verlor ich sie. Ich sah das Licht. Ich sah es, obwohl ich blind war."[11]
Jesus sagt zu Nikodemus: „Wer aber die Wahrheit tut, kommt zum Licht, damit offenbar wird, dass seine Taten in Gott vollbracht sind." Es gibt ein inneres Licht, das letztlich für die Gegenwart Gottes steht. Genau dieses innere Licht hat Jacques nach seinem Unfall, der zu Blindheit führte, entdeckt.
„Ich hatte das Licht in mir, obwohl ich dafür nur ein Durchgangsort, ein Vorhof war; ich hatte das sehende Auge in mir. Dennoch gab es Zeiten, in denen das Licht nachließ, ja fast verschwand. Das war immer dann der Fall, wenn ich Angst hatte. Wenn ich, anstatt mich von Vertrauen tragen zu lassen und mich durch die Dinge hindurchzustürzen, zögerte, prüfte, wenn ich an

die Wand dachte, an die halb geöffnete Türe, den Schlüssel im Schloss, wenn ich mir sagte, dass alle Dinge feindlich waren und mich stoßen oder kratzen wollten, dann stieß oder verletzte ich mich bestimmt.
Die einzige Art, mich im Haus, im Garten oder am Strand leicht fort zubewegen war, gar nicht oder möglichst wenig daran zu denken. Dann wurde ich geführt, dann ging ich meinen Weg, vorbei an allen Hindernissen, so sicher, wie man es Fledermäusen nachsagt."[12]
Die Menschen um ihn herum sind der Überzeugung, Blindsein bedeutet nichts sehen. Jacques widerspricht ihnen, denn er sieht doch. Er sieht anders als Nichtblinde sehen, aber er sieht. Er sieht auf seine Weise sogar Licht und Farben.
Es gibt Blinde, die Räumlichkeit wahrnehmen durch den Schall, der zurückkommt. Sie schnalzen mit der Zunge und hören so fein, dass sie Gegenstände in der Nähe wahrnehmen durch die Art und Weise, wie das Schnalzen klingt.
Wie nimmt Jacques wahr? Ist es ein feineres Wahrnehmen, das eingeübt werden kann? Dann wäre es für uns eine besondere Art der Kompensation eines Behinderten. Eine interessante Geschichte. Aber sein Sehen bekommt für uns spirituelle Botschaft, wenn wir hören, was sein Sehen vermindert, ja verhindert.
„Was der Verlust meiner Augen nicht hatte bewirken können, bewirkte die Angst: Sie machte mich blind. Dieselbe Wirkung hatten Zorn und Ungeduld. Sie brachten alles in Verwirrung. Eine Minute zuvor kannte ich noch genau den Platz, den alle Gegenstände in meinem Zimmer einnahmen, doch wenn mich der Zorn überkam, zürnten die Dinge mehr noch als ich; sie verkrochen sich in ganz unerwartete Winkel, verwirrten sich, kippten um, lallten wie Verrückte und blickten wild um sich. Ich aber wusste nicht mehr, worauf meine Hand legen, meinen Fuß setzen. Überall tat ich mir weh. Dieser Mechanismus funktionierte so gut, dass ich vorsichtig wurde.

Wenn mich beim Spiel mit meinen kleinen Kameraden plötzlich die Lust ankam zu gewinnen, um jeden Preis als Erster ans Ziel zu gelangen, dann sah ich mit einem Schlag nichts mehr. Ich wurde buchstäblich von Nebel, von Rauch umhüllt.
Die schlimmsten Folgen aber hatte die Boshaftigkeit. Ich konnte es mir nicht mehr leisten, missgünstig oder gereizt zu sein, denn sofort legte sich eine Binde über meine Augen. Ich war gefesselt, geknebelt, außer Gefecht gesetzt; augenblicklich tat sich um mich ein schwarzes Loch auf, und ich war hilflos. Wenn ich dagegen glücklich und friedlich war, wenn ich den Menschen Vertrauen entgegenbrachte und von ihnen Gutes dachte, dann wurde ich mit Licht belohnt. Ist es verwunderlich, dass ich schon früh die Freundschaft und Harmonie liebte? Was brauchte ich einen Moralkodex, wo ich doch in mir ein solches Instrument besaß, das Rotlicht und Grünlicht gab: Ich wusste immer, wo man gehen durfte und wo nicht. Ich hatte nur auf das große Lichtsignal zu sehen, das mich lehrte zu leben."[13]
„Vollkommener Ausdruck für dieses ständige Wunder der Genesung war für mich das „Vater unser", das ich jeden Abend vor dem Einschlafen aufsagte. Ich hatte keine Angst. Andere würden sagen, ich hatte den Glauben."[14]
Jacques lädt uns Sehende dazu ein, nach innen zu horchen! Er ist uns in diesem inneren Sehen weit voraus. Das göttliche Licht ist in jedem von uns. Wann habe ich Zugang zu meinem Inneren, zu meiner inneren Mitte, zu meinem göttlichen Licht in mir?
Wann spüre ich, dass ich mich aus mich heraustreibe? Was wirft mich aus der Bahn? Angst, Wut, Verbissenheit, Boshaftigkeit? Was bringt mich wieder in Kontakt mit meinem göttlichen Licht? Ein Vater unser, Freude, Vertrauen?

5. Fastensonntag: Gedanken zum Opferbegriff

Joh 12,20-33
„Wenn das Weizenkorn stirbt, bringt es reiche Frucht." Das Bildwort umschreibt eine zentrale christliche Haltung: Die Bereitschaft zur Hingabe bzw. zum Opfer.

Opfer heute Und da sind wir schon bei dem Problem, das ich heute ein wenig beleuchten will: Das Wort „Opfer" ist heute sehr negativ besetzt. In der Gassensprache von Jugendlichen ist der Ausdruck „Du Opfer" eine heftige Beleidigung. Man will nicht als „Opfer" bezeichnet werden.

Im gehobenen Sprachgebrauch werden Opfer den Tätern entgegengesetzt: z. B. der Täter entführt einen Menschen. Der Täter ist aktiv. Das Opfer ist passiv, wird seiner Freiheit beraubt, seine Möglichkeiten zu handeln werden drastisch reduziert.

Im gehobenen Sprachgebrauch haben wir Mitleid mit den Opfern. In der Gassensprache schaut man mit Verachtung auf „Du Opfer". Aber beiden Verständnissen ist die Passivität, die beraubte Freiheit, die Schwachheit gemeinsam.

Opfer früher Da ist es nur allzu verständlich, dass wir heute sehr schwer das spirituelle christliche Verständnis vom Opfer verstehen können. Noch die Generation meiner Großeltern hatte im katholischen Milieu einen sehr positiven Zugang zu diesem Wort. Das ist mir wieder klar geworden, als ich in meinem Besinnungsbuch folgendes Gebet las:

„Herr, ich lege die ganze Ungewissheit des heutigen Tages in deine Hände. Wandle sie wenigstens um in solche Gewissheit, die Dir Ehre bringt. Soweit ich vermag, sehe ich mit Zuversicht jene Ereignissen entgegen, die in meinem Notizbuch verzeichnet stehen und jenen, die sich von selbst aus dem gewöhnlichen Tageslauf ergeben. Ich opfere sie dir auf, gemeinsam mit all dem, was unversehens kommen wird. Segne auch die Zwischenfälle und das Missgeschick, die angenehmen Überraschungen und die jähen Enttäuschungen. Ich werde wahrscheinlich im entsprechenden Augenblick nicht an dich denken. Aber du sollst jetzt wissen, dass alle Dinge in Wahrheit der Ehre deines Namens geweiht sind."[15]

Ich opfere sie dir auf! – Diese Formulierung versteht heute fast keiner mehr. Aber das, was gemeint ist, ist auch heute noch zentral für unseren Glauben. Wenn wir das Wort Opfer durch das Wort Hingabe oder Schenken ersetzen, wird es für uns normalerweise verständlich.

Hingabe Mein spiritueller Lehrer, der Jesuit Franz Jalics, hat nie vom Opfer gesprochen, dagegen oft von Hingabe oder von Zeit schenken. Er empfahl z. B.: Wenn Du eine halbe Stunde das Jesusgebet, das stille Gebet, die Meditation machst, dann schenke diese Zeit Gott. Meditiere nicht für Dich, mache das stille Gebet nicht, um etwas für Dich zu erreichen. Schenke die Zeit des Gebetes Gott, weil es Dir in dieser Zeit um Gott geht: Ihm willst Du dienen, ihn willst Du loben, ihm willst Du Dich hingeben. Wenn man nun diesen Rat befolgt, merkt man folgendes: Weil ich vor Gott nichts leisten muss, weil ich nichts aktiv erreichen muss, weil ich nicht etwas für mich unbedingt haben will, wird das Gebet leicht. Ich spüre, es wird zur erfüllten Zeit, zur Pflege der Beziehung mit Jesus Christus. Auch wenn die Gebetszeit mal schwierig wird, auch wenn ich viele Ablenkungen erlebe, bin ich doch nicht enttäuscht. Ich weiß: Ich habe diese Gebetszeit Gott geschenkt, und er weiß um meine Schwäche und nimmt sie mit Liebe an. Mehr muss ich nicht geben.

Mein Professor in Dogmatik erklärte unser Opfer bei der Messe in derselben Weise: Wir schenken unsere Zeit Gott, das ist unser Opfer in der Messe. Ich schenke meine Zeit, meine Aufmerksamkeit, meinen Versuch, auf Gott zu schauen, mich auf Jesus Christus auszurichten.

Diese Haltung will das Gebet auch ausdrücken: Ich opfere Dir die Ereignisse des Tages. Die Dinge des Tages sollen in Wahrheit der Ehre deines Namens geweiht sein. Das kann entlasten! Wenn ich allein für mich den Tag lebe, muss alles den strengen Vorstellungen meines Egos folgen. Frustration ist vorprogrammiert. Aber wenn ich die Ereignisse des Tages Gott schenke, bleibe ich offen, werde ich flexibel, geduldig, zuversichtlich. Diese Änderung der Haltung an einem alltäglichen Tag ist für mich eine Anwendung von Jesu´ Satz: Wenn das Weizenkorn nicht in die Erde fällt und stirbt, bleibt es allein; wenn es aber stirbt, bringt es reiche Frucht.

Nun habe ich den positiven Sinn herausgearbeitet. Mit dem Wort Opfer können wir heute schwer diesen positiven Sinn vermitteln. Vielleicht liegt es daran, dass wir heute das Wort Opfer zu sehr mit Passivität, mit Verzicht, mit Unterdrückung, mit Freiheitsberaubung, mit Schwäche assoziieren.

Diese Haltungsänderung ist aber etwas ganz anderes, man möchte fast sagen das Gegenteil: 1. In der Hingabe ändere ich selbstbewusst meine Haltung. 2. Mit Hingabe verbinden wir eher etwas Positives. *Für etwas* gebe ich mich hin. Das Wort Hingabe verweist deutlich auf den positiven Wert, zum Beispiel für Gott selbst da zu sein. Bei dem Wort Opfer denken wir eher an den Verlust: auf etwas muss ich verzichten, wenn ich meine Haltung ändere! Der Blick auf das Positive motiviert mehr als der Blick auf den Verzicht. 3. In der Haltungsänderung entdecke ich eine neue Art von Freiheit, ich werde unabhängiger von meinen egoistischen Verstrickungen.

Fazit für mich: Wir sollten uns bemühen, das, was mit Opfer eigentlich im christlichen Sinn gemeint ist, mit anderen Worten und Erklärungen auf heutige verständliche Weise zu vermitteln, und das Wort Opfer sehr sparsam zu verwenden.

Kreuzesopfer Nur bei einem Thema können wir natürlich nicht auf das Wort Opfer verzichten: Jesus opfert sich am Kreuz. Aber dieser Satz muss auch immer wieder neu in der heutigen Zeit verständlich interpretiert und ausgedeutet werden.

Karl Rahner hat betont, dass das Kreuzesopfer ein Geheimnis ist. Deswegen brauchen wir mehrere Deutungen und

Interpretationen, damit wir uns gebührend dem Geheimnis nähern. Jedoch die eine passende Deutung gibt es nicht, weil das Kreuzesopfer ein Geheimnis ist.

Zwei Interpretationen aus dem Mittelalter müssen wir beiseite legen. Im Hochmittelalter gab es bei einigen Theologen folgende Vorstellung: Durch die Sünde waren die Menschen an den Teufel verloren. Gott hat dem Teufel durch den Tod Jesu Lösegeld gezahlt und hat damit die Menschen für sich zurückgewonnen. Jesu Tod war sozusagen das Opfer an den Teufel, um die Menschen zurückzugewinnen. So kann man natürlich heute überhaupt nicht den Kreuzestod interpretieren.

Anselm von Canterbury wollte diese mythologische Vorstellung mit einer anderen Deutung überwinden. Er deutete das Kreuzesopfer in der Logik der damaligen juristischen Ordnung: Ein König zum Beispiel errichtet eine Ordnung. Ihm gebührt die Ehre, weil er für diese Ordnung steht. Wenn ein Untertan, z.B. ein Fürst, die Ehre des Königs verletzt, muss die Ordnung wieder hergestellt werden. Das kann geschehen durch Bestrafung oder durch Genugtuung. Auf Gott übertragen: Gott hat in der Welt eine Ordnung errichtet. Ihm gebührt dafür Ehre. Die Sünde hat die Ordnung durcheinander gebracht und Gott nicht geehrt. Die Wiederherstellung der Ordnung kann nicht durch Bestrafung geschehen. Das will Gott nicht, weil er Liebe ist. Also braucht es Genugtuung, Satisfaktion! Aber weil es um eine unendliche Ehrverletzung geht, braucht es eine unendliche Genugtuung! Deswegen musste Christus Mensch werden und diese unendliche Genugtuung am Kreuz vollziehen.

Eine Deutung, die im Mittelalter verständlich war, aber uns heute fremd ist. Wir brauchen eine andere Deutung für das Geheimnis des Kreuzesopfers. Schon der Rückblick ins Mittelalter zeigt, dass es bei so einem schwierigen Geheimnis immer mehrere Zugänge und Deutungen geben muss.

Das Kreuzesopfer ist sicherlich auch eine Durchbrechung der Gewaltspirale. Jesus verzeiht seinen Feinden und antwortet nicht mit Gewalt.

Jesu Tod am Kreuz ist auch ein Akt der Solidarität mit allen Leidenden dieser Welt.

Tonglen und Kreuzesopfer Ich will hier noch eine ungewöhnliche Deutung anbieten. Es kann – wie schon gesagt – nur eine unter mehreren möglichen Deutungen sein. Dabei gehe ich von einer Meditationspraxis aus dem tibetischen Buddhismus aus, in der für andere auf intensive Weise gebetet wird. Tonglen bedeutet „Geben und Nehmen": Wenn man einatmet, stellt man sich vor, alle Leiden und Schmerzen der Person, für die man betet, auf sich zu nehmen und wenn man ausatmet, lässt man Wärme, Heilung, Segen, Liebe und Freude zu diesem Menschen strömen. Auf den ersten Eindruck scheint diese Übung verrückt zu sein. Warum sollte man als „vernünftiger Mensch" sich wünschen, die Leiden anderer auf sich zu nehmen? Der berühmte Meister in Tonglen Geshe Chekhawa lehrte diese Praxis Leprakranken: „Lepra war zu dieser Zeit in Tibet sehr verbreitet und konnte von den Ärzten weder geheilt noch gelindert werden. Viele der Leprakranken aber, die Tonglen praktizierten, wurden tatsächlich gesund."[16]

Könnte man sich nicht das Kreuzesopfer Jesu so ähnlich wie das Tonglen-Gebet vorstellen, nur viel intensiver und allumfassend?! Jesus Christus starb am Kreuz und hat das Leiden der ganzen Welt auf sich genommen, um seine Gnade auf alle Menschen und die ganze Schöpfung auszubreiten.

Palmsonntag: Warum wurde Jesus verurteilt? Der Prozess gegen Jesus

Mk 11,1-10

1. Teil: Nach dem Evangelium „Einzug in Jerusalem"
Warum wurde Jesus zum Tode verurteilt? Warum hat der Hohe Rat der Juden Jesus an Pilatus ausgeliefert? Auf dem Schild, das den Grund der Kreuzigung angibt, stand bei Jesus: der König der Juden. Der jüdische Geschichtsschreiber Flavius Josephus kann uns aufklären, was hinter dieser Angabe stehen könnte. Er berichtet: „Judäa war voller Räuberbanden. Und überall dort, wo sich eine Schar von Aufrührern zusammenfand, wählten sie einen König, der den Untergang der staatlichen Ordnung herbeiführen sollte."
Aber wie kam Pilatus dazu, Jesus als einen gefährlichen Aufrührer gegen die römische Staatsmacht zu verstehen? Das Reich Gottes, das Jesus predigt, ist nicht gewaltsam. Jesus wollte nicht durch Aufstände die Römer aus dem Land jagen, wie z. B. die Zeloten. Jesus empfahl auch nicht, dass man sich weigern sollte, die Steuern an den Kaiser zu zahlen.

Jesu Tempelaktion
War Jesu Tempelaktion die entscheidende Provokation? Die Evangelisten berichten: Jesus stieß die Tische der Wechsler und die Sitze der Taubenverkäufer um und warf Händler und Käufer aus dem Tempelareal. Nun wissen wir von Josephus, dass die römischen Prokuratoren insbesondere an Festen mit Aufruhr im Tempelareal rechneten. Die Burg Antonia war mit den Tempelgebäuden so günstig über Treppen verbunden, dass ein schnelles Eingreifen jederzeit möglich war. Eine aufsehenerregende Tempelaktion hätte also den römischen Soldaten auffallen müssen. Deswegen bezweifeln einige Exegeten die Historizität der Tempelaktion. Im Prozess gegen

Jesus wird von der eigentlichen Tempelaktion jedenfalls nichts erwähnt.

Jesu Einzug nach Jerusalem

Oder war Jesu Einzug nach Jerusalem der Stein des Anstoßes? Wenn er stattgefunden hat, könnte er Irritationen hervorgerufen haben. Denn umjubelte Einzüge in die Stadt ist ein Ritual von Herrschern und Eroberern. Die Makkabäer oder die römischen Statthalter sind mit Reitern und Fußvolk nach Jerusalem eingezogen. Das Volk stand bereit und begrüßte die Einziehenden mit Huldigungsgesten. Im jüdischen Krieg von 66 bis 70 n. Chr gab es jüdische Widerstandskämpfer, wie Menachem, die nach militärischen Erfolgen wie ein Throneroberer in Jerusalem einzogen.

Aber Jesus kommt ohne Waffen, ohne Streitmacht, einfach als Festpilger. Er wird wie der ideale, erwünschte, ersehnte Friedenskönig in den Evangelien dargestellt, der demütig ist und den Geringen beisteht. Der Einzug kann nicht der Grund gewesen sein. Wir müssen uns den Gerichtsprozess genauer anschauen.

Passion 1. Teil Mk 14,1-25

2. Teil: Nach dem Abendmahlsbericht

Die Exegeten sind sich einig, dass Jesus beim letzten Abendmahl mit Sicherheit diesen Ausspruch getan hat: „Amen, ich sage euch: Ich werde nicht mehr von der Frucht des Weinstocks trinken bis zu dem Tag, an dem ich von neuem davon trinke im Reich Gottes." V.25.

Jesus weiß, dass er zu viele Mächtige provoziert hat und dass er gefasst werden wird. Das drückt der erste Halbsatz aus: Ich werde nicht mehr von der Frucht des Weinstocks trinken. Und vielleicht gibt hier Jesus seine Ahnung kund, dass das Reich Gottes sich nicht ganz so schnell durchsetzen wird, wie er es sich am Anfang seiner Verkündigungszeit vorgestellt hat. Der zweite Halbsatz zeigt sein ungebrochenes Gottvertrauen: Ohne Zweifel, mit selbstverständlicher Sicherheit erhofft er und weiß er, dass er im vollendeten Reich Gottes dabei ist. Diese Gemeinschaft mit seinem Vater wird er mit seinen Jüngern erfahren als neue vollendete Tischgemeinschaft: „bis zu dem Tag, an dem ich von neuem davon trinke im Reich Gottes."

Passion 2. Teil Mk 14,26- 15,15

3. Teil: Nach der Gerichtsverhandlung
Der römische Statthalter ist nicht durch seine Soldaten auf Jesus gestoßen. Sondern jüdische Machthaber haben ihn vor Pilatus angeklagt. Aber was erzürnte ihre Gemüter? Ist es wirklich der Anspruch Jesu, der Messias zu sein? „Auf den Messiasanspruch, selbst wenn er zu Unrecht geführt wird, steht im Judentum niemals die Todesstrafe. Bestes Beispiel ist Bar Kosiba, der im jüdischen Aufstand 132-135 nach Christus von Rabbi Akiba zwar zum Messias ausgerufen und Bar Kochba („Sternensohn") genannt wurde, nach seinem Scheitern aber weder vor Gericht gezogen noch hingerichtet, sondern einfach mit dem Schimpfnamen Bar Koziba („Lügensohn") entehrt wird."[17]
Jesu Tempelwort
Die plausibelste Erklärung ist, dass die jüdischen Machthaber über Jesu Tempelwort erbost waren. Jesus sagte die Zerstörung des vorhandenen Tempels an bei gleichzeitiger Verheißung eines neuen, andersartigen Tempels. „Ein Wort gegen den Tempel ist aber in der Tradition des Judentums ein todeswürdiges Verbrechen. Das ideelle Zentrum des Judentums, die symbolische Darstellung seiner Identität wird getroffen."[18]
Die Evangelisten haben das Tempelwort entschärfen wollen, weil es auch ihnen unangenehm war. Das zeigt deutlich, dass Jesus es selbst gesprochen hat und damit provoziert hat: „Schon Markus legt das Tempellogion Falschzeugen in den Mund. […] Das Johannesevangelium lässt Jesus das Tempellogion im Zusammenhang mit der Tempelaktion zwar selbst sprechen,

kommentiert es aber sofort spirituell: „Er aber meinte den Tempel seines Leibes." (Joh 2,21)"[19]
Wieder Josephus berichtet von einem Unheilspropheten, der kurz vor dem Ausbruch des jüdischen Krieges 66-70 n. C. den Untergang des Tempels vorhersagte. Vornehme Bürger schlugen ihn und brachten ihn zur jüdischen Gerichtsbarkeit. Diese überführten ihn zum römischen Prokurator Albinus. Die jüdische Kammer konnte in Tempelangelegenheiten einen Angeklagten dem römischen Statthalter vorführen mit der Empfehlung, den Angeklagten zum Tode zu verurteilen. Die Kapitalgerichtsbarkeit hatten aber die Römer allein inne. Der Statthalter ließ ihn frei, weil er ihn nur für wahnsinnig hielt.

Jesus hatte Anhänger
Prokuratur Albinus ließ diesen Unheilspropheten wahrscheinlich auch deswegen frei, weil er keine Gruppe hinter sich hatte. Jesus aus Nazareth aber trat mit vielen Jüngern auf. Er war offensichtlich ihr Anführer. Er konnte von Pilatus als ein möglicher Anführer einer zelotischen Räuberbande eingeschätzt werden, auch wenn er friedlich auftrat.
Mit dem Tempelwort hat Jesus eindeutig die sadduzäischen Machthaber provoziert. „Dieses Drohwort trifft das sadduzäische Tempelsystem ins Herz. Denn gerade mit der Ankündigung eines neuen Tempels wird der mühsam erkämpfte Status Quo infrage gestellt. Und genau darauf beruht der Führungsanspruch der Sadduzäer. Mit einem fragilen Kompromiss arbeitet die jüdische Oberschicht mit den römischen Besatzern zusammen und sichert sich dadurch zugleich ihre eigene Macht."[20] Für Pilatus bedeutete die Anklage Jesu durch die Hohenpriester: Wer das Tempelsystem angreift, rebelliert indirekt auch gegen Rom, denn diese beiden Machtgruppen arbeiten zusammen.

Die Perspektive Jesu
Jesus selbst dagegen ist überzeugt: Gottes Reich hat begonnen, Gott kommt uns schon entgegen, er hat die Sünden schon vergeben und seine Heilung wirkt jetzt schon. Deswegen braucht

es keinen Tempel, in dem um die Vergebung der Sünden gebetet und Sühne geleistet wird. Jesus erwartete wohl noch ein abruptes Ende, eine plötzliche Zerstörung des Tempels, das die endgültige Durchsetzung des Reiches Gottes einleiten wird. Seine zwölf Jünger repräsentieren das neue Volk Gottes, die das alte Israel mit seinem alten Tempel ablösen sollen. Simon Petrus soll Kefas heißen, ähnlich dem Namen Kajafas. Eine symbolische Tat. Das alte Religionssystem mit dem Hohenpriester Kajafas neigt sich für Jesus dem Ende zu.

Passion 3. Teil Mk 15, 16-47

Gründonnerstag: Trotz Angst vor dem Tod

Trotz Angst vor dem Tod Vielleicht kennen Sie das auch. Ihnen schießt kurz ein Gedanke durch den Kopf. Und dieser Gedanke, plötzlich aufgetaucht, erhellt Ihnen auf neue Weise etwas. So passierte mir beim Zelebrieren folgendes.
Mir kam plötzlich der Gedanke: Wenn ich Jesus wäre, und wenn ich wüsste, dass die Hohenpriester planen, mich den Römern auszuliefern, hätte ich dann noch mit den Jüngern das Abendmahl gefeiert? Ich glaube, ich wäre dazu nicht fähig gewesen. Ich hätte panische Angst gehabt. Ich hätte vielleicht versucht, Jerusalem zu verlassen. Aber Jesus hat das Paschafest mit seinen Jüngern gefeiert! Nicht nur das: Er hat noch ganz bewusst dieses Mahl für seine Jünger gefeiert. Es sollte sein Testament, seine letzte Gabe für sie sein. In dieser Gefahr denkt er nicht an sich, denkt nicht daran, seine Haut zu retten. Nein, er ist für seine Jünger da und stiftet sein Erinnerungsmahl!
Und nach der Messe dachte ich weiter über diesen Blitzgedanken nach: Ist mir hier nicht etwas Wesentliches aufgegangen? Ich glaube, meine spontane Reaktion ist nur allzu menschlich, allzu verständlich. Wer würde nicht panische Angst haben, wenn er weiß, dass die Hohenpriester hinter ihm her sind und alles tun wollen, um ihn zu beseitigen. Wer könnte da noch ausführlich das Paschafest feiern?
Jesus hatte Angst, das wissen wir. Er hatte Todesängste sogar im Garten Getsemani. Aber er handelt entgegen der spontanen Reaktion! Nicht, dass er die Paschafeier „durchzieht", jedoch mit seinen Gedanken woanders ist. Nein, völlig präsent sagt er seinen Jüngern, dass er das letzte Mal mit ihnen Mahl halten wird: „Ich werde nicht mehr von der Frucht des Weinstocks trinken bis zu dem Tag, an dem ich von neuem davon trinke im Reich Gottes." Mk 14,25. Ja in diesem Mahl will er seine letzten Stunden vor seinem Kreuzweg seinen Jüngern schenken! Dieses Mahl ist Verschenken! So wie man Brot teilt, so teilt Jesus diese letzten

Stunden mit den Jüngern. Er zeigt damit: Sein Sein ist völlig entgegen der spontanen Reaktion wie An-sich-Denken, panische Angst, Flüchten. Sein Sein ist Hingabe! Sein Sein ist Sich-Verschenken! Er ist wie geteiltes Brot! Deswegen ist auch geteiltes Brot das offensichtlichste Sakrament seines Seins! Er ist bereit, in dieser Hingabe alles zu geben, sogar sein Leben. Deswegen wird der Kelch zum Sakrament der Hingabe bis zum verflossenen Blut!

Einsatz für andere Uns beeindrucken Menschen, die ihr Leben für einen anderen riskieren: Ein Mann bekommt Krämpfe und Zuckungen am Bahngleis. Menschen wollen ihm helfen, er rappelt sich auf, taumelt und fällt rücklings auf die Gleise. Da nähert sich die U-Bahn, man sieht plötzlich die Scheinwerfer. Der fünfzigjährige Bauarbeiter Autrey springt auf die Gleise und legt sich auf den Körper des zuckenden Mannes. Die U-Bahn kann nicht so plötzlich halten. Der Bauarbeiter kann sich und den zuckenden Mann zwischen die Gleise drängen, so dass die Waggons über die Männer hinwegfahren. Beiden passiert nichts![21] Die Presse erklärte den Bauarbeiter als „Subway Hero". Denn er hat sich für das Leben eines anderen eingesetzt und hat sein eigenes in Gefahr gebracht. Das berührt uns Menschen zutiefst.

Noch mehr berührt uns die Hingabe Jesu bzw. sollte uns berühren. Jesus lädt uns ein, sich von ihm inspirieren zu lassen, ihm nachzufolgen: Liebt einander, wie ich euch geliebt habe. Er lädt uns ein, für andere da zu sein! Das beginnt schon im Alltag: Wenn ich jemand anderes Zeit schenke und zuhöre, wenn er sein Herz ausschütten möchte, obwohl ich zurzeit selber Probleme habe. Das ist Sein für andere, Hingabe.

Darauf kommt es auch bei der Eucharistiefeier eigentlich an. Ein Priester erzählte Erzbischof Romero, dass sie die Messe mit Kaffee und Bohnen gefeiert haben. Der Erzbischof überlegte laut, ob dann die Messe überhaupt vollzogen sei. Der Priester antwortete: Die Campesinos setzte ihr Leben aufs Spiel, um an der Messe teilzunehmen. Warum sollte dann bei dieser Hingabe die Messe nicht vollzogen sein?! Der Erzbischof nickte.

Aber warum konnte Jesus so völlig gegen unsere spontane Reaktion handeln? Um dieser Frage nachzugehen, erzähle ich von einem zweiten Gedankenblitz, den ich hatte.

Gottes Ewigkeit entgegen eilen Ich las Rahners Text zum Neujahr, er schreibt: „Die Zeit eilt. Man kann verzweifeln oder wehmütig dabei werden, wenn man so an Silvester merkt, wie wieder ein Stück des irdischen Lebens unwiderruflich vergangen ist. Aber die Zeit eilt Gott und seiner Ewigkeit entgegen…"[22] – und ich dachte mir: gleich an die Ewigkeit denken… ist das nicht zu viel Jenseits orientiert. Ich mag das Leben hier auf Erden, ich möchte gar nicht zu schnell an Gottes Ewigkeit denken. Auch wieder so ein schneller Spontangedanke. Er offenbart auch wieder eine typisch menschliche Reaktion: Wir denken nicht gerne an den Tod. Wir klammern gerne aus, dass wir nicht ewig hier auf Erden leben. Wir wissen, dass wir sterben müssen – doch wie gerne schieben wir diese Wahrheit weg! Aber mit diesem Ausklammern verdrängen wir wohl auch unsere Ausrichtung auf die Ewigkeit Gottes!

Ja Rahner hat Recht: Mit jedem Tag, jedem Jahr gehen wir unserem Tod entgegen – und gleichzeitig gehen wir Gott und seiner Ewigkeit entgegen!

Jesus hat seinen Tod nicht verdrängt, und so ist er immer ganz bewusst seinem Vater und seinem Reich entgegen gegangen: bis zu dem Tag, an dem ich von neuem davon trinke im Reich Gottes. Ja er blickte auf das Reich Gottes, das hier anbricht, aber in Gott selbst sich vollendet!

Diese Ausrichtung auf die Vollendung beim Vater gibt ihm Kraft. In dieser Kraft handelt Jesus entgegen der spontanen Reaktion, zu flüchten, panisch der Angst zu folgen, nur an sich zu denken, wie man überleben könnte, und schenkt den Jüngern im letzten Abendmahl sein Testament: Sein Sein ist liebende Hingabe – das dürfen wir in jeder Eucharistie feiern!

Und mit dieser Ausrichtung auf die Vollendung beim Vater nimmt Jesus Ostern schon voraus. Ja die Gnade von Ostern wirkt schon durch sein ganzes irdisches Leben, aber besonders beim letzten Abendmahl kommt diese Gnade zum Vorschein: Jesus weiß, dass er zum Vater geht! Deswegen kann er mit seinen Jüngern das Paschafest feiern!

Osternacht: Was die Auferstehung über Gott offenbart

Die Auferstehung ist Ereignis, das uns das Ganze zeigt. Die Auferstehung zeigt uns, wer Gott ist und wer Jesus ist und wer wir sind. Die Auferstehung gibt dem Ganzen Sinn, unserem Leben Sinn, der ganzen Geschichte Sinn und dem ganzem Kosmos Sinn.

Deswegen schauen wir in der Osternacht mit den Lesungen auch auf das Ganze: Wir beginnen beim Anfang, bei der Schöpfung, wir erinnern uns an die erste große Offenbarung Gottes: Er befreit Israel aus Ägypten aus Mitleid. Wir schauen auf die großen Hoffnungen und Sehnsüchte der Menschen, auf die Visionen der Propheten und hören dann den Auferstehungsbericht. Mit der Auferstehung zeigte Gott auf neue und unüberbietbare Weise, wer er ist und wie er handelt.

„Aber was ist da eigentlich neu?" – könnte man kritisch fragen. Spätestens seit der Zeit der Makkabäer glaubten die meisten Juden an die Auferstehung. Jesus selbst hat mit den Sadduzäern über die Auferstehung gestritten. Was ist also neu und wichtig an der Tat Gottes, Jesus aufzuerwecken? Diese kritische Frage ist berechtigt, weil viele oft mit Ostern nur die Offenbarung verbinden, dass es ein Leben nach dem Tod gibt. Gott erweckt die Toten zu Leben bei ihm. Wenn es nur das wäre, wäre die Frage berechtigt: „Aber was ist da eigentlich neu oder entscheidend?"

Also schauen wir genauer hin: Gott erweckt Jesus zu neuem Leben – und dieser Jesus war ein Opfer, er ist den Schandtod am Kreuz gestorben, verachtet und verraten.

Das erste Wichtige: Gott verschafft diesem Ausgestoßenen Gerechtigkeit und erhöht ihn! Genauso wie Gott das versklavte Volk Israel aus Mitleid befreite, so schenkt er dem ungerecht Hingerichteten neues Leben!

Gott wendet sich also zuerst den Opfern zu! Erst von dieser Erkenntnis aus können wir universal werden und sagen: Gott macht die Toten lebendig. Gottes Mitleid wendet sich immer bevorzugt den Schwachen, Armen, Ausgestoßenen zu und dann allen.

Schon bei der Befreiung aus Ägypten zeigt sich Gott so: Gott hat das Leiden gesehen und die Klagen gehört. Gott hat Israel nicht aus Ägypten befreit, weil er sich ein Volk schaffen wollte, damit dieses dann seinen Kult ausschließlich auf ihn ausrichtet. Vielmehr feiert der Kult die Befreiung! Gott handelt, weil einige Menschen anderen Menschen Leid zufügen! Die Auferstehung Jesu zeigt genauso das befreiende Handeln Gottes: einem Opfer wird Gerechtigkeit verschafft!

Das, was Jesus geschehen ist, wurde sofort allgemein verstanden: das Kreuz als Ausdruck für die menschliche Vergänglichkeit und die Auferstehung als Antwort auf die Sehnsucht nach Unsterblichkeit. Diese Verallgemeinerung ist legitim. Man sollte trotzdem nicht vergessen: der Auferstandene ist Jesus aus Nazareth, der den Armen das Reich Gottes verkündete, die Mächtigen anklagte, der verfolgt und hingerichtet wurde und trotzdem dem Vater vertraute und sich seinem Willen hingab. Es sagt etwas über Gott aus, dass er gerade diesen Jesus auferstehen ließ. Dieser Gott verteidigt das Leben eines Gerechten und eines Opfers.

Das zweite Wichtige: Gottes Handeln ist auch ein Kampf gegen Ungerechtigkeit. Mit der Auferstehung reagiert Gott auch auf die Akteure, die ungerecht handeln. Dieser Kampf zeigt sich schon im Leben Jesu. Er verkündet das Reich Gottes und dagegen stehen der falsche Friede im römischen Reich und die Ordnung der Tempelgesellschaft. Reich Gottes gegen die pax romana. Jesus gegen die Hohenpriester und Pilatus.

Und dieser Kampf bleibt trotz Auferstehung bis zur Vollendung bestehen. Erst am Ende zeigt sich der volle Sieg Gottes. Es gilt, an den Gott der Auferstehung zu glauben und gleichzeitig sich bewusst zu sein, dass es immer noch Mächte gibt, die Opfer verlangen und Ungerechtigkeit schaffen. Die

Auferstehungsbotschaft bringt uns Kraft in diesen Auseinandersetzungen. Ostern gibt uns Hoffnung und Zuversicht und Mut gerade in diesen Schwierigkeiten.

Das dritte Wichtige: Die Auferstehung offenbarte auf neue Weise, dass Gott Geheimnis ist. Gott ist ganz groß und zugleich klein!

Jesaja schon offenbarte über Gott: Nur für eine kleine Weile habe ich dich verlassen, doch mit großem Erbarmen hole ich dich heim. Warum handelt Gott so?

Zuerst ist Gott am Karfreitag untätig, dann handelt er an Ostern! Was offenbart Gott dadurch? Tastend gehen wir vorwärts: Kreuz und Auferstehung bilden eine Einheit. Die Auferstehung hebt die Offenbarung Gottes im Kreuz nicht auf. Es macht das Kreuz nicht überflüssig. Diese Einheit zeigt, dass wir Gott selbst als schwach UND stark, als ganz groß UND klein denken müssen.

Das Kreuz offenbart die Ohnmacht Gottes. Und es ist billige Gnade, das Kreuz nach Ostern verschwinden zu lassen. Das Kreuz offenbart die Ohnmacht Gottes. Vielleicht will Gott damit den Opfern ganz nahe sein. Im Kreuz solidarisiert sich Gott mit den Opfern, ja er wird ihnen gleich. Damit vollendet das Kreuz die Menschwerdung Gottes.

Die Macht Gottes, die in der Auferstehung erscheint, wird vielleicht nur dadurch glaubhaft: Gottes Macht kommt nicht nur von oben, sondern er war schon unten bei den Opfern. Die Auferstehung dagegen offenbart, dass Gott nochmal ganz anders handeln kann, dass er je größer ist, als wir uns vorstellen. Er kann absolute Befreiung und Erlösung schenken. Aber mit der Nähe am Kreuz können die Opfer glauben, dass die Macht Gottes wirklich gute, heilende, liebevolle, zärtliche Macht ist. Diese Solidarität Gottes nimmt den Opfern ihre Einsamkeit und schenkt ihnen wieder die Würde! Dadurch wird der gekreuzigte Gott auch als Erlösung erfahren, weil alle Opfer durch den gekreuzigten Jesus wissen, dass sie Gemeinschaft mit Gott haben.

Gott ist nicht nur der immer Größere, sondern auch der jeweils Geringere: uns kann nur ein Gott retten, der leidet. – Gott bleibt Geheimnis

Das vierte Wichtige: „Christlich Glauben heißt, der Zukunft als der Ankunft des größeren Geheimnisses Gottes trauen." So hat es Baptist Metz formuliert.

In der Geschichte der Menschen bleibt Kreuz und Auferstehung, Wort und Schweigen, Macht und Ohnmacht, Offenbarung und Verborgenheit Gottes. Aber all das hat eine Richtung auf eine Zukunft hin, in der Gott alles vollendet, heilt und vereint.

Am Ende wird alles vollendet sein, wenn Gott alles in allem ist. Das Ende ist nicht nur Beendigung der Zeit sondern der Sieg über das Negative.[23]

Wir sind noch in der Zeit, im Prozess. Wir sind in die Geschichte eingewoben. Jedoch auf diesem Weg sind wir nicht allein: So wie Jesus die Emmausjünger begleitet, so ist Jesus Christus, der Auferstandene, unser Begleiter, Unterstützer und Wegführer zum Vater. Jesus Christus ist der Garant, dass die Geschichte auf die Vollendung ausgerichtet ist.

Mit Besonnenheit und Zuversicht sind wir unterwegs; denn Gott selbst ist sowohl aktiv befreiend als auch passiv solidarisch in seiner Liebe. Und so gehen wir mit dem Auferstandenen den Weg unserer Geschichte, um gerecht und gut zu handeln, das Reich Gottes aufzubauen, und dabei dem geheimnisvollen Gott zu vertrauen. Dieser Weg bringt Freude und Lebenssinn. Denn Jesus Christus ist wahrhaft auferstanden. Amen!

Ostern: Auferstehung damals - Ostererfahrungen heute

Professor „Einmalig" und Professor „Immer wieder neu"
Ich möchte Ihnen zu Ostern zwei fiktive Theologieprofessoren vorstellen, die sich über eine spannende Frage zur Auferstehung streiten: Professor „Einmalig" und Professor „Immer wieder neu".
Professor „Einmalig" vertritt die Meinung: Nur einmal in der Geschichte hat es die Auferstehung Jesu Christi gegeben. Deswegen ist das ein einmaliges Ereignis und nur in dieser Zeit konnten Menschen, die ersten Jünger und zuletzt Paulus, den Auferstandenen erfahren.
Professor „Immer wieder neu" vertritt die gegenteilige Meinung: Ostererfahrungen, Auferstehungserfahrungen gab es immer wieder. Er gibt zu: Die Ostererfahrung der Jünger ist die erste und enthält die ganze Fülle. Insofern ist sie einmalig! Aber: Wenn es keine ähnlichen Ostererfahrungen gäbe, wenn dies nur eine grundlegende Erfahrung der ersten Jünger gewesen wäre, dann wäre die Auferstehung ein reiner Beginn aber kein wirkmächtiger Ursprung. Wenn nur sie diese Erfahrung hätten machen können, dann bliebe die Auferstehung etwas für uns Äußeres. Gott hätte uns am Anfang Jesus als Auferstanden gezeigt, ihn uns dann aber entzogen.[24]
Und was meinen Sie nun? Welcher der beiden Professoren überzeugt Sie mehr?
Ist die Ostererfahrung der Jünger einmalig und unvergleichlich? Dann können wir nur den Jüngern und ihrem Zeugnis glauben. Oder gibt es doch so etwas wie ähnliche Ostererfahrungen? Kleine Ostererfahrungen, die auch wir heute noch machen können, die eine Verstehens- und Glaubensbrücke zu der großen Ostererfahrung der Jünger damals sein können.
Ich halte es eher mit Professor „Immer wieder neu" und möchte mit Ihnen auf die Suche nach möglichen ähnlichen

Ostererfahrungen gehen. Ostererfahrungen, weil wir eine göttliche Kraft spüren, die in uns und um uns wirkt, die stärker ist als wir, größer als unser Horizont, weiter als unser Leben; die Kraft Gottes, die neues Leben schafft:
Ostererfahrungen heute Erleben wir nicht eine Ostererfahrung in unserem Leben, wenn wir nach langer Zeit der Wut und Traurigkeit von ganzem Herzen verzeihen können und merken, dass wir diesen Wandel nicht selbst vollbracht haben?
Erleben wir nicht eine Ostererfahrung in unserem Leben, wenn wir nach langer Zeit des Grübelns und der Unentschlossenheit plötzlich mit tiefer Klarheit wissen, was meine Berufung ist, wie die Entscheidung gefällt sein soll und nicht wissen, woher diese Klarheit kommt, und nur sagen können: Einfach geschenkt!
Wittgenstein sagt dazu: Da zeigt sich das Mystische, es ist unaussprechlich. Wenn Menschen nach langem Zweifeln den Sinn des Lebens erkennen, können sie daraus leben, aber die Frage nach dem Sinn nicht einfach in ein paar Worten beantworten.
Ein drittes Beispiel: Franz Jalics kam als junger ungarischer Soldat im II. Weltkrieg in einen Luftangriff auf Nürnberg. Er versteckte sich mit anderen in einem Keller. Er hatte Todesängste. Plötzlich sah und spürte er ganz klar: Gott ist da! Ich bin von ihm gehalten! Diese Gotteserfahrung verwandelte ihn und gab ihm Vertrauen und Kraft in der schwersten Not.[25] Das ist ein Beispiel unter vielen: Gerade in extremen Notsituationen hat sich die Gegenwart Gottes Menschen immer wieder auf ganz besondere Weise enthüllt.
Noch zwei weiter Beispiele: „Ein Arzt, aus dem Ausland gekommen, in El Salvador schrieb: die ganze Zeit hindurch spürte ich den Schmerz des Alltags der Armen in den randständigen Gemeinden und auf dem Land. Inmitten dieses Schmerzes fand ich etwas, was ich lange gesucht hatte, einen Gott, der nicht nur der je immer größere ist, sondern einen, der auch der jeweils immer geringere ist. Unter euch begegnete ich einem guten und

gerechten Gott, der mit seinem Volk unterwegs ist und der an der Seite der Leidenden mit ihnen leidet.
Und eine nordamerikanische Ordensschwester schreibt: ich habe von diesen Menschen gelernt, was ich immer als Wahrheit erhofft hatte: dass die Liebe stärker ist als der Tod."[26]
Plötzlich erscheint in Ungerechtigkeit, Gewalt, Lüge und Tod die Seite der Wirklichkeit, die Hoffnung hervorbringt: Mitgefühl, Gerechtigkeit, Liebe, Leben.
Den Beispielen ist gemeinsam: Immer zeigt sich etwas Letztgültiges, das größer ist als meine menschliche Kraft und Sicht. Gottes Kraft und Gnade, die bei solchen Erfahrungen spürbar wird, ist letztgültig! In aller Zerrissenheit und Ohnmacht offenbart sich letztgültiger Sinn, tragender Grund, Leben, das größer ist als das begrenzte irdische Leben.
Auferstehung damals - Ostererfahrungen heute Solche Letzterfahrungen führen in die ursprüngliche Ostererfahrung ein. Ostern ist nicht vorbei! Der Auferstandene bricht auch heute noch in unsere Geschichte ein. Und umgekehrt gilt auch: Die Auferstehung damals wird durch unsere ähnlichen Ostererfahrungen besser verstanden.
Denn wir glauben an den auferstanden Christus selbst, nicht an die Erfahrung der ersten Christen. Es wäre paradox, wenn das Wichtigste unseres Glaubens, der auferstandene Herr, völlig außerhalb unserer Erfahrung und Existenz läge.
Wir werden oft unverhofft durch die Gnade auf das Letztgültige gestoßen. Das zeigen auch alle Auferstehungserfahrungen der Jünger damals. Maria Magdalena meint, Jesus sei der Gärtner. Auferstehungserfahrungen bekommt man geschenkt!
Plötzlich zeigt sich Hoffnung, tiefer Sinn, göttliches Leben und Liebe als letztgültig und entscheidend. Maria Magdalena ruft: Rabbuni. In Jesus findet sie alles an Leben, Sinn und Liebe.
Diese Erfahrung verankert uns tiefer in die Realität. Die Enthüllung zeigt uns das Gute und Positive, deutlicher als bisher. Die Enthüllung der Wahrheit wird als Geschenk erfahren, man

findet es dort, wo man es am wenigsten vermutet hatte. So wie z. B. der Hl. Franziskus Jesus im Aussätzigen entdeckte.

Eine solche Erfahrung verändert grundlegend. Denken wir nur an Paulus, der sagt: Nicht mehr ich lebe, sondern Christus lebt in mir.

Obwohl diese Erfahrungen individuell sind, werden sie mit anderen geteilt und sind gemeinschaftsstiftend. Maria Magdalena soll die Auferstehungserfahrung den anderen mitteilen. Auch wir sind eingeladen, mit Freude und Dankbarkeit unsere kleinen Ostererfahrungen gegenseitig mitzuteilen.

Aus den Ostererfahrungen entsteht eine Kraft für eine Mission gegen das Negative, Hoffnung gegen Resignation, Frieden und Gelassenheit gegen die Dunkelheit, Liebe gegen den Egoismus.
.

Ostermontag: Was die Auferstehung über Jesus Neues offenbart

Lk 24,13-35
Die Emmausjünger ist nicht nur eine Geschichte unter vielen Auferstehungs-geschichten. Sie kann als Beispiel dienen, um den neuen Glauben an Jesus nach der Auferstehung zu verstehen und den Wandel zu begreifen, den die Jünger durch die Auferstehungserfahrung erlebten.
Der Glaube der Jünger vor der Auferstehung Jesus hat bei seinen Jüngern schon zu seinen Lebzeiten einen Glauben entzündet. Sie hörten seine Predigten vom Reich Gottes, sie sahen seine Wunder und erlebten seine Güte zu Ausgestoßenen, Armen und Kranken. So wuchs ein Glaube, dass mit diesem Jesus das Reich Gottes wirklich anbricht. Dieser Glaube war im Rahmen ihres Weltbildes: Denn sie warteten ja auf den Messias, sie erwarteten ja das Reich Gottes. Mit Jesus schien es nun endlich gekommen zu sein. Er könnte der Messias sein... Ihr Glaube: Jetzt lässt Gott sein Reich auch hier auf Erden anbrechen.
Genau diesen Glauben formulieren die Emmausjünger auch im Gespräch: „Er war ein Prophet, mächtig in Wort und Tat. Wir hatten gehofft, dass er der sei, der Israel erlösen werde."
Aber dann die Kreuzigung! Dieses Ereignis brachte sie völlig aus dem Konzept. Ihr erster Glaube an Jesus ist erst einmal zerrüttet. Nicht nur die zwei Jünger bei Lukas verlassen Jerusalem. Historisch ist es sehr wahrscheinlich gewesen, dass nach der Kreuzigung viele Jünger aus Jerusalem geflüchtet sind und sich nach Galiläa zurückgezogen haben. Die Bewegung aus Jerusalem hinaus drückt genau das aus: Die Jünger sind enttäuscht, verstört, ratlos. An wen sollen sie jetzt noch glauben?
Die Begegnung mit dem Auferstandenen führt zu einem neuen Glauben. Die Rückkehr nach Jerusalem aber zeigt das Gegenteil sowohl bei den Emmausjüngern als auch bei allen anderen Jüngern, die den Auferstandenen erfahren haben: Sie

haben neuen Mut und neue Begeisterung für eine neue Sendung. Die Begegnung mit dem Auferstandenen führt zu einem neuen Glauben. Diesem neuen Glauben an Jesus Christus will ich nun nachgehen:

1. „Und er legte ihnen dar, ausgehend von Mose und allen Propheten" – d. h. hier geht es um das Ganze. Jesus ist nicht ein Prophet unter vielen, der noch einen weiteren Aspekt von Gott offenbart hat. Leben, Sterben und Auferstehen Jesu ist die Offenbarung der ganzen Liebe Gottes, umfassend und letztgültig.

2. Nach der Erfahrung bekennen sie: „Der Herr ist wirklich auferstanden." Sie finden in der Begegnung mit dem Auferstandenen zu einem neuen Glauben, der den ersten Glauben mit aufnimmt: Jesus, dessen Predigt wir geglaubt haben, dieser Jesus ist von Gott selbst auferweckt worden. Aber neu ist, dass sie nun mehr und mehr an Jesus selbst glauben. Er hat nicht nur das Reich Gottes verkündet und anbrechen lassen, er hatte und hat selbst eine einmalige Beziehung zum Vater. Das führte später zum Bekenntnis: Er ist Sohn Gottes!

3. „Musste nicht der Messias all das erleiden?" Diese rhetorische Frage verweist auf ein drittes Neues im Glauben der Jünger: Es ist notwendig, die Wirklichkeit des Kreuzes in diesen neuen, „zweiten" Glauben zu integrieren. „Das Kreuz integrieren zu müssen bedeutet, zu akzeptieren, dass das Negative das Letztgültige, das Göttliche, betrifft und berührt."[27] Das überschreitet den üblichen Denkhorizont der Jünger. Durch Kreuz und Auferstehung kommen sie zu einem völlig neuen, vorher undenkbaren Glauben: Der erhöhte Herr und Messias ist der Gekreuzigte!

Mit Kreuz und Auferstehung machen sie die Erfahrung, dass Gott ganz anders ist. Dies führt sie zur radikalen Haltung, Gott Gott sein zu lassen, sein Geheimnis zu akzeptieren. Deswegen kehrten die Jünger nach der Auferstehung zum Gekreuzigten zurück und hatten den Mut, das Leben Jesu so zu erzählen, wie es war. Genau das machen die Jünger von Emmaus und die anderen Jünger: Sie kehren mutig zurück und erzählen öffentlich das Leben Jesu, wie es war.

…und zu einer neuen Gemeinschaft und einem neuen Lebensstil Nicht nur der Inhalt des Glaubens, ebenso das Wie des Glaubens verändert sich durch die Auferstehungserfahrung. Auch das klingt bei unserem Evangelium an:
Die Jünger brauchen nicht mehr in den Tempel oder in die Synagoge gehen. Sie treffen sich gemeinsam zum Herrenmahl. Indem sie sich an das letzte Abendmahl erinnern, erleben sie, dass der Auferstandene bei ihnen ist. Er bricht das Brot, er gibt Kraft, er unterweist, er ist die Mitte der Gläubigen.
Eine neue Gemeinschaft, ein neues Volk Gottes entsteht: Diejenigen, die sich im Herrenmahl an den gekreuzigten Jesus erinnern und wissen, dass der Auferstandene unter ihnen ist.
An diesen auferstandenen Jesus zu glauben, mit ihm verbunden zu bleiben, ist höchster Wert für die Jünger. Deswegen wollen sie ihm ähnlich werden. So wie es Paulus formuliert: im Herrn leben und sterben. Oder Markus: Jesus nachfolgen und sein Kreuz auf sich nehmen. Oder Johannes: Als Jünger Jesu soll man einander lieben, wie Jesus geliebt hat. Bis hin zur Vergebung der Feinde bei Stephanus. Denn Jesus hat wahres Menschsein vorgelebt.
Das Vertrauen in den Auferstandenen ist so groß, der Glaube, dass mit Jesus Christus sich Gott endgültig offenbart hat, ist so groß, dass sie bereit sind, ihn auch im Tod zu bezeugen.
Denn sie wissen fest: Als Menschensohn kommt er, um die Welt zu richten und zu erlösen. Jesus Christus ist erhöht und ist in der Gemeinde präsent. Gott hat ihn bestätigt und erhöht!
Dieser Glaube gilt auch heute noch: Mit den Jüngern dürfen wir immer neu zu Jesus zurückkehren, ihn als Vorbild erwählen. Wie die Jünger werden wir in das unauflösliche Geheimnis des Kreuzes geführt und lernen, Gott Gott sein zu lassen. Wie die Jünger dürfen wir das Herrenmahl feiern und erleben: Der Auferstandene ist mitten unter uns und schenkt uns seine

Gegenwart, damit wir aus seiner Kraft leben und ihm mit Freuden nachfolgen.

2 Ostersonntag: Thomas Wundmale müssen sein

Siehe 48. Woche in „Exerzitien der Nächstenliebe"

3. Ostersonntag: Der Friede, der alles Denken übersteigt

Lk 24,35-48
Der Auferstandene sagt: Der Friede sei mit Dir! Von welchem Frieden redet er? Welchen Frieden will und kann gerade der Auferstandene uns schenken?
Jedenfalls ist es nicht nur ein oberflächlicher Friede, den die meisten sich vorstellen. Z. B. wenn die Mutter zu streitenden Kindern sagt: „Jetzt seid halt friedlich zueinander!" Friede nur Abwesenheit von Streit und Aggression? Nein – beim Auferstandenen geht es um einen viel tieferen Frieden.
Ich habe das begriffen durch eine Stelle in einem Buch, von Tolle: Eine neue Erde:
Es gibt viele Berichte von Menschen, die diese Geburt eines tiefen Friedens erlebt haben, „meist in Folge eines tragischen Verlusts irgendwann in ihrem Leben. Sie haben vielleicht ihr Hab und Gut, ihre Kinder oder Partner, ihre gesellschaftliche Stellung, ihren Ruf oder ihre körperliche Gesundheit verloren. Manchmal haben sie durch eine Katastrophe oder Krieg alles auf einmal verloren und standen vor dem „Nichts". Das können wir eine Grenzsituation nennen. Womit sie sich auch identifiziert hatten und was immer ihnen ein Selbstgefühl vermittelt hatte, war ihnen genommen worden. Und dann wich die Qual oder tiefe Furcht, die sie anfangs empfunden hatten, urplötzlich und auf unerklärliche Weise einem heiligen Gefühl von Gegenwärtigkeit, von tiefem Frieden und Gelassenheit, von vollkommener Angstfreiheit. Dieses Phänomen muss auch dem Apostel Paulus bekannt gewesen sein, als er vom „Frieden Gottes, der höher ist als alle Vernunft" sprach. Es ist wirklich ein Friede, der nicht zu begreifen ist, und wer ihn erfahren hat, fragt sich oft: „Wie kann es sein, dass ich in dieser Situation einen solchen Frieden empfinde?"[28]

Das ist schon erstaunlich! Gerade Menschen, die alles verloren haben, können diesen Frieden ganz tief erleben. Weil die vergänglichen Sicherheiten und Selbstdefinitionen weggefallen sind, zeigt sich der tiefste Grund: „Ich bin", „Ich bin Kind Gottes!" – ja ich gebrauche wieder Sätze. Aber dieser tiefste Grund wird gespürt, wirklich erlebt, jenseits aller Vernunft und allen Denkens und aller Theorien.

So muss es auch den Jüngern ergangen sein. Haben sie nicht alle Hoffnungen, Lebenspläne und Sicherheiten am Karfreitag zerstört gesehen? Und nun erleben sie den Auferstandenen: Begreifen, verstehen können sie es nicht. Ist er ein Geist? Aber sie spüren den Frieden, den göttlichen Frieden, den der Auferstandene ausstrahlt.

Der Friede Gottes, der höher ist als alle Vernunft – den schenkt uns der Auferstandene! Und gerade er kann uns diesen Frieden schenken.

Was zeichnet diesen Frieden aus?

1. Er ist überall gegenwärtig. Wie der Auferstandene. Nur wir spüren ihn nicht immer.
2. Dieser Friede muss entdeckt werden, er muss nicht hergestellt werden!

Normalerweise wollen wir Frieden herstellen. Wir wollen den Streit beilegen. Den Angreifer niederschlagen usw. Wir sehen einen Zustand, der nach unserer Vorstellung noch nicht Friede ist. Der friedliche Zustand muss hergestellt werden. Aber dieser Friede ist da! Immer schon!

3. Wenn ich mich an den Auferstandenen wende, kann ich diesen Frieden in mir entdecken: In der Stille. Jenseits aller Gedanken. Im Hier und Jetzt. In mir, weil der Heilige Geist in mir ist.
4. Wer an den Frieden Gottes glaubt, der weiß durch die Auferstehung: Der Friede Gottes ist stärker als alles. Er trägt die ganze Welt und wird sie zur guten Vollendung führen.

5. Wer diesen Frieden Gottes in sich entdeckt, der kann auch äußeren Frieden einfacher bewirken, weil er aus innerem Frieden und Liebe wirkt.
Der Friede Gottes, der höher ist als alle Vernunft: Wir können ihn spüren, in uns entdecken, im Schauen auf Christus in mir wach werden lassen. Aber Nachdenken, Konzepte, Gedanken, Pläne können ihn nicht herstellen. Das ängstliche planende Ich kann diesen Frieden nicht erreichen.
Aber wir können unser Ich in diesen Frieden führen.
Der spirituelle Therapeut Siegfried Essen arbeitet mit dem denkenden planenden Ich und dem Selbst, in dem der Heilige Geist und der Friede Gottes in uns wirkt. Er stellt zwei Stühle auf und lädt zu einem Gespräch zwischen Ich und Selbst ein. Man kann das für sich selbst durchführen. Erst setzt man sich auf den Ich-Stuhl und lässt sein denkendes, ängstliches, planendes Ich sprechen. Dann setzt man sich auf den Selbst-Stuhl und lauscht auf sein Selbst, auf seine innere Stille, auf das, was der Heilige Geist in mir vielleicht dazu sagen mag. Ein Beispiel für ein solches Gespräch:
„ICH: Ich bin heute ganz daneben. Nichts hat geklappt. Ich wollte eine Liste fertigstellen, der PC hatte das falsche Programm. Ich wollte was für meinen Körper tun, ich hab´s vergessen. Ich wollte meinen Freund anrufen, ich hab's vergessen. Meditieren hätte mir geholfen, ich hab´s aufgeschoben. Jetzt bin ich nervös und total unzufrieden mit mir. Um mich etwas abzulenken, habe ich ferngesehen mit dem Ergebnis, dass ich jetzt mit Bauchschmerzen im Zimmer hin und her tigere.
Herbert geht zum anderen Stuhl, seinem Selbst- Platz.
SELBST: Gut, dass du kommst. Ich hin nicht unzufrieden mit dir, ob du's glaubst oder nicht. Du schwankst wie eine Grasblume im Wind. das sehe ich. Und du bist unzufrieden mit dir. weil du dich vom Wind so verbiegen lässt. Ich sehe, wie du dich selbst kritisierst und folglich immer unzufriedener wirst. Warum begrüßt du nicht den Wind und alles, was dir widerfährt, feierst

es als Geschenk. Je mehr du die Zukunft planst, desto mehr musst du dich auch anstrengen, sie oder dich nach deinen Vorstellungen hinzubiegen. Komm in die Gegenwart, und lass dich beschenken. Wie oft hast du nun schon erlebt. dass der Computer spinnt? Wie oft hast du schon erlebt, dass du wichtige Sachen vergessen hast oder einfach nicht mehr geschafft hast? Es läuft sowieso nicht nach deinem Willen, warum also nicht einfach dem Leben sagen: Dein Wille geschehe? Du kannst dich Gott anvertrauen. Es wird alles viel leichter. Du kannst dich auf die Überraschungen freuen, die das Leben dir bringt. Ich sage dir, die sind viel schöner und spannender als alles, was du hättest planen oder dir ausdenken können.

Herbert geht wieder auf den Ich-Platz.

ICH: Danke für die Erinnerung.

Herbert setzt sich auf einen dritten Platz und erwartet das Geschenk der Gegenwart. Er sagt sich mehrmals „Nicht: mein Wille, sondern dein Wille geschehe", wird immer ruhiger, sagt dann mehrmals nur noch „Dein Wille geschehe". Die Bauchschmerzen vergehen. Er wird ruhiger, und eine innere Weite breitet sich aus. „Ein Gefühl, wie wenn man zu Hause angekommen ist", sagt er später. „Die Worte sind mir ausgegangen, und es gab nichts mehr zu tun."[29]

Da hat jemand in sich den Frieden Gottes entdeckt. In unseren Gebeten findet doch oft etwas Ähnliches statt: Ich bringe meine Sorgen, Ängste und Bitten vor. Dann versuche ich auf Jesu Christi Stimme, auf sein Wort zu lauschen. Ich gebe mich seiner Führung hin. Und der innere Friede, der Friede Gottes wird leise und sanft sichtbar und spürbar.

4. Ostersonntag: Ranieros Lichtflamme

Joh 10,11-18
(Möglicherweise: der Lektor liest die Passagen aus der Lichtflamme)
Jesus, dem Hirten folgen! Seinem Licht folgen, auf seine Stimme hören, sich von ihm verwandeln lassen…? Wie geht das? Selma Lagerlöf hat in ihren Christuslegenden uns die wunderbare Geschichte von Raniero und seiner Lichtflamme erzählt. Sie ist ein reichhaltiges Gleichnis für den geistlichen Weg. So reichhaltig, dass ich in dieser Ansprache nur einige Episoden aufgreifen kann.
Raniero war mit Franziska verheiratet. Aber er war ein richtiger Haudegen, der durch sein rüpelhaftes Verhalten seine Frau frustrierte. *Einmal erschoss er ihre Wachtel, nur um sein tolles Scheibenschießen unter Beweis zu stellen. Ein anderes Mal verbreitete er das Gerücht, Hanf sei im Flachs von der Schwiegervaters Werkstatt. Ein anderes Mal trieb er mit ihrem Bruder, der die Angewohnheit hatte, andere Kleider aus Venedig zu tragen, bösen Schabernack: Raniero trank den Bruder von Franziska unter den Tisch und hängte seine Kleider an einer Vogelscheuche auf.* Zuletzt demütigt er einen kleinen Gesellen, der heimlich in Franziska verliebt ist. Als dieser sich aus Kram erhängte, wusste Franziska: *Bleibe ich nochmals ein Jahr bei ihm, ist meine Liebe dahin. Ich muss ihn verlassen, um der Liebe willen!*
Nun versuchte Raniero durch allerlei Großtaten, Franziska zu beeindrucken. Er brachte gefährliche Räuber zu Fall und ähnliche Heldentaten. Aus den Gewinnen dieser Taten spendete er das Kostbarste immer dem Heiligen Madonnenbild in der Domkirche - aber das bewegte die verletzte Liebe Franziskas nicht.
So schloss er sich den Kreuzrittern an. Bevor er Florenz verließ, hatte er vor der heiligen Madonna das Gelöbnis abgelegt, der

heiligen Jungfrau das Beste und Vornehmste zu schenken, was er in jedem Kampfe erbeuten würde.
Das war dann eine Lichtflamme: Eine Kerze, entzündet am Grab Christi. Weil er so tapfer gekämpft hatte bei der Eroberung Jerusalems, durfte er als erster sein Licht am Licht des Grabes Christi entzünden. Als abends beim Zechgelage die anderen ihn herausfordern und sagen: *"Eines steht fest, Raniero, dass du diesmal der Madonna in Florenz nicht das Kostbarste darbringen kannst, was du im Kampf errungen hast. Denn diese Lichtflamme kannst du nicht nach Florenz schicken, ohne dass sie aus geht." Da fasste Raniero seinen Entschluss und sagte: „Ich werde diese Lichtflamme selbst nach Florenz bringen."*
Raniero verlässt am nächsten Morgen in aller Frühe das Lager. Ohne zu wissen beginnt er so seine spirituelle Wandlungsreise. Wie Moses oder Paulus oder Ignatius geht er nun in die Einsamkeit und Stille, sein Blick nur auf das Licht Christi, das Licht aus der Grabeskirche gerichtet. Dieses Licht wird ihn verwandeln. Indem er auf das Licht schaut, folgt er dem Hirten Jesus. Das verlorene Schaf folgt unwissend dem Hirten.
Die Lichtflamme brannte schlecht - immer wieder kamen große Insekten. Mit der Weile ermüdete das Pferd bei dem langsamen Trott und setzte sich in Trab. Da begann die Lichtflamme in der Zugluft zu zucken. Raniero versuchte sie mit der Hand und dem Mantel zu schützen, beinahe wäre sie erloschen. Raniero hielt das Pferd an und begann nachzudenken. Schließlich sprang er aus dem Sattel und versuchte sich rücklings darauf zu setzen, so dass er die Flammen mit seinem Körper vor Wind und Zug schützte. So gelang es ihm, sie brennend zu erhalten, aber er merkte jetzt, dass die Reise sich beschwerlicher gestalten würde, als er anfangs geglaubt hatte.
Raniero gibt seine Kontrolle und sein Planen und Vorausschauen auf. Diese Wende kann uns auch zustoßen: Zuerst glauben wir, einen Weg zu gehen, um ein fernes Ziel zu erreichen, wenn wir uns auf den Weg zu Gott machen. Wir denken, wir müssten den

Weg sehen, dann kämen wir gut ans Ziel. Aber nachdem wir in die Stille gekommen sind, müssen wir uns umwenden. Wir lassen die Kontrolle, das Planen, das Wissen, „die Zügel" los. Wir geben uns ganz in das Vertrauen auf Gottes Leitung; unsere einzige Sorge ist die Lichtflamme, das Licht Christi, auf Christus schauen.

Am Nachmittag wurde Raniero in einer stillen Gegend von Räubern angefallen. Es waren etwa 12 Männer, sie sahen recht jämmerlich aus und ritten auf erbärmlichen Pferden. Raniero sah gleich, dass es ihm nicht schwer fallen konnte, sich einen Weg durch die Schar zu bahnen und wegzureiten. Aber er begriff, dass dies sich nicht tun ließe, ohne dass er das Licht von sich werfe. Er sah daher keinen anderen Ausweg, als mit den Räubern eine Abmachung zu schließen. Er sagte, dass es ihnen, da er wohl bewaffnet sei und ein gutes Pferd reite, schwer fallen würde, ihn zu überwinden, wenn er sich verteidige. Aber da er durch ein Gelöbnis gebunden sei, wolle er keinen Widerstand leisten, sondern sie dürften ohne Kampf alles nehmen, was sie begehrten, wenn sie nur versprechen, sein Licht nicht auszulöschen. Die Räuber nahmen ihm Rüstung und Ross, Waffen und Geld ab. Sie ließen ihm den groben Mantel und die Kerzenbündel. Sie hielten auch ihr Versprechen, das Licht nicht zu löschen. Der Räuber, der das Pferd von Raniero genommen hatte, hatte Mitleid und übergab sein Pferd Raniero. Es war ein elendiges Pferd. Da dachte Raniero: ich muss wohl von dieser Lichtflamme verhext sein. Wegen ihr reite ich nun wie ein toller Bettler meinen Weg.

Raniero muss nun auch seinen Reichtum loslassen. Er folgt der Einladung, die Jesus dem reichen Jüngling gegeben hat. Aber es gibt ein Gesetz der Leere: Jede Leere, Ohnmacht und Armut zieht die Gegenwart Gottes an, besonders wenn sie von uns ausgehalten wird. Die Leere ist die Plattform, auf der der Hubschrauber Gott landen kann. Das ist das Grundgesetz des Leerwerdens! Gott füllt die Leere. Das wird Raniero gleich merken.

Nach einer Weile ritt er an einem jungen Hirten vorbei, der vier Ziegen hütete. Dieser hatte wahrscheinlich früher eine größere Herde besessen, die ihm von den Kreuzfahrern gestohlen worden war. Als er nun einen einsamen Christen heranreiten sah, suchte er ihm alles Böse zu tun, was er nur konnte. Er stürzte auf ihn zu und schlug mit seinem Stab nach seinem Lichte. Raniero war von der Lichtflamme so gefesselt, dass er sich nicht einmal gegen einen Hirten verteidigen konnte. Er zog nur das Licht an sich, um es zu schützen. Nach paar Schlägen hörte der Hirte auf und blieb erstaunt stehen. Er sah, dass Ranieros Mantel in Brand geraten war, aber Raniero tat nichts, um das Feuer zu ersticken, solange die Lichtflamme in Gefahr war. Man sah es dem Hirten an, dass er sich schämte. Er folgte Raniero lange nach, und an einer Stelle, wo der Weg sehr schmal an zwei Abgründen vorüberging, kam er heran und führte sein Pferd. Raniero lächelte und dachte, dass der Hirte ihn sicherlich für einen heiligen Mann halte, der eine Bußübung vornehme.

Der Hirtenjunge hat die Gewalt der Kreuzfahrer erlitten. Er antwortet mit Gegengewalt. Ohne Lichtflamme hätte Raniero mit größerer Gewalt ihn kampfunfähig gemacht. Aber die Lichtflamme zwingt ihn, die Schläge einfach auszuhalten. Da geschieht Wandlung, Versöhnung und Heilung. Der Gegner wird ein Helfer.

Wenn wir im stillen Gebet immer mehr nach innen kommen, begegnen wir auch unseren dunklen Seiten, die wir normalerweise verdrängen. Ängste kommen hoch, Wut über vergangene Verletzungen, Gefühle von Traurigkeit. Wie der Hirtenjunge Raniero schlagen will, so melden sich unsere verdrängten Seiten und Gefühle, weil wir sie unliebsam immer beiseite gedrängt haben. Raniero geht den richtigen Weg: auf die Lichtflamme schauen, das heißt sich auf Gott ausrichten. Ansonsten alles erleiden, was kommt. „Das tut zwar weh, aber es darf da sein." Dann werden die dunklen Seiten zu freundlichen

Helfern oder sie verziehen sich, weil sie von Gott selbst geheilt und erlöst sind.

Gegen Abend begannen Raniero Menschen entgegenzukommen. Es waren Pilger, Truppen und vor allem Kaufleute. Als diese Leute Raniero begegneten, der rücklings mit einem brennenden Licht in der Hand geritten kam, riefen sie: ein Toller, ein Toller! Raniero, der sich den ganzen Tag so gut im Zaum zu halten verstanden hatte, wurde durch diese sich stets wiederholende Rufe heftig gereizt. Mit einem Mal sprang er aus dem Sattel und begann mit seinen harten Fäusten die Rufenden zu züchtigen. Als die Leute merkten, wie schwer die Schläge waren, die da fielen, entstand eine allgemeine Flucht, und er stand bald allein auf dem Weg. Nun kam Raniero wieder zu sich selbst. "Wahrlich, sie hatten Recht, als sie dich einen Tollen nannten." sagte er, während er sich nach dem Licht umsah, denn er wusste nicht, was er damit angefangen hatte. Endlich sah er, dass es vom Weg in einen Graben gekollert war. Die Flamme war erloschen, aber er sah Feuer in einem trockenen Grasbüschel dicht daneben glimmen und begriff, dass das Glück ihn nicht verlassen hatte, denn das Licht musste das Gras in Brand gesetzt haben, bevor es erloschen war. Er zündete sein Licht wieder an und dachte, dass dies leicht ein trauriges Ende hätte werden können. Er fühlte sich recht gedemütigt. Es kam ihm jetzt nicht sehr wahrscheinlich vor, dass seine Fahrt gelingen würde.

Raniero erlebt hier beides: Seine eigenen Schwächen und die Gnade Christi, die ihn bei der Fahrt begleitet. Geht es uns nicht auch so? Immer wieder fallen wir über unsere Schwächen – und gerade in Zeiten des Fallens und der Ohnmacht erfahren wir, die Gnade uns hilft und einlädt, weiter zu gehen?

Der Heilige Franz von Sales sagt sehr schön: „Wenn dein Herz wandert oder leidet, bring es behutsam zurück und versetze es sanft in die Gegenwart deines Herrn. Und selbst wenn du in deinem Leben nichts getan hast, außer dein Herz zurückzubringen und wieder in die Gegenwart unseres Gottes zu versetzen, obwohl es jedes Mal wieder fortlief, nachdem du es zurückgeholt hattest, dann hast du dein Leben wohl erfüllt."

Gegen Abend kam Raniero nach Ramla und ritt dort zu einer Herberge. Es gab keine Stuben, sondern die Menschen schliefen neben den Tieren. Der Wirt war sehr gut zu Raniero und schaffte ihm Platz. Raniero führte das Pferd an den vorgesehenen Platz und setzte sich selbst auf ein Bund Stroh und behielt das Licht in den Händen. Es war seine Absicht, nicht zu schlafen, sondern die ganze Nacht wach zu bleiben. Doch in kurzer Zeit schlummerte Raniero ein. Er schlief bis zum Morgen. Als er erwachte, sah er weder die Lichtflamme noch die Kerze. Er suchte im Stroh danach, fand sie aber nirgends. "Jemand wird sie mir weg genommen und ausgelöscht haben", sagte er. Und er versuchte zu glauben, dass er sich freue, weil alles aus war und er ein unmögliches Vorhaben nicht zu verfolgen brauchte. Aber während er so dachte, empfand er zugleich eine innere Leere und Trauer. Es war ihm, als hätte er sich das Gelingen eines Vorsatzes nie sehnlicher gewünscht als eben diesmal. Als er fertig war, kam der Wirt mit einem brennenden Licht auf ihn zu. Er sagte: "Ich musste dir gestern dein Licht nehmen, als du einschliefst, aber hier hast du es wieder." Raniero ließ sich nichts anmerken, sondern sagte ganz gelassen: "Es war klug von dir, dass du es ausgelöscht hast." "Ich habe es nicht ausgelöscht", sagte der Mann. "Ich sah, dass du es brennen hattest, als du kamst und ich glaubte, es sei von Gewicht für dich, dass es weiter brenne. Wenn du siehst, um wie viel es sich verringert hat, wirst du begreifen, dass es die ganze Nacht gebrannt hat." Raniero strahlte vor Freude. Er rühmte den Wirt sehr und ritt in bester Laune weiter.[30]

Manchmal unverhofft bekommen wir ein Gnadengeschenk wie Raniero. „So nimmt sich auch der Geist unserer Schwachheit an. Denn wir wissen nicht, worum wir in rechter Weise beten sollen; der Geist selber tritt jedoch für uns ein mit Seufzen, das wir nicht in Worte fassen können." (Röm 8,26) Der Heilige Geist selbst ist in uns und richtet uns auf Christus aus.

Diese Episode zeigt Raniero: Er hat wirklich Sehnsucht, ein unstillbares Verlangen, die Lichtflamme nach Florenz zu bringen. Mag es am Anfang Eitelkeit gewesen sein, jetzt ist es Sehnsucht nach dem Licht Christi, nach Gott. Wenn wir Sehnsucht nach Gott haben oder wenigstens die Sehnsucht nach dieser Sehnsucht, dann sind wir auf dem richtigen Weg. In dieser Sehnsucht ist Gott wirklich da! Mit dieser Sehnsucht führt uns der Hirte Jesus Christus. Und sie wandelt uns von innen. Das sehen wir auch an Raniero.

Noch viele Ereignisse auf der langen Reise von Jerusalem nach Florenz erlebte Raniero. Die lange Reise, die lange Zeit, in der erauf die heilige Lichtflamme vom Heiligen Grab Acht gab, verwandelte ihn. Er merkte am Ende, dass er nicht mehr Freude an Raufereien hatte, dass er nicht mehr der Wilde und Streitlustige war, sondern mild geworden ist.

Als er dann noch nach einigen Turbulenzen in Florenz seine Lichtflamme am Madonnenbild entzündet, weiß Franziska sofort in ihrem Herzen, dass er verwandelt und nun wirklich liebesfähig geworden ist und kehrt zu ihm zurück.

5. Ostersonntag: Lumen gentium – Die Kirchenkonstitution

Joh 15,1-8
Henry Ford schuf sich seine perfekte Autofirma: Er war unabhängig! Er hatte sogar eigene Kraftwerke und eigene Kautschukplantagen für die Reifenherstellung! Und er herrschte absolutistisch an der Spitze! 200 Jahre vorher errichtete sich der Sonnenkönig Ludwig XIV seinen perfekten Staat. Und gut 100 Jahre nach Ludwig XIV im I. Vatikanischen Konzil verstand sich die Kirche ebenso als perfekte Gesellschaft. Sie hatte wie Fords Autofirma alles: Die Hoheit über die Ausgabe von Gnade. Nur sie konnte und durfte die Sakramente Gottes austeilen. Und die Hoheit über die Verkündigung der göttlichen Wahrheit. Ja eigentlich hatte nur einer diese Hoheit: Der absolut an der Spitze stehende Papst mit seiner Möglichkeit, unfehlbar wahre Dogmen zu verlautbaren. **Die Kirche ist perfekt, sie braucht nichts mehr!**
Was wäre, wenn Christus noch mal auf die Erde kommen würde? Das fragt sich Iwan Karamasow in Dostojewskis letzten Roman und erzählt seinem Bruder Aljoscha seine erfundene Geschichte vom Großinquisitor: Christus kommt noch mal auf die Erde. Die Menschen in Sevilla erkennen ihn sofort an seiner Ausstrahlung von Liebe und Barmherzigkeit. Und wie damals in Israel erweckt er aus Mitleid ein gestorbenes Mädchen, das gerade zur Beerdigung getragen wird. Der Großinquisitor bemerkt es und lässt Christus sofort fest nehmen: „Du hast gar kein Recht, dem etwas hinzuzufügen, was Du schon früher gesagt hast. Warum bist du gekommen, uns zu stören?"[31] „Alles ist von Dir dem Papst übergeben worden und alles liegt jetzt folglich in Händen des Papstes, Du sollst jetzt überhaupt nicht mehr kommen, stör uns wenigstens nicht."[32] Der Inquisitor erklärt ausführlich Jesus, dass die Menschen ihre Freiheit nicht gebrauchen können, und deswegen froh und glücklich sind, wenn die Kirche ihre Freiheit

nimmt und sie führt und lenkt. Und Jesus, der den Menschen ihre Freiheit des Glaubens bewusst gemacht hat, stört da nur. Deswegen müsse er auf dem Scheiterhaufen verbrannt werden. Überspitzt und jedoch passend analysiert Dostowjejski mit dieser Geschichte die katholische Kirche des I. Vatikanums. Am Anfang des 20. Jahrhunderts wurde das moderne freiheitliche Denken von katholischen Theologen brutal verdammt, historisch-kritische Bibelauslegung verteufelt und verboten und die Priester mussten einen Antimodernismuseid ablegen.

Aber wie ging Dostojewskis Geschichte zu Ende? Nach der langen Rede des Großinquisitors küsst Jesus ihn und geht stillschweigend von dannen.

Werkzeug und Sakrament Johannes XXIII hat sich von Jesus küssen lassen und das Fenster geöffnet. Plötzlich wurde möglich, die Kirche neu zu denken. Sie ist nicht perfekte Gesellschaft mit einem absolutistischen Herrscher an ihrer Spitze. Nein sie ist „Zeichen und Werkzeug für die innigste Vereinigung mit Gott wie für die Einheit der ganzen Menschheit." LG 1. Die Kirche erkennt neu, dass sie zu dienen hat. Sie hat von Christus die Aufgabe bekommen, Werkzeug zu sein: Menschen zur Gemeinschaft mit Gott hinzuführen und Gemeinschaft unter den Menschen zu bilden und zu fördern. Sie ist nicht der Weinstock. Jesus Christus ist der Weinstock, von ihm bekommt sie ihre Kraft. „Die Kirche, das heißt das im Mysterium schon gegenwärtige Reich Christi, wächst durch die Kraft Gottes sichtbar in der Welt." LG 3.

Die Kirche ist nicht mehr perfekte Gesellschaft sondern Sakrament. Das ist das erste neue Kirchenbild im II. Vatikanischen Konzil. Ein Sakrament macht etwas unsichtbar Göttliches in unserer erfahrbaren Welt sichtbar. Oder wie Leonardo Boff kurz sagt: Ein Sakrament macht die Transzendenz in der Immanenz transparent. Ein Sakrament macht die Transzendenz, etwas unsichtbar Göttliches, in der Immanenz, in unserer erfahrbaren Welt, transparent, sichtbar. So ist es mit der

Kirche: Sie ist einerseits irdische Kirche, eine sichtbare Versammlung, eine durch und durch menschliche Gruppe mit Strukturen und Hierarchien wie in jeder anderen menschlichen Gruppierung. Aber sie ist andererseits auch geheimnisvoller Leib Christi, geistliche Gemeinschaft, mit Gnade beschenkte Kirche. (Vgl. LG 8) Die sichtbare Seite soll die unsichtbare Seite sichtbar machen. Das ist ihre Aufgabe, eben Sakrament, Zeichen zu sein. Wenn sie das teilweise nicht sichtbar macht, ist sie eben auch sündige Kirche, die umkehren muss. Aber wir verstehen die Kirche nur, wenn wir beide Seiten zusammen denken. So wie in Jesus Christus menschliche und göttliche Natur vereint sind, so gehören in der Kirche sichtbar weltliche Organisation von einer Menschengruppe und durch Gott bewirkte und beschenkte Gemeinschaft zusammen. Es ist eine differenzierte Einheit, ungemischt und ungetrennt.

Aus dieser Theologie heraus mussten die Konzilsväter schreiben: **Die Kirche Jesu Christi verwirklicht sich in der katholischen Kirche.** Die unsichtbare göttliche Gemeinschaft verwirklicht sich in der weltlichen Gesellschaft namens katholischer Kirche. Das bedeutet zweierlei:

1. Die katholische Kirche kann auch teilweise zu wenig die Kirche Jesu Christi verwirklichen, dann ist sie teilweise sündige Kirche, die umkehren muss, weil sie ihrem Auftrag, Werkzeug für das Wachsen des Reiches Gottes zu sein, nicht gerecht wird.
2. Andere christliche Kirchen verwirklichen auch in irgendeiner Weise Kirche Jesu Christi, und das gilt es zu honorieren. Deswegen ist respektvoller ökumenischer Dialog mit gegenseitiger Lernbereitschaft gefordert.

Noch ein weiteres neues Kirchenbild hat das II. Vatikanische Konzil erstehen lassen: **Kirche ist Volk Gottes!** Bevor die Kirchenkonstitution die hierarchische Ordnung der Kirche beschreibt, erklärt sie: Kirche ist Volk Gottes. Wir gehören zuerst zum Volk Gottes. Das ist das erste und grundlegende. Weil die Taufe uns alle mit Gott verbindet und uns Anteil haben lässt an

Christi Priestertum, Prophetentum und Königtum, dient die Hierarchie (der Papst, die Bischöfe und die Priester) dem Volk Gottes. Das ist eine kopernikanische Wende! Der Großinquisitor dachte: durch die Hierarchie kommen die Menschen zu Gott. Aber nein: durch die Taufe sind wir alle schon mit Gott verbunden und beschenkt und berufen, Reich Gottes in unserem Leben wachsen zu lassen. Alle haben eine gleiche Würde und die Leitungsämter dienen dem Volk Gottes.

Ja das Volk Gottes ist auch keine abgegrenzte Größe. Vielmehr sind alle Menschen zum Volk Gottes berufen. LG 13 Diejenigen endlich, die das Evangelium noch nicht empfangen haben, sind auf das Gottesvolk auf verschiedene Weise hingeordnet. LG 16 Christen sind somit mit anderen Menschen verbunden, das formuliert dann die Pastoralkonstitution folgendermaßen: Die Jünger Christi sind solidarisch mit Freude und Hoffnung, Trauer und Angst aller Menschen.

Und das Volk Gottes weiß sich auf dem Weg. Die perfekte Gesellschaft ist eine Idee des statischen Denkens. Das wandernde Gottes Volk ist ein Bild, das uns öffnet für neue Prozesse: Wie können wir in der heutigen Zeit das Reich Gottes unter den Menschen wachsen lassen bzw. wo können wir das Wachsen des Reiches Gottes unter den Menschen schon entdecken?

Aber der Geist des Großinquisitors, der die perfekte Gesellschaft Kirche erhalten will, ist auch durch das Konzil nicht ganz vertrieben worden. Die Kirchenkonstitution bekommt erläuternde Vorbemerkungen, in der nur eine Angst herauszulesen ist, „damit die Fülle der Vollmacht des römischen Bischofs nicht in Gefahr gerät" Nr 3. Gerade 50 Jahre nach dem Konzil merkt man das leider zu deutlich: Da gibt es Traditionalisten, die das Konzil zu einer pastoralen Predigt an die Welt herabstufen wollen und damit die dogmatischen Fortschritte des Konzils leugnen! Die Piusbrüder lehnen das Konzil komplett ab, insbesondere die Erklärung zur Religionsfreiheit. Papst Benedikt mahnt, die Konzilstexte nicht unter der Hermeneutik der Diskontinuität sondern unter der Hermeneutik der Kontinuität und Reform auszulegen.

Aber das II. Vatikanische Konzil hat echte Fortschritte und wirklich revolutionäre Veränderungen in der Lehre gemacht. Zum Beispiel der Satz: „Außerhalb der Kirche kein Heil." ist gestrichen. Alle Menschen sind dagegen auf das Volk Gottes hingeordnet. Treue zum Konzil bedeutet, immer wieder neu die echten Fortschritte in der Lehre, in der Haltung, im Denken und Handlungsoptionen herauszuarbeiten, zu erinnern und zu leben, damit die Kirche weiterhin ein wanderndes und nach Christus suchendes Gottesvolk bleibt.

Lesung: Ausschnitte aus Lumen gentium

1. Da Christus das Licht der Völker ist, wünscht dieses im Heiligen Geist versammelte Hochheilige Konzil dringend, alle Menschen durch seine Herrlichkeit, die auf dem Antlitz der Kirche widerscheint, zu erleuchten, indem sie der ganzen Schöpfung das Evangelium verkündet [vgl. Mk 16,15]. Da aber die Kirche in Christus gleichsam das Sakrament bzw. Zeichen und Werkzeug für die innigste Vereinigung mit Gott und für die Einheit des ganzen Menschengeschlechts ist, möchte sie sich dem Thema der vorausgehenden Konzilien widmen und ihr Wesen und ihre universale Sendung ihren Gläubigen und der gesamten Welt eingehender erklären. Die heutigen Zeitverhältnisse geben dieser Aufgabe der Kirche eine noch dringlichere Bedeutung, damit nämlich alle Menschen, die heute durch vielfältige soziale, technische und kulturelle Bande enger miteinander verbunden sind, auch die volle Einheit in Christus erlangen.

8. [...] Die mit hierarchischen Organen ausgestattete Gesellschaft aber und der geheimnisvolle Leib Christi, die sichtbare Versammlung und die geistliche Gemeinschaft, die irdische Kirche und die mit himmlischen Gaben beschenkte Kirche sind nicht als zwei Dinge zu betrachten, sondern bilden eine einzige komplexe Wirklichkeit, die aus menschlichem und göttlichem

Element zusammenwächst. Deshalb wird sie in einer nicht unbedeutenden Analogie mit dem Geheimnis des fleischgewordenen Wortes verglichen. [...]
Dies ist die einzige Kirche Christi, die wir im Glaubensbekenntnis als die eine, heilige, katholische und apostolische bekennen; [...] Diese Kirche, in dieser Welt als Gesellschaft verfasst und geordnet, ist verwirklicht in der katholischen Kirche, die vom Nachfolger des Petrus und von den Bischöfen in Gemeinschaft mit ihm geleitet wird, auch wenn sich außerhalb ihres Gefüges mehrere Elemente der Heiligung und der Wahrheit finden, die als der Kirche Christi eigene Gaben auf die katholische Einheit hindrängen.

9. Gott hat es jedoch gefallen, die Menschen nicht einzeln, unabhängig von aller wechselseitigen Verbindung, zu heiligen und zu retten, sondern sie zu einem Volke zu machen, das ihn in Wahrheit anerkennen und ihm in Heiligkeit dienen sollte. [...]
Dieses messianische Volk hat als Haupt Christus [...]. Es hat als Stand die Würde und die Freiheit der Kinder Gottes, in deren Herzen der Heilige Geist wie in einem Tempel wohnt.

13. Zum neuen Volk Gottes werden alle Menschen gerufen. Deswegen muß dieses Volk eines und ein einziges bleiben und sich über die ganze Welt und durch alle Zeiten hin ausbreiten, auf dass sich die Absicht des Willens Gottes erfülle, der die Menschennatur am Anfang als eine gegründet und beschlossen hat, seine Kinder, die zerstreut waren, schließlich zur Einheit zu versammeln.

16. Diejenigen endlich, die das Evangelium noch nicht empfangen haben, sind auf das Volk Gottes auf verschiedene Weisen hingeordnet.

6. Ostersonntag: Die drei Ebenen der Gegenwart Gottes

Joh 15,-9-17
Wir feiern heute Muttertag. Und wir hören heute im Evangelium, dass Christus uns so geliebt hat wie der Vater ihn geliebt hat.
Und natürlich gibt es eine Ähnlichkeit zwischen der Liebe der Mutter zu ihren Kindern und der Liebe Jesu Christi zu uns. Ebenso kann man bei beiden drei Ebenen unterscheiden.
Erste Ebene Erst einmal: Gottes Liebe beziehungsweise die Liebe Jesu Christi zu uns ist bedingungslos. Sie ist einfach da. Sie wird einfach geschenkt. Und auf dieser Ebene gibt es auch keine Unterschiede. Alle Menschen sind Gottes Kinder. Über jeden lässt Gott die Sonne aufgehen und untergehen. So wie Gott überall und in allen Dingen gegenwärtig ist, so ist er auch einfach mit seiner Liebe überall und in allen Dingen gegenwärtig.
Was auf absoluter Weise für Gott gilt, gilt in menschlicher Weise auch für die Mütter: Sie lieben ihre Kinder einfach so, weil ihre Kinder ihre Kinder sind. Auf dieser Ebene gibt es kein Wenn und Aber.
Das ist die grundsätzliche und tiefste Ebene. In manchen Momenten empfinden wir sie. Da spüren wir ganz genau: Gott ist da. Gott liebt mich. Einfach so! Das können wir in manchen Momenten in der Beziehung zur eigenen Mutter ähnlich empfinden: Sie ist da. Sie liebt mich. Einfach so! Letztlich dürfen die Eltern Vermittler des Urvertrauens sein, dessen Quelle Gott ist. Gott ist der absolute Grund unseres Urvertrauens, und die Eltern erste Vermittler.
Zweite Ebene Die nächste Ebene ist unser ganz normaler Alltag, das geschäftige Hin und Her unserer Lebenswelt. Wie wird da Liebe zwischen Menschen erlebt? Durch Geben und Nehmen, durch Streiten und wieder Versöhnen. Ich kann mir zum Beispiel folgende vier Fragen stellen: Was hat meine Mutter für mich in den letzten Tagen und Wochen oder vor Jahren getan? Was habe

ich für meine Mutter getan? Und welche Schwierigkeiten habe ich ihr bereitet? Und wie haben wir uns wieder versöhnt? Umgekehrt können die Mütter sich die gleichen Fragen stellen: Was habe ich für mein Kind, meine Kinder in den letzten Tagen und Wochen oder vor Jahren getan? Was haben sie für mich getan? Welche Schwierigkeiten habe ich ihnen bereitet? Und wie haben wir uns wieder versöhnt? Die ganz alltäglichen Dinge erzählen sehr viel von der Liebe, die hier gelebt wird: Jemand hat die Wäsche für einen anderen gewaschen oder den Computer für einen anderen eingerichtet. Der Vater holt das Kind spät abends von einer Veranstaltung ab. Man bedauert heftige Wort nach einem Streit und versöhnt sich.

Genau das meint Jesus, wenn er vom wachsenden Reich Gottes spricht oder wenn er uns auffordert: Liebt einander! Seid bereit, mit Freude zu geben und seid bereit mit Freude und Dankbarkeit anzunehmen. Und wenn der Fluss der Liebe stockt, seid bereit, einander zu verzeihen, damit der Fluss der Liebe wieder fließen kann. Dann erleben wir im Alltag, wie das Reich Gottes unter uns wächst. Jesus selbst hat es vorgelebt: Er hat das Öl der Sünderin angenommen und sie gegenüber dem Pharisäer Simon verteidigt. Er war bereit, sein Leben für seine Freunde hinzugeben, und verzieh seinen Peinigern.

Die dritte Ebene ist das ausdrückliche Feiern und Danken. Gottes Liebe, Liebe Jesu Christi zu uns feiern wir im Gottesdienst. Eucharistie ist die große Danksagung. Im Feiern und ausdrücklichen Danken erleben wir auf intensive Weise die Liebe Christi an uns. Gottes Liebe ist immer da, sie entfaltet sich im Alltag im Geben und Nehmen, im Streiten und Versöhnen, und sie wird uns deutlich im Gottesdienst feiern: In den Sakramenten, im gemeinsamen Lesen der Heiligen Schrift. Wir Menschen brauchen Höhepunkte, zeitlich wie örtlich, die uns aus dem Getriebe des Alltags herausnehmen, damit wir uns der lebensnotwendigen Konstanten bewusst werden.

Diese drei Ebenen gehören zusammen und wirken zusammen. Die erste Ebene, die bedingungslose Liebe, will sich in der zweiten Ebene verwirklichen: Im alltäglichen Geben und Nehmen und Versöhnen leben wir die Liebe. Dass die erste Ebene in der zweiten Ebene wirkt, feiern wir in der dritten Ebene. Durch das Feiern wird uns bewusst, dass die Liebe im Alltag durchscheint! D. h. die zweite Ebene setzt die erste voraus und die dritte Ebene setzt die erste und zweite Ebene voraus.

Diskussionen um den Muttertag Das gilt auch für die Liebe zu unserer Mutter. Am Muttertag kann man manchmal im Radio oder Fernsehen Diskussionssendungen verfolgen, in denen Menschen die Forderung aufstellen, dass man den Muttertag abschaffen sollte. Es wäre viel besser, man würde sich jeden Tag seiner Mutter widmen, jeden Tag für die eigene Mutter dankbar sein und diesen Dank jeden Tag zeigen. Der Muttertag verführe dazu, dass man der Mutter nur an einem Tag des Jahres Dank zeige. Ich stelle die Behauptung dagegen: Wenn man den Muttertag abschafft, dann werden die meisten Menschen nicht jeden Tag sondern an gar keinem Tag der Mutter deutlich Dank erweisen. Ich denke damit nicht schlecht von den Menschen, sondern nur realistisch.

Ich finde es seltsam, dass dieser Gedankengang besonders am Muttertag immer wieder auftaucht. Kein Mensch kommt auf die Idee zu sagen: Wir brauchen im Christentum keinen Dreifaltigkeitssonntag. Gott ist an jedem Tag dreifaltig, wir sollten uns das jeden Tag bewusst machen.

Vielleicht liegt es daran, dass manche Menschen den Eindruck haben: Ich kann an einem Fest doch nur das feiern, was ich im Alltag lebe. Wenn meine Beziehung zu meiner Mutter im Alltag verschwindend gering ist, ist es dann nicht ein wenig Hohn, ein wenig trügerisch, der Mutter einen riesengroßen Blumenstrauß zukommen zu lassen? Ja, da merken sie: Die dritte Ebene setzt die erste und zweite Ebene voraus. Umgekehrt könnte man solchen Menschen sagen: Dann nimm doch den Muttertag als

Anlass, in deiner Vergangenheit zu kramen und zu überlegen: Was hat sie für mich getan? Was habe ich für sie getan? Welche Schwierigkeiten habe ich ihr bereitet? Und wie haben wir uns wieder versöhnt?

In unserem Evangelium sind alle drei Ebenen angesprochen: „Wie mich der Vater geliebt hat, so habe auch ich euch geliebt." Diese Liebe Gottes ist einfach da. Keine Sünde, kein Ereignis, kein Mensch kann sie auf der ersten und grundlegendsten Ebene zerstören oder beseitigen.

„Das ist mein Gebot: Liebt einander, so wie ich euch geliebt habe." Im Alltag, auf der zweiten Ebene verwirklichen wir im Zwischenmenschlichen diese Liebe.

„damit eure Freude vollkommen ist" Wir dürfen die Liebe Gottes, die uns wirkt feiern, miteinander freudig ihm dafürdanken.

In Gottes Liebe bleiben heißt dann zu spüren: Ich bin Kind Gottes, das Reich Gottes wächst in meinem Leben, in den Beziehungen zu meinen Mitmenschen, zu meinen Eltern, zu meinen Kindern, und ich darf das feiern und Gott dafür danken.[33]

Christi Himmelfahrt: Die 4 Grundaufgaben der Kirche

Mk 16,15-20
Jesus hat in unserem Evangelium die vier Grundaufgaben, die die Kirche erfüllen soll, direkt oder indirekt angesprochen: Jesus gibt direkt den Auftrag, das Evangelium zu verkündigen. Wenn er die Jünger sendet, die Kranken zu heilen, dann beauftragt er sie allgemeiner gesprochen zum Dienst an den Menschen. Ebenso spricht Jesus die Taufe an und damit zwei weitere Grundaufgaben: Gottesdienst zu feiern und in Gemeinschaft sich zusammen zu finden, als Gemeinschaft der Getauften.
Verkündigung – Martyria,
Gottesdienst feiern – Liturgia,
Dienst an den Menschen – Diakonia,
In Gemeinschaft Christ sein – Koinonia.
Diese vier Aufgaben stehen nicht nebeneinander. Vielmehr sind sie untereinander vernetzt. Dies wird uns am deutlichsten, wenn wir folgendes Gedankenexperiment durchführen:
Was passiert mit der ganzen Kirche, wenn ich eine Grundaufgabe vernachlässige? Dieses Experiment wollen wir nun vier Mal durchführen.
Erste Aufgabe Diakonie: Eine Frau erzählte mir von ihrer Nachbarin. „Seit einiger Zeit ist meine Nachbarin komisch geworden. Sie geht zwar viel mehr in die Kirche. Nicht nur sonntags sondern auch werktags. Aber irgendwie ist sie nicht mehr so interessiert, hilft mir weniger als früher. Ist komisch!"
Diese Frau spürt: Wenn jemand die Liturgie zu viel betont und die Diakonie vernachlässigt, wird der christliche Glaube unglaubwürdig. Wenn ich im Gottesdienst die Liebe Gottes feiere und besinge, wenn ich mit wohligen Gefühlen Predigten zur Nächstenliebe anhöre, dann aber wie der Priester und der Levit im Evangelium am leidenden Menschen vorbei gehe, dann stimmt etwas nicht. Wir sehen außerdem an diesem Beispiel:

Viele Menschen haben ein Gespür dafür, ob die vier Aufgaben der Kirche ausgewogen verknüpft sind oder nicht! Das Reich Gottes muss im Alltag erlebbar sein! Das Reich Gottes muss im Alltag gelebt werden! Sonst müssen wir uns vorwerfen lassen, dass wir zwar „Herr, Herr!" rufen, aber unser Glaube zu wenig in Nächstenliebe konkret wird. Das gilt für einzelne Christen als auch für die Kirche als Ganzes. In der Diakonie, im Dienst an den Mitmenschen zeigt sich die Glaubwürdigkeit der Christen!

Nächste Aufgabe Koinonia: Immer wieder höre ich die Behauptung: „Ich brauche keine Kirche! Ich kann auch alleine im Wald mit meinem Herrgott reden!" Stimmt! Man kann allein im Wald mit Gott reden. Und das ist sicherlich kein schlechtes Gebet. Aber man kann nicht grundsätzlich allein glauben. Menschen sind Gemeinschaftswesen, sind Dialogwesen. Sogar der Einsiedler betet für die Mitmenschen und ist in seinem Glauben gewachsen, weil seine Eltern und geistlichen Lehrer ihn unterwiesen haben. Wenn ich alleine glaube – wer korrigiert mich? Wie komme ich in kritische Distanz? Von wem lerne ich? Wer stärkt mich in Krisen? In Gemeinschaft und im Dialog kann ich von anderen Erfahrungen und Gedanken profitieren. Vergessen wir außerdem die Gemeinschaft der Glaubenden vor uns nicht! Nur durch sie, die zwischen Jesus und uns zeitlich gelebt und geglaubt haben, haben wir den Glauben empfangen. Hinzu kommt: Eucharistie kann man nur mit mehreren feiern! Altenheime, Kindergärten oder Pfadfinderstämme, Katholikentage, Wallfahrten oder Weltjugendtage, Flüchtlingshilfe, Friedensarbeit oder Entwicklungshilfe – all das geht nur mit mehreren Menschen, in Koinonia, zusammen.

Dritte Aufgabe Liturgie: Kirche ist kein gemeinschaftlicher Vergnügungsverein und auch kein Sozialarbeiterclub oder eine Weltverbesserungsunion. Kirche feiert die Präsenz Gottes und seine liebende Macht. Sie verkündet das Evangelium und lobt seine Güte. Im Gottesdienst schenken wir Gott unsere Zeit. Wir unterbrechen unseren Alltag und halten inne. Was trägt mich wirklich? Wie kann ich mich mit meinem tragenden Grund verbinden? Wie kann ich Gott danken, dass er mich trägt? All das feiern wir in unseren Gottesdiensten. Im Zentrum unseres Glaubens steht unsere Beziehung zu Jesus Christus. Freundschaften müssen gepflegt werden. Das gilt auch für meine Freundschaft mit Jesus Christus. Sowohl Gebete in der Stille und allein als auch Gottesdienste mit anderen Christen fördern meine Freundschaft zu Jesus. Mit ihm kann ich meine Sorgen bereden, mit ihm kann ich eine neue Sicht auf mein Leben entdecken, mit ihm finde ich zu mehr Bescheidenheit und Gelassenheit und Zuversicht.

Vierte Aufgabe Martyria: Ich kann zu Jesus aber nur eine adäquate Beziehung aufbauen, wenn ich mir Zeit gönne, ihn kennenzulernen. Dazu muss ich aber wieder zurückgehen auf die Schriften der Apostel: die Evangelien und die Briefe von Paulus und anderen Aposteln. Ansonsten weiß ich nicht, ob ich mir nicht meinen eigenen Jesus Christus zusammenbastle, mit dem ich zwar gut leben kann, der aber weit entfernt ist vom Evangelium. Deswegen hören wir in jedem Gottesdienst auf das Wort Gottes. In der Verkündigung selbst müssen wir auf eine gute Balance achten. Von folgenden Predigern sind Menschen öfters genervt:
1. Der Prediger erzählt das Evangelium in eigenen Worten nach. Aber welche Bedeutung hat dann das Evangelium für unser Leben heute?
2. Der Prediger legt die Bibelstelle unkritisch, naiv, wörtlich aus und bezieht die Ergebnisse der historisch-kritischen Exegese nicht ein. Unsere Verkündigung sollte der kritischen Vernunft standhalten können
3. Der Prediger haut den Zuhörern um die Ohren, was sie alles tun sollen und tun müssen. Aber dass Gott zuerst seine Gnade schenkt, bevor er uns eine Aufgabe gibt, wird nicht deutlich.

4. Der Prediger bedient ein Wohlfühlchristentum, ohne ihnen aufzuweisen, dass die Botschaft Jesu uns herausfordert, Werkleute des Friedens und der Gerechtigkeit Gottes zu werden.
Unsere Verkündigung sollte also fachlich kompetent, geistlich und aufbauend, zeitbezogen und prophetisch-kritisch sein. Nicht jede Predigt muss alle Aspekte abdecken. Aber alle Verkündiger, also Prediger, Religionslehrer, Bibelkreisleiter, sollten auf eine ausgewogene Balance dieser Aspekte achten.
Die Kirche braucht alle vier Aufgaben, um Kirche zu sein. Jesus selbst hat auf vielerlei Weise gezeigt, dass diese vier Aufgaben zusammenhängen und sich gegenseitig stützen und korrigieren. Er sendet uns, diese Aufgaben anzupacken!

Mit vier Fragen können wir uns testen!
Zu wenig Martyria: Folgen wir wirklich noch Jesus Christus?
Zu wenig Liturgia: Ist Jesus noch die Mitte der Kirche? Pflege ich meine Freundschaft zu Jesus?
Zu wenig Koinonia: Lass ich mich tragen und infrage stellen von meinem Mitchristen?
Zu wenig Diakonia: Folgen wir Jesus nach, Anwalt der Schwachen, Ausgegrenzten und Armen zu sein? Erkennen wir in unseren Mitmenschen Jesus Christus?

7. Ostersonntag: Heilige deinen Namen, im Namen ist alles

Joh 17, 6a.11b-19
Der Heilige Ignatius von Antiochien wurde durch die Löwen in der Arena umgebracht. Eine Legende erzählt, dass man nach dem Spektakel den Leichnam zu Grabe tragen wollte. Da sah man: in seinem Herz war wie eingraviert der Name Jesus. Eine Legende. Aber sie zeigt etwas auf: Ignatius hat so sehr den Namen Jesus Christus meditiert, er hat so sehr sich auf Jesus Christus ausgerichtet, dass er von Jesus Christus durchdrungen ist. Sein Herz wurde immer mehr geprägt durch Jesus Christus. Sein Herz war voll von der Liebe zum Auferstandenen. Christus füllte sein Herz aus.
Jesus Christus war selbst vom Vater ganz erfüllt. Indem er seinen Namen aussprach und zu ihm betete, war er ganz im Vater.
Die Wüstenmönche in der Alten Kirche haben mit größter Hingabe den Namen Jesus Christus meditiert. „Jesus Christus, erbarme dich meiner!" oder nur der Name in Verbindung mit dem Fluss des Atems.
In einer Anleitung zur Meditation des Namens schreibt ein Mönch der Ostkirche: „Der heilige Name umfasst den ganzen Christus und führt uns zu seiner vollen Gegenwart"[34]
Warum führt uns der Name direkt zu Jesus Christus?
Bei einer Hüttenwanderung vor einigen Jahren machte ich folgende Erfahrung: Ich habe den Eindruck, das klare Gespür, dass ich in den Bergen bin. Ich fühle mich eingebettet in die Bergwelt. Es ist nicht mehr so, dass ich hier stehe und die Berge dort anschaue. Sondern ich fühle mich aufgenommen in der Bergwelt. Ich spüre, dass mir ein „In-den-Bergen-Sein" offensichtlich geworden ist. Ohne dass ich etwas getan habe. Ein Geschenk, eine Gnade, das zu spüren.
Wenn wir das Jesusgebet längere Zeit pflegen, dann kann uns etwas Ähnliches offensichtlich werden: Ich kann auch im Namen

Jesu Christi sein. Wenn das Lauschen auf den Namen meine Aufmerksamkeit mehr und mehr ergreift, merke ich irgendwann, dass ich im Namen bin. Im Namen schaue ich auf die Person Jesu Christi, die im Namen präsent ist. So pflege ich die Liebesbeziehung zu Jesus Christus.
Der Name richtet mich auf Christus aus wie eine Kompassnadel auf den Magnet. Man stelle sich vor, dass der Mensch mit einer großen Ansammlung von Kompassnadeln verglichen würde. Einige der Kompassnadeln sind angezogen von einem Magneten namens „Gegenstand, den ich haben will". An einem anderen Tag richten sie sich wieder auf einen neuen Magneten „Gegenstand, den ich jetzt haben will" aus. Andere Kompassnadeln sind schon ganz festgeklemmt in eine Richtung: „Das ist meine Meinung, und von der rücke ich nicht ab." usw. Die vielen Kompassnadeln, die in diesem Vergleich unser „Ich" bilden, werden von ganz unterschiedlichen Dingen, Meinungen, Erfahrungen beeinflusst.
In diesem Bild, in diesem Gleichnis ist Gott ein großer Magnet, der mit seinem Magnetfeld alles erreicht. Der große Magnet ist aber unter dem Tisch versteckt. Auf dem Tisch steht die Ansammlung von Kompassnadeln, die einen Menschen bilden bzw. darstellen sollen. Wenn nun die anderen Magneten sich zurückziehen oder entfernt werden, (weil der Mensch zum Beispiel in die Wüste oder in Exerzitien geht,) dann wird die Kraft des großen Magnetfeldes unter dem Tisch immer stärker spürbar. Mit der Zeit werden immer mehr Kompassnadeln auf dieses eine große Magnetfeld hin ausgerichtet. Auch festgeklemmte Kompassnadeln lösen sich plötzlich aus der Verklemmung und können sich frei auf das große Magnetfeld hin ausrichten.
Mehrere Aspekte macht dieses Bild deutlich: Der große Magnet unter dem Tisch bleibt versteckt, Gott bleibt auch in der größten mystischen Erfahrung ein Geheimnis. Die Gegenwart Gottes offenbart sich - im Bild gesprochen - im Magnetfeld, das bewirkt, dass die Kompassnadeln ihre Richtung ändern. Der Name Jesus

Christus stößt unsere inneren Kompassnadeln an, damit sie sich bewegen und auf Gottes Gegenwart ausrichten.

Wir sollen den Namen nicht gebrauchen, um irgendetwas zu erreichen. Wir sollten den Namen Jesu Christi nicht benützen, um still zu werden, um Ruhe zu erreichen usw. Denn die Ausrichtung auf Jesus Christus, indem wir seinen Namen meditieren, ist sowieso eigentlich das Sinnvollste, was man im Leben tun kann: Man ist in der Gegenwart, im Hier und Jetzt und ist mit dem Sein, mit Gott verbunden. Es hat so viel Sinn in sich, dass es quasi widersinnig und paradox ist, es für etwas anderes einzusetzen.

Im Namen ist die Gegenwart Christi selbst. Wenn wir den Namen mit Sammlung aussprechen, schauen wir auf den Herrn, auf seine Person. Wir schauen auf den auferstandenen Jesus Christus, der im ganzen Kosmos gegenwärtig ist. Wir berühren Gottes Gegenwart selbst.

Im Namen Jesu Christi ist das ganze Evangelium! Denn im Gebet wirkt Jesus selbst und führt uns, wie wir jetzt in unserem Leben das Evangelium verwirklichen sollen.

In seiner Anleitung schreibt der Mönch der Ostkirche weiter: „Wenn wir die Inhalte oder das Bedeutungsspektrum des Namens JESUS gesondert betrachten, dann gleicht unsere Anrufung des Namens einem Prisma, das ein Bündel weißen Lichtes in die verschiedenen Farben des Spektrums zerlegt. Wenn wir den allumfassenden Namen anrufen (und die volle Gegenwart), so benutzen wir den Namen wie eine Linse, die das weiße Licht aufnimmt und bündelt. Mit Hilfe einer Linse kann ein Sonnenstrahl einen brennbaren Stoff entzünden. Der heilige Name ist solch eine Linse. JESUS ist das brennende Licht, das der Name wie eine Linse sammeln und lenken kann, bis ein Feuer in uns entzündet ist."[35]

Pfingsten: Drei Pfingstwunder in unserer Zeit

Ich höre gerne im Auto Radiosendungen wie zum Beispiel katholische Welt, evangelische Perspektiven oder Radio Wissen. Zum Glück kann man sich solche Sendungen aus der Internetseite des Bayerischen Rundfunks herunterladen und dann im Auto anhören, wann man will. Gerade die Sendungen von katholischer Welt und evangelischer Perspektiven präsentieren uns auch gute Nachrichten, aufbauende Berichte. So manche Sendung offenbart mir dann, wie der Heilige Geist heute wirkt. Von drei Beispielen möchte ich heute erzählen.

Erstes Beispiel: Interreligiöser Dialog Nach dem II. Vatikanum bat die Kongregation für interreligiösen Dialog den Abt Primas der Benediktiner, der die Gesamtleitung aller Benediktiner innehat, dass sein Orden sich auch um den Dialog der Religionen kümmern möge.

In den 70er Jahren begannen erste Austauschgespräche mit buddhistischen Mönchen. Später kam der Dialog mit Muslimen dazu. So wurden vor ein paar Jahren schiitische Imame von Benediktinern nach Rom eingeladen, danach folgte die Gegeneinladung nach Iran. Die Sendung berichtet von dieser Reise einer benediktinischen Gruppe, die insbesondere zu einem interreligiösen Symposion an der Universität am Wallfahrtsort Quom eingeladen wurde. Sie lernten nicht nur in gegenseitigen Vorträgen voneinander. Sie besuchten sich auch gegenseitig bei den Gebetsstunden der jeweils anderen. Schiitische, islamische Religion beruht für den Imam, den Leiter der Universität am Wallfahrtsort Quom auf drei Säulen: Spiritualität, Philosophie und Gerechtigkeit. Und so wunderten sich die Benediktiner schon, dass in dieser Hochschule auch andere Religionen gelehrt werden und eine gute Anzahl verschiedener christlicher Werke sogar in Persisch vorlagen: Von der Bibel bis zu Büchern von Hans Küng. Die Begegnung war für beide Seiten von großem Respekt und Interesse geprägt.

Eine Benediktinerin wurde sogar noch einmal eingeladen, um Vorträge und Vorlesungen bei einer Universität für Frauen zu halten. Eine schiitische Studentin zog folgendes Resümee aus der Begegnung mit der Benediktinerin: Im Westen und im Christentum gibt es engagierte und spirituell Suchende, tief Beter, die wirklich Gott suchen und lieben. Der Westen besteht nicht nur aus dekadentem Konsumrausch. So lernten beide Seiten voneinander und korrigierten ihre Vorstellung im Kopf.

Erstes Fazit: Der Heilige Geist bewirkt Begegnung und baut Mauern und Vorurteile ab.

Zweites Beispiel: Ökumenische Schulgemeinschaft Vor drei Jahren geschah in der Realschule in Winnenden das schreckliche Blutbad eines Amokläufers. Für den katholischen Religionslehrer Heinz Rupp und dem evangelischen Kollegen Martin Gerke war klar, dass sie mit der Unterstützung von Kollegen viel Trauerarbeit bei den Schülern leisten mussten. Zum Beispiel in Schreibwerkstätten verfassten Schüler Gedichte, um das Erlebte zu verarbeiten. Diese Schulseelsorge gestaltete sich erst schwierig, weil die Schüler für einige Monate nach dem Amoklauf auf andere Schulen verteilt waren. Aber die Schüler wollten an ihre alte Schule zurück. Die Schüler wollten sich ihre Schule nicht nehmen lassen und waren gegen den Abriss. Sie haben aktiv ihre Schulräume neu gestaltet.

„Man muss etwas Praktisches tun, um die Trauer zu verarbeiten. Aber auch nach vorne zu schauen und neu Schule zu gestalten" so der Religionslehrer Rupp. Mit den Schülern gestalteten die Reli-Lehrer zuerst einen Raum der Stille und des Gedenkens.

Daraus ergab sich eine „ökumenische Schulgemeinschaft". Schüler von der 8. bis 10. Klasse, ehemalige Schüler und Eltern können mithelfen. Das Leben der ökumenischen Schulgemeinschaft zeigt sich zum Beispiel in: Freizeitaktivitäten, wie Disco, Grillabend oder Bowling, Klosterwochenende, ökumenische Reise nach Assisi, Besuche im Altenheim, um mit Senioren zu reden und gemeinsames zu musizieren - es ist

gelungen: Kirche an der Schule. Sogar islamische Schüler fahren mit nach Assisi, Franziskus hätte sich gefreut. So entwickelte sich aus der Schicksalsgemeinschaft eine Sinngemeinschaft.
Der Jahrestag des Amoklaufs wird bewusst erinnert und getrauert. Aber inzwischen hat sich der Schwerpunkt der Blickrichtung der ökumenischen Schulgemeinschaft auf die Gegenwart und Zukunft verlagert.
Die entstehende ökumenische Schulgemeinde wurde erst mit Skepsis beäugt: „Das wird eh wieder abflachen." Das Gegenteil geschah! „Das ist Konkurrenz zu den Pfarrgemeinden vor Ort!" Heute sehen die Gemeinden die Schulgemeinschaft als Teil ihrer Arbeit. Natürlich waren die beiden engagierten Religionslehrer als motivierende und stützende Bezugspersonen zu den Schülern unerlässlich für das Gelingen.
Zweites Fazit: Der Heilige Geist schafft Auferstehung, überwindet die Trauer, lässt neue Lebensfreude und Gemeinschaft wachsen und entdecken.
Drittes Beispiel: Traumaarbeit Diana konnte nicht sprechen. Da bat Turin Diana Bilder zu malen. Da kapierte sie. Terroristen haben Dianas Vater und sie entführt, sie sah an, wie sie ihren Vater folterten. Turin ist muslimische Sozialpädagogin, unterstützt und finanziert durch „Wings of hope" der bayerischen Landeskirche. Wings of hope unterstützt Traumaarbeit in Bosnien, El Salvador, Kongo, Palästina.
Fliehen, Kämpfen oder Hilfe suchen – wenn dann das nicht möglich ist, erfährt ein Mensch ein traumatisches Erlebnis. Das Bewusstsein schafft es nicht, das Erfahrene zu verarbeiten. Die Menschen leiden unter Flashbacks: Sie hören ein Geräusch, das erinnert sie unbewusst an die traumatische Situation. Und plötzlich ist die alte Panik voll da, das alte Trauma wird wiederholt. Alpträume, Süchte, unkontrollierte Aggression, Depressionen, Selbstverletzungen können Folge eines Traumas sein.

Die Verarbeitung von Traumata ist Friedensarbeit. Denn der traumatisierte Mensch ist blockiert von Ängsten und deswegen gehemmt, offen zu kommunizieren oder Konflikte lösend anzugehen. Die Verarbeitung der Traumata ist ein Ausstieg aus der Knechtschaft der Gewaltspirale in ihren Köpfen. Es stärkt das Selbstbewusstsein und die Dialogfähigkeit.

„Wings of hope" veranstaltet auch eine zwei wöchige Jugendferienakademie in Ladenbachhof in Oberbayern, zu der die Veranstalter junge Palästinenser und junge Israelis einladen. Erst ist es für die Teilnehmer ein Schock, den Gegner in der Sommerakademie treffen zu müssen – doch die 2 Wochen schaffen Wandlung: Eine junge Israelin erzählte von ihrem Trauma durch Beschüsse der Hamas. Ein Palästinenser erzählt von seinen dramatischen Erfahrungen von Schusswechsel mit israelischen Soldaten. Beide erkennen die Ängste beim anderen und die Sehnsucht nach Frieden und Heilung.

Bewusst werden auch religiöse Elemente einbezogen. Denn eine gute Beziehung zu Gott hilft bei Traumaverarbeitung. Und interreligiöse Gebete schaffen Brücken.

Drittes Fazit: Der Heilige Geist heilt tiefste Wunden. – Und: Der Heilige Geist wirkt, aber braucht unsere Augen, Ohren, Stimmen und Hände, um das Gute zu bewirken…

Dreifaltigkeitssonntag: Spiritueller Zugang zur Trinität

Gotteserkenntnis und Selbsterkenntnis sind zwei Seiten der einen Medaille! Wenn ich also heute die Frage des Sonntags stelle „Wer ist Gott?", dann stelle ich auch die Frage: „Wer bin ich?" Ich möchte ein bisschen skizzieren, wie beide Fragen zusammenhängen.
Zuerst: Wer bin ich? Die meisten Menschen definieren sich über etwas, das vergeht, etwas Äußerliches! Ich bin Manager, ich bin Club Fan, ich bin heute in der Zeitung. Aber was heute kommt und morgen geht, vergeht – das kann nicht unser tiefstes Selbst ausmachen.
Was ist wirklich immer da? Wer bin ich jenseits aller Außen-Definitionen? Vielleicht haben Sie in ruhigen Zeiten gespürt: „Ich bin da!" Dieses einfache Hier-Jetzt-Dasein! Wenn wir doch viel häufiger dort hinein spüren würden, dann kämen wir von selbst dazu, nicht mehr so oft unser Herz an so viel zu verlieren, was heute da ist und morgen nicht mehr ist.
Das Wort: „Ich bin Kind Gottes!" kommt einem Priester bzw. Theologen schnell über die Lippen. Aber erst, wenn wir in dieses einfache Hier-Jetzt-Dasein, in das „Ich bin" hinein spüren, dann erfahren wir mit der Zeit: Ich bin Gottes Ebenbild.
Denn Gott ist Jahwe: Ich bin, der ich bin da! Deswegen erfahren wir ihm Hier-Jetzt-Dasein Gottes Gegenwart.
Gott ist Liebe, die uns zu ihm und damit zu uns selbst führen will. Die Dreifaltigkeitslehre beschreibt, wie Gottes Liebe uns führen will auf diesem Weg des verlorenen Sohnes zurück. Denn wir sind alle irgendwie von unserer eigenen Mitte entfernt.
Beginnen wir mit dem *Heiligen Geist*. Er ist die **Sehnsucht** nach Gott. Die Sehnsucht ist die erste und wichtigste Gabe Gottes. Ein junger Mann fragte den Rabbi, ob er bei ihm Schüler werden dürfe. Der Rabbi fragt ihn: Liebst du Gott! Der junge Mann runzelt die Stirn und antwortet ehrlich: Das weiß ich nicht! Der

Rabbi fragt weiter: Hast du Sehnsucht nach Gott? Das weiß ich auch nicht genau! Der Rabbi fragt: Hast du eine Sehnsucht nach der Sehnsucht nach Gott? Da lächelte der junge Mann und antwortet: Ja, diese Sehnsucht habe ich! Dann kannst du mein Schüler werden, erwiderte der Rabbi.

Der Heilige Geist ist unsere **innere Kraft**, unsere Gnadenquelle, insbesondere in den Zeiten der Ohnmacht. Im Römerbrief drückt Paulus das so aus: So nimmt sich auch der Geist unserer Schwachheit an. Denn wir wissen nicht, worum wir in rechter Weise beten sollen. Der Geist selber tritt für uns ein mit Seufzen, das wir nicht in Worte fassen können. (Röm 8,26)

Solange wir nach außen orientiert sind, brauchen wir einen Lehrer, der uns nach innen führt. *Jesus Christus* ist unser **Lehrer.** Wir lernen zuerst durch Geschichten von ihm. Aber irgendwann wird er ein innerer Lehrer. Wer im Gebet, in der Stille auf Jesus schaut, erfährt Jesu Gegenwart in sich. Dann lehrt Jesus uns sowohl durch sein Wort in der Heiligen Schrift als auch durch die Stille, die innere Kraft und seine Gegenwart.

Jesus wird mehr und mehr unser **Geliebter**. Zwischen Jesus und uns entwickelt sich eine tiefe Liebesbeziehung. Von der Sehnsucht getrieben, wächst die Liebe zu Jesus Christus. Wir entdecken die Liebe Jesu Christi auch sonst in unserm Leben und wollen diese Liebe weitergeben. Im Nächsten entdecken wir Jesu Christi Antlitz. Das Gebet wird zu einer Zeit, die Liebesbeziehung zu Jesus Christus zu pflegen.

Diese Liebesbeziehung führt dazu, alle Verluste und Veränderungen tragen zu können. Wer sich im Gebet mit Jesus Christus verbindet, in dem wächst die Gewissheit: das trägt über den Tod hinaus. In Jesus Christus berühre ich die Ewigkeit.

So wird Jesus Christus auch **Stütze und Hoffnung**: Er weiß um meine Schwierigkeiten und Leiden. Er hat selber das Kreuz getragen. Im Kreuz zeigt sich: Gott leidet mit allen Leidenden dieser Welt mit. Aber er versinkt nicht darin. Er überwindet es, weil Gottes Liebe, Kraft und Versöhnung stärker ist!

Gottvater ist die Ewigkeit und der Urgrund allen Seins. Das Geheimnis schlechthin. Gottvater ist die Gegenwart, das Sein, in dem wir leben, wir uns bewegen und sind. Wir sind immer im Vater. Aber weil wir das nicht mehr merken, fühlen wir uns wie der verlorene Sohn. Der Heilige Geist und Jesus Christus führen uns zurück zum Vater, zum Urgrund allen Seins.
Dreifaltigkeit hat zutiefst mit uns zu tun! Gott lebt in uns allen. Und diese Gegenwart erfahren wir verschieden: als Sehnsucht, als Gnade in der Ohnmacht, als innerer Lehrer, als Geliebter, als Stütze, Hoffnung und Auferstehung, als das Geheimnis und Urgrund von allem.

2. Sonntag im Jahreskreis: Christologie von unten und von oben nach Karl Rahner

Joh 1,35-42

Wenn wir im Gottesdienst über Jesus Christus reden oder ihn selbst ansprechen, bezeichnen wir ihn ganz selbstverständlich als Sohn Gottes, als Christus und Messias. Aber ist das wirklich so selbstverständlich? Ist die Frage nicht berechtigt, wie wir dazu kommen, einen Menschen als Sohn Gottes zu bezeichnen?
Ich habe einmal mit einer Jugendlichen ein Gespräch über dieses Thema gehabt. Sie sagte mir, dass sie zwar schon an Gott glaubt, aber dass sie nicht richtig an Jesus Christus glauben kann. Für sie ist natürlich selbstverständlich, dass es vor 2000 Jahren einen Menschen namens Jesus gegeben hat. Dieser Jesus ist für sie sicherlich ein ganz besonderer Mensch, ein Prophet, aber sie kann nicht glauben, dass er Gottes Sohn ist. Da hilft es nicht, einfach nur zu sagen: Das musst du eben glauben. Noch weniger hilft, darüber zu schimpfen, dass heutzutage so wenig Menschen glauben. Denn es wird tatsächlich in kirchlichen Kreisen häufig zu selbstverständlich gesagt, Jesus ist Gottes Sohn. Für einen Außenstehenden oder für einen, der Zweifel hat, der mit seiner Vernunft Fragen stellt, ist diese Redeweise wahrlich nicht selbstverständlich.
In dem Gespräch erzählte ich ihr Karl Rahners Gedanken zu den zwei Grundtypen der Christologie.
Es gibt wirklich zwei Wege, über Jesus Christus zu reden. Es gibt einen Weg von unten und einen Weg von oben.
Beim Weg von oben beginnt man damit, dass von Anfang an fest steht, dass Jesus Christus Gottes Sohn ist.
Beim Weg von unten steht das aber am Ende des Weges. Und diesen Weg von unten möchte ich nun etwas ausführen.
Christologie von unten Stellen Sie sich vor, Sie leben vor 2000 Jahren in Israel und hören von einem Bekannten, da gibt es einen Jesus aus Nazaret, der auf ganz besondere Weise über Gott

spricht, irgendwie anders als die Schriftgelehrten und Pharisäer. Sie haben in sich die Sehnsucht nach Gott, Sie sind ein Suchender und deswegen suchen Sie diesen Jesus auf. Nach kurzer Zeit gehören Sie zum Jüngerkreis Jesu und hören Predigten, Gleichnisse, erleben wie Jesus herzlich mit Menschen umgeht, wie er die Sorgen und Nöte versteht, wie sich Menschen in seiner Gegenwart verändern. Ja Sie selbst verändern sich und spüren etwas von dem Reich Gottes in sich selbst und in der Gemeinschaft, die zu Jesus hält.

Dann passiert das Schreckliche: Jesus wird gekreuzigt. Sie sind niedergeschmettert und wissen nicht, ob Sie vielleicht einem falschen Propheten nachgelaufen sind, ob das Böse gesiegt hat und das Reich Gottes im Keim erstickt wurde. Aber durch die Auferstehungserfahrung wird Ihnen klar: Gott hat diesen Menschen Jesus nicht allein gelassen. Die frohe Botschaft, die er verkündet hat, war nicht eine Täuschung. Und nun versuchen Sie diese ganzen Erfahrungen mit Jesus – sein Leben, seine Predigten, seinen Tod und seine Auferstehung – irgendwie zu deuten. Als Jude fallen Ihnen viele Stellen aus dem Alten Testament ein. Von diesem Hintergrund her deuten Sie Jesus als den Christus, als den Heiland und Messias. Weil durch diesen Jesus für Sie am deutlichsten offenbar und deutlich geworden ist, wie Gott ist und wie Gott mit seiner Gnade und Güte die Menschen führt, fassen Sie diese ganzen Erfahrungen und Deutungen zusammen in dem Satz: Jesus ist wirklich Sohn Gottes.

Sie sehen: Wir haben einen Weg zurückgelegt. Wir haben über Jesus Christus so geredet, dass wir mit dem Menschen Jesus begannen, so wie andere Menschen ihn erleben konnten, und am Schluss stand der Satz: Jesus ist wirklich Sohn Gottes, das Lamm Gottes, Christus.

Diesen Weg von unten, diese Art, über Jesus zu sprechen, müssten wir häufiger pflegen. Ich habe der Jugendlichen, die ihre Schwierigkeiten mit Jesus als Gottes Sohn hatte, diesen Weg von unten dargestellt. Sie konnte diesen Gedankengang mitgehen und verstand auf neue Weise Jesus Christus.

Wir können ja auch heute noch diesen Weg von unten gehen. Dabei können wir all unsere Fragen, unsere Zweifel, aber auch unsere persönlichen Sorgen, unsere Ängste, unsere tiefsitzende Suche nach dem wahren Sinn in meinem Leben mitnehmen auf diesem Weg. Dann folge ich der Einladung Jesu: Komm und siehe! Dieser Satz gilt nicht nur den Jüngern damals. Auch wir dürfen mit Natanael keck fragen: Kann aus Nazaret etwas Gutes kommen? In unsere heutige Sprache und Situation übersetzt: Was ist das Besondere an diesem Jesus? Wie kann er eine absolut wesentliche Bedeutung in meinem Leben bekommen? Und wie Jesus können wir uns selbst darauf antworten: Komm und siehe! Lese die Gleichnisse und schaue, was sie in deinem Leben bedeuten könnten, wie sie dein Denken über Gott verändern! Schaue auf die Erfahrungen der Jünger, die sowohl den Tod Jesu erlebten als auch danach von Gott selbst erfuhren, vielleicht so ähnlich wie große Mystiker eine Gotteserfahrung hatten, dass Jesus auferstanden ist und bei Gott lebt. Wer diesen Weg von unten gegangen ist, kann vielleicht überzeugter zuletzt sagen wie Natanael: Rabbi, du bist der Sohn Gottes!

Christologie von oben In der Liturgie, und besonders in der Weihnachtszeit, benutzen wir sehr oft den Weg von oben, um über Jesus zu reden. Der Satz „Gott wurde Mensch, Jesus ist Sohn Gottes" steht am Anfang ganz selbstverständlich da. Diese Redeweise, dieser Weg von oben ist richtig und legitim, besonders in der Liturgie.

Dieser Weg von oben lässt uns etwas im Glauben erahnen, ja erkennen: Dass Gott von Anbeginn diese Welt so sehr geliebt hat, dass er seine Geschichte mit dieser Welt in einer Menschwerdung gipfeln wollte, um seine erhabene, alles umgreifende und durchdringende Liebe zu offenbaren in seinem Sohn Jesus Christus!

Aber er muss immer neu von einem Weg von unten gestützt und ergänzt werden. Das betont auch Karl Rahner ganz deutlich![36] Ansonsten werden schnell unsere Sätze über Jesus unverständlich, allgemein und abstrakt. Sie werden dann als leere Formeln gehört.

Jedoch die Spannung bleibt. Wir brauchen beide Wege! Sie lassen sich nicht zu einem synthetisieren. Rahner begründet diese unhintergehbare Differenz damit, dass wir Menschen selbst sowohl geschichtlich als auch metaphysisch veranlagt sind. Diese Spannung ist auch kein Ärgernis, vielmehr eine Quelle für die immer neue Auseinandersetzung mit Jesus Christus!

Der eine Sohn und die vielen Kinder Gottes Zuletzt dieser Gedanke: Der Weg von unten leuchtete der Jugendlichen ein, und half ihr weiter. Aber sie erwiderte: Wir haben doch alle einen göttlichen Funken in uns. Wir sind doch alles Söhne und Töchter Gottes. Das stimmt. Aber bei den meisten Menschen ist der göttliche Funken verdeckt, stärker oder weniger stark. Wie ist aber ein Mensch, dessen göttlicher Funke nicht verdeckt ist, dessen göttlicher Funke die ganze Person durch und durch prägt, ein Mensch, der sein ganzes Leben aus diesen göttlichen Funken heraus gestaltet?! Jesus ist für uns Christen der Mensch, bei dem das in unvergleichlicher Weise der Fall ist. Er ist das volle Sakrament der Liebe Gottes, völlig durchlässig für die Gnade Gottes. Johannes der Täufer muss das gespürt haben. Bei diesem Menschen Jesus prägt der göttliche Funke die ganze Person. Und so sagt Johannes zu seinen anderen zwei Jüngern: Seht, das Lamm Gottes!

Gehen wir regelmäßig den Weg von unten zu Jesus und wir werden ähnlich wie Johannes bekennen können: Seht, das Lamm Gottes! Aber das wird bewirken, dass der göttliche Funke in uns mehr zur Geltung kommt. Verbinden wir uns mit Christus, schauen wir auf ihn, dann kommt unser eigener göttlicher Funke in uns mehr und mehr zum Vorschein und prägt unser Leben.

3. Sonntag im Jahreskreis: Paulus nach Alain Badiou

1 Kor 7,29-31
1997 erschien ein Buch über Paulus – geschrieben von einem französischen Philosophen, einem Atheisten namens Alain Badiou. Wer dieses Buch liest, bekommt neue Einsichten in das Denken des Apostels Paulus. Einige Lesefrüchte möchte ich präsentieren.
Badiou ist fasziniert von Paulus, weil ein Ereignis, die Begegnung mit dem Auferstandenen, ihn seiner Identität beraubte und er herausgefordert war, sich radikal neu zu verstehen. Christus ist in das Leben von Paulus plötzlich eingebrochen. Die Begegnung mit Christus war ein Ereignis, das sein Denken komplett umänderte. So wurde Paulus Apostel Christi.
Ein Apostel ist kein Philosoph und kein Prophet. Ein griechischer Philosoph versucht die Ordnung des Kosmos zu erkennen. Der jüdische Prophet schaut auf die Ausnahmen in dieser Ordnung, die Zeichen, die auf die Transzendenz Gottes verweisen. Und der Apostel? Paulus selbst: Juden fordern Zeichen, Griechen fragen nach Weisheit, wir aber predigen den gekreuzigten Christus. 1 Kor 1,23f
Die Griechen wie die Juden gehen von Herrschaft und Macht aus. Die Christen aber beginnen mit dem Kleinen und Ohnmächtigen „Und das Niedrige in der Welt und das Verachtete hat Gott erwählt: das, was nichts ist, um das, was etwas ist, zu vernichten, damit kein Mensch sich rühmen kann vor Gott." 1 Kor 1,28f
Die Ohnmacht führt zur Gnade, der Wegfall aller Sicherheiten führt zu Vertrauen auf Jesus Christus allein. Denn seine Auferstehung ermöglicht neuen Sinn, Sieg über den Tod. Seine singuläre Auferstehung führt zur universalen Auferstehung.
Die Auferstehung ermöglicht eine Neustrukturierung der Person. Paulus hat dies selbst an sich erlebt. Diese Neustrukturierung ist ein Prozess, wo man zwischen Altem und

Neuem auch hin und her gerissen sein kann. Aber die Gnade wandelt uns um.

Das Alte ist: Ich befolge Regeln, um zu Gott zu kommen! Paulus nennt das „unter dem Gesetz sein" oder Weg des Fleisches. Das schafft auch Abgrenzung, z. B. grenzte sich das jüdische Volk gegenüber anderen Völkern durch seine Gesetze ab. Beschneidung, Speisegesetze, der Sabbat trennten die Juden von anderen Völkern. Das Neue ist: Ich glaube an die Gnade! Es ist der Weg des Geistes, durch die Gnade mehr und mehr Mitarbeiter Gottes (1. Korinther 3,9) zu werden.

Als-ob-nicht-Haltung In unserer heutigen Lesung lädt uns Paulus zu diesem Wandel ein. Paulus lädt uns ein, in einer besonderen Haltung zu leben. In der als-ob-nicht-Haltung. Zum Beispiel: Habe etwas, als ob du es nicht hast. Benutze die Welt, als ob du sie nicht nutzt. Damit lädt uns Paulus zu einer Gewichtsverlagerung ein. Normalerweise haben die meisten Menschen ihr Standbein in der Welt, sie vertrauen ihren Versicherungen und richten sich ganz mit ihrem Leben und ihr Eigentum ein – und ab und zu beschäftigen sie sich mit Gott oder der Ewigkeit. Mit der als-ob-nicht-Haltung lädt uns Paulus ein, unser Standbein auf Gott zu setzen und nur noch mit dem Spielbein in der Welt zuhause zu sein.

Paulus, Hegel, Nietzsche Der Philosoph Alain Badiou setzt Paulus Hegel entgegen: Hegel denkt dialektisch. Erst die These, dann das Gegenteil die Antithese, das treibt zur Synthese. So ist der Tod für Hegel nur Durchgang zu Auferstehung. Auferstehung ist Synthese, Negation der Negation. Es gibt keine wesentlich erlösende Funktion des Leidens und des Martyriums. Für Paulus bedeutet nach Badiou der Kreuzestod: Christus solidarisiert sich mit unserer innersten menschlichen Zerrissenheit, er geht ganz in sie hinein. Damit ist die vermeintliche Trennung zu Gott aufgehoben: Gott selbst wird dem zerrissenen Menschen ganz nahe. Und genau an diesem Ort des Kreuzes geschieht die Auferstehung!

So kritisiert Badiou auch Nietzsche, der Paulus zum Priester macht, der einen Hass auf das Leben hat. Jedoch übersieht Nietzsche: die Hölle wird in der Paulinischen Predigt nirgends erwähnt. Paulus predigt keine Furcht sondern Mut: Tod, wo ist dein Sieg? Nietzsche und Paulus sind keine Gegner sondern ähnliche Rivalen. Dasselbe Verlangen, eine neue Epoche der Menschheitsgeschichte einzuleiten, dieselbe Überzeugung, der Mensch in seiner Zerrissenheit könne überwunden werden, dieselbe Gewissheit, dass mit der Schuld und mit dem Gesetz Schluss gemacht werden müsse. Dieselbe manchmal brutale Mischung aus Heftigkeit und heiliger Sanftheit, dieselbe Empfindlichkeit, dieselbe Gewissheit persönlicher Auserwähltheit. Und schließlich dieselbe Universalität der Adresse: das geht alle Menschen an![37]

Jenseits der Teilungen Der Auferstandene ist der, der uns alle zu Söhnen macht. Darum werden die Differenzen zwischen den Menschen durch die Auferstehung Christi verändert. Weder Jude noch Grieche, weder Frau noch Mann, weder Sklave noch Freie! Es gibt einen Gott für alle. Das Eine gibt es nur, wenn es für alle da ist. Das Gesetz bezeichnet jedoch für Paulus immer eine Teilgruppe, die sich an das Gesetz hält – somit entsteht ein Unterschied, eine Einteilung, eine Hierarchie. Die Gnade geht über die starren Einteilungen des Gesetzes immer hinaus. Gesetze schaffen innere Zerrissenheit: denn ich tue nicht, was ich will; sondern was ich hasse, das tue ich. Wenn ich aber das tue, was ich nicht will, so gebe ich zu, dass das Gesetz gut ist. (Römer 7) Der Buchstabe des Gesetzes trennt uns von unserer eigenen Lebendigkeit. Das ist Absonderung, Sünde.

Gibt es dann gar keine Gesetze bei Paulus? Ist dann alles erlaubt, wie einige Korinther glaubten. Es scheint paradox zu sein. Einmal sagt Paulus: 1. Christus ist das Ende des Gesetzes, Römer 10,4. Dann sagt er: 2. So ist nun die Liebe des Gesetzes Erfüllung, Römer 13,10. Die Lösung des scheinbaren Widerspruches ist:

Die Liebe ist das neue Gesetz, das der Universalität nicht widerspricht! Die Liebe schließt nicht aus. Wer der Liebe folgt, ist nicht innerlich zerrissen, wie es Paulus im Römerbrief beschrieben hat. In der Liebe findet sich die lebendige Einheit von Denken und Handeln wieder. Die Liebe ist Gesetz jenseits des Gesetzes. Dazu gehört das öffentliche Bekenntnis: Man muss weiter erzählen, wovon das Herz voll ist. Der Glaubende bekennt öffentlich, dass die vom Gesetz verursachte subjektive Zerrissenheit nicht die einzige möglich ist. Und: Der Glaube ist nur kraftvoll, wenn er durch die Liebe tätig ist. (Gal 5,6)[38] Etwas kompliziert ausgedrückt: Die Vielzahl der Gesetze wird reduziert auf eine einzige, positive, bejahende nicht objektbezogene Maxime, die nicht durch eine Überschreitung eines Verbotes innerlich zerreißt.

Weil Christus auferstanden ist, kann ich mich auch selbst lieben, denn Gott selbst hat sich mit all meiner Zerrissenheit solidarisiert und mich zu neuem Leben geführt. Diese Wahrheit ist nicht partikulär sondern universal. Die Liebe macht die Wahrheit von der Auferstehung kraftvoll und bezieht die Erlösung auch auf meinen Mitmenschen.

Liebe allein ist Leben der Wahrheit, Freude der Wahrheit, setzt den Glauben wirklich um und umfasst alle Menschen, ist wirklich universal. Für diesen Weg der Liebe braucht es Geduld und **Hoffnung**. In der Hoffnung spüren wir: Es ist sinnvoll, zu glauben und zu lieben.[39] Nochmal: Paulus argumentiert nie mit der Hölle! Wenn man mit der Hölle argumentiert, dann ist die Legitimierung des Glaubens und der Liebe durch die Hoffnung rein negativ. Die Hoffnung ist dann von Hass auf die anderen, von Ressentiment durchzogen. Dann allerdings ist die Hoffnung schwer vereinbar mit einer universalen Versöhnung in Liebe.

Universalität heißt nicht, dass man die Unterschiede ignorieren oder missachten dürfte. In der Welt gibt es Unterschiede. Aber wer universal ausgerichtet ist wie der Apostel der Völker Paulus, der muss das Wahre auf verschiedene Weise weitergeben, er muss

„inkulturieren". Er darf die Differenzen und Gebräuche nicht verteufeln, sondern er muss sich ihnen anpassen, so dass durch sie hindurch und in ihnen sich die Wahrheit entfaltet.[40]
Paulus ist genial darin, einerseits an seinen Prinzipien absolut treu festzuhalten und andererseits im partikularen sehr flexibel zu sein. Den Juden bin ich geworden wie ein Jude; den Schwachen bin ich geworden ein Schwacher, auf dass ich die Schwachen gewinne. 1. Kor 9,19-22
Die Differenzen lassen sich nur überwinden, wenn man mit Wohlwollen und Gelassenheit gegenüber den Gebräuchen und Meinungen auftritt. Daher finden wir bei Paulus ein Misstrauen gegenüber jeder Regel, jedem Ritus, das dem Christentum wieder seine Universalität rauben könnte. Denn was Paulus nicht will, dass wir uns gegenseitig kritisieren und richtend über den anderen stellen. Vgl. Römer 14,10-13. Das wäre gegen das Gesetz der Liebe!

4. Sonntag im Jahreskreis: Dämonen und die anonyme Alkoholiker

Mk 1,21-28
Ein Mann, der von einem unreinen Geist besessen ist, wird von Jesus geheilt. Unreiner Geist, ein Dämon – damals glaubten Menschen daran, aber heute? Gibt es in unserer Welt Dämonen? Im Fernsehen laufen jedenfalls genügend Filme über Dämonen. Die Filmemacher können ihre ganze Technik einsetzen, um irgendwelche seltsame gruselige Wesen auftreten zu lassen. Mit solchen Filmen wird das Problem, das die Menschen damals mit Dämon bezeichnet haben, überhaupt nicht erfasst.
Denn es gibt keine frei herumlaufenden Dämonen, die wir nicht sehen. Wenn es irgendetwas gibt, das wir als dämonisch bezeichnen können, dann ist es in uns, in unserer Seele, eben ganz dunkle Bereiche unserer Seele.
Wie das Dämonische in einem Menschen voll zum Ausbruch kommen kann, das kann man wohl am besten bei Adolf Hitler sehen. Wenn wir uns von alten Fernsehaufzeichnungen her noch einmal bewusst machen, mit welcher Kraft und Gewalt Hitler reden konnte - ja das war: dämonisch. Zwei Dichter des 19. Jahrhunderts haben sehr gut das Dämonische beschrieben:
Goethe: „Am furchtbarsten aber erscheint dies Dämonische, wenn es in irgendeinem Menschen überwiegend hervor tritt. Während meines Lebensganges habe ich mehrere teils in meiner Nähe, teils in der Ferne beobachten können. Es sind nicht immer die vorzüglichsten Menschen, weder an Geist noch an Talenten, selten durch Herzensgüte sich empfehlend; aber eine ungeheure Kraft geht von ihnen aus, und sie üben eine unglaubliche Gewalt über alle Geschöpfe, ja sogar über die Elemente, und wer kann sagen, wie weit sich eine solche Wirkung erstrecken wird? Alle vereinten sittlichen Kräfte vermögen nichts gegen sie; vergebens, dass der hellere Teil der Menschheit sie als Betrogene oder als Betrüger verdächtig machen will, die Masse wird von ihnen

angezogen."[41] Obwohl über 100 Jahre vorher geschrieben ist das eine sehr gute Beschreibung von Hitlers Wirkung.

Der zweite große Dichter **E. T. A. Hoffmann** lässt in einer seiner Geschichten den Magnetiseur Alban auftreten. Auch er strahlt eine dämonische Macht und Wirkung aus. Hoffmanns dämonischer Magnetiseur verzaubert, indem er das ganze bisherige Universum von Sinn und Moral entzaubert. An die Stelle der Sinngebung des Lebens tritt die Lust an der Macht. Alle Existenz ist Kampf und geht aus dem Kampf hervor. Das ist das Motto von Alban. Der Magnetiseur kann so mächtig werden, weil er vollkommen enthemmt ist.

Dunkle Tendenzen Das sind extreme Beispiele. Aber in uns allen stecken dunkle Tendenzen. Die Psychologie bezeichnet sie oft als verdrängtes Unbewusstes oder als Schatten. In der biblischen Zeit oder bei den Kirchenvätern wurden diese dunklen Tendenzen als Dämonen in uns bezeichnet.

In Faust II lässt Goethe als Kumpanen des Faust Raufebold, Habebald (begleitet von Eilebeute) und Haltefest auftreten. Sie helfen ihm im Krieg. Gerade in dieser Ausnahmesituation zeigen sich diese drei menschlichen Leidenschaften: Raufebold verkörpert die nackte Gewalt, Habebald steht für die Habgier und Haltefest für den Geiz. Folglich: Dämonen gibt es, richtig verstanden, auch heute.

Befreiungsweg der Anonymen Alkoholiker Aber wie können wir von den Dämonen in uns befreit werden? Gibt es auch heute Befreiungserfahrungen, wie es das Evangelium uns erzählt? Ja, solche Erfahrungen gibt es! Zum Beispiel die 12 Schritte der anonymen Alkoholiker sind ein Leitfaden, um die Entwicklung einer solchen Befreiungserfahrung aufzeigen zu können.

Um das Wichtigste gleich vorwegzunehmen: Entscheidend ist das Eingeständnis der eigenen Ohnmacht und die Hingabe an eine höhere Macht, das heißt an die Gnade Gottes.

Erster Schritt: Der Süchtige gibt zu, dem Alkohol gegenüber machtlos zu sein. „Ich bin dem Dämon Alkohol verfallen."

Schluss mit den Ausreden und den Illusionen, man habe alles im Griff.
Zweiter Schritt: Der Süchtige bekennt deutlich, „dass nur eine Macht, die größer ist als wir selbst, uns wieder gesund machen kann".
Dritter Schritt: Wenn eine höhere Macht, die Gnade Gottes allein mich gesund machen kann, muss ich mich ihr anvertrauen.
Der vierte Schritt besteht in einer gründlichen Lebensrückschau, einer ausführlichen Gewissenserforschung.
Im fünften Schritt geschieht etwas Ähnliches wie in einem Beichtgespräch. Im Kreis der anonymen Alkoholiker gesteht der Süchtige sich selbst, der höheren Macht und den anderen die Verfehlungen seines bisherigen Lebens ein.
Im sechsten und siebten Schritt drückt er demütig die Bereitschaft aus, sich durch die höhere Macht läutern zu lassen. Es ist die Bitte um Gnade, ähnlich der Versöhnungsbitte in der Beichte.
Im achten Schritt erstellt man eine Liste aller Personen, die man verletzt hat und erklärt sich bereit, was möglich ist, wieder gut zu machen.
Im neunten Schritt wird nüchternes und realistisches Umsetzen angemahnt: „Wo immer möglich, haben wir diese Menschen entschädigt, es sei denn, sie oder andere würden dadurch verletzt."
Der menschenmögliche Beitrag zur eigenen Genesung ist in diesen neun Schritten geleistet. All diese Schritte werden im ständigen Bewusstsein vollzogen, dass nur die Gnade Gottes letztlich das Gelingen ermöglicht.
Die folgenden drei Schritte sind Handreichungen, - im Vertrauen auf die Gnade Gottes – das Eigene im Alltag zu tun, um sich weiter gut zu entwickeln und das eigene seelische Haus nicht wieder zerfallen zu lassen.[42]
Stellen wir uns vielleicht zu wenig unseren eigenen Dämonen?
Die Zahl der Beichten hat in den letzten Jahren rapid abgenommen. Das heißt aber nicht, dass Menschen andere Wege

finden, um sich ehrlich ihren dunklen Seiten und ihrer Ohnmacht zu stellen. Die 12 Schritte der Anonymen Alkoholiker zeigen, dass sie die spirituelle Tiefe einer wirklich ernsthaft vollzogenen Gewissenserforschung, wie sie z. B. in Exerzitien manchmal durchgeführt werden, auf ihre Weise erreichen.
Zwei provozierende Fragen stellen sie uns damit:
Stellen wir uns wirklich unseren eigenen inneren Dämonen oder verharmlosen wir sie noch und wollen ihre zerstörerische Macht und Wirkung nicht wahrhaben?
Können wir in unseren eigenen spirituellen Traditionen, in der Beichte und in der Gewissenserforschung, wieder Wege entdecken, um die befreiende Gnade, die Jesus Christus uns zuteilwerden lassen möchte, wirklich zu erfahren?

5. Sonntag im Jahreskreis: Der Mensch ist Geist und Körper

Mk 1,29-39
Stellen Sie sich vor: Sie sehen eine Bühne, das Bühnenbild. Sie können sogar hinter die Bühne gehen und die ganze Technik untersuchen. Sie können auch der Betriebsamkeit der Techniker und Bühnenarbeiter zuschauen. Ebenso können Sie teilweise die Schauspieler sehen, wie sie auftreten, wie sie sich bewegen usw. Aber Sie hören nichts. Sie hören keinen Text, keinen Dialog, keine Kommunikation auf der Bühne. Können Sie dann herausfinden, welches Stück gerade gespielt wird?
Nur schwer! Sie müssen sich schon sehr gut mit Dramen auskennen. Wenn das Stück sehr modern interpretiert wird, ist es auch einem Experten des Schauspiels unmöglich, das Stück zu erraten.
Genauso geht es dem Gehirnphysiologen und Neurobiologen: Er kann Aktivitäten in den verschiedenen Bereichen des Gehirns feststellen. Er kann dann aus seinem Wissen heraus auch sagen, ob der Proband gerade z. B. Angst hat. Aber wovor er Angst hat, welcher Satz ihm gerade durch den Kopf schießt, welches Bild er gerade vor seinen inneren Augen sieht, welche Erinnerung ihm gerade hoch kommt, kann der Wissenschaftler nicht aus seinen Messungen von Gehirnströmen herauslesen. Dafür muss er immer noch ganz menschlich den Probanden befragen, mit ihm sprechen.
Unreduzierbar Fazit? Unsere Gedanken, Gefühle und Empfindungen, unsere Werte, Erinnerungen, Haltungen und kulturellen Prägungen können wir nicht auf Gehirnströme reduzieren. Gedanken und Gefühle sind mehr als nur Hormonausschüttung und elektrische Erregungen zwischen Gehirnzellen.
Es braucht diese materiale Basis. Genauso braucht es Bühnentechnik, Requisiten und Kostüme. Aber die Inhalte

unseres Geistes entsteht nicht durch unsere Gehirnzellen und Hormone sondern durch unsere Interaktionen: Was wir mit anderen Menschen erleben, was wir lesen, hören und sehen, was wir erleben und wie wir darauf reagieren und handeln. Dass ich mich über meinen Nachbarn ärgere, weil er schon zum dritten Mal meine Garage zugeparkt hat, kann ein Gehirnscann nie herausbekommen. Er kann nur meinen Ärger feststellen.
Geist beeinflusst Körper Das Geistige lässt sich nicht auf physiologische Prozesse reduzieren. Jedoch hat unsere geistige Welt Einfluss auf unsere körperliche Situation und Gesundheit. Jesus heilte Menschen an Körper und Geist. Er holte sich Kraft im Gebet zu seinem Vater. An dieser Praxis erkennen wir, dass Körper und Geist für Jesus aufeinander bezogen sind, zusammengehören und sich gegenseitig beeinflussen. Gerade das Geistige wirkt auf das Körperliche. Das wusste Jesus. Er heilte erst das Geistige, die Beziehung zu Gott und zu sich selbst, dann konnte auch der Körper heilen. Deswegen sagt Jesus ja auch oft bei Wunderheilungen: Deine Sünden sind dir vergeben. Gebete können Krankheiten heilen.

Die klassische westliche Medizin und die Naturwissenschaften haben die letzten drei Jahrhunderten so stark unser Denken geprägt, dass wir diese Wirkrichtung, vom Geist auf den Körper, vergessen, verdrängt oder für unwissenschaftlich erklärt haben. Aber immer mehr erkennt die Medizin, dass sie psychosomatisch denken und arbeiten muss. Und psychosomatisch heißt nichts anderes als: Die Beeinflussung geht in beide Richtungen. Körper und Geist beeinflussen sich gegenseitig. Man hat nicht nur hohen Blutdruck, weil im Körper sich die Gefäße enger machen, sondern auch, weil die Person im Alltag Stress empfindet.

Für den Christen und den christlichen Glauben ist es immens wichtig, dass das Geistige nicht auf Körperliches total reduziert wird, dass das Geistige nur als subjektive Illusion angesehen wird, dass wir Menschen letztlich zu einem nur biochemischen System herabgestuft werden.

Wie hängen Geist und Körper zusammen? In der Philosophie nennt man das Leib-Seele-Problem! Schon viele Philosophen, Mediziner, Biologen usw. haben sich darüber die Köpfe zerbrochen und heftig miteinander gestritten. Eine Lösung kann ich hier natürlich nicht anbieten. Aber ich finde interessant, dass die Theologie sich von der Struktur her mit einem ähnlichen Problem herumgeschlagen hat und dabei einen gewissen Konsens gefunden hat. Ich meine die zwei Naturen Jesu Christi.
Jesus Christus ist wahrer Mensch und wahrer Gott, unvermischt und ungetrennt – so hat man sich im Konzil von Chalcedon im Jahr 451 geeinigt, nach Jahrzehnten intensiver Streitigkeiten. So könnte man auch das Verhältnis von Körper und Geist formulieren: Körper und Geist gehören unvermischt und ungetrennt zusammen.
Mit dieser These sind verschiedene Vorstellungen verworfen: Der Geist kann nicht auf biochemische Zusammenhänge reduziert werden. Das wäre quasi ein Mono-physitismus, eine Reduzierung der zwei Pole auf eine Natur. So wie bei Jesus Christus die menschliche Natur in der göttlichen Natur nicht verschwindet und aufgeht, wie zum Beispiel ein Süßwassertropfen im Meer aufgeht, sowenig kann man den Geist vollständig durch Biochemie und Gehirnphysiologie erklären.
Aber Geist und Körper sind auch nicht streng zu trennen, als ob sie zwei getrennten Welten angehören würden. Der Philosoph Descartes hat Geist und Körper streng getrennt. Aber gerade die psychosomatischen Krankheiten zeigen ja, dass Geist und Körper eng miteinander verknüpft sind und sich gegenseitig beeinflussen. Man sollte also Geist und Körper nicht völlig vermischen aber auch nicht völlig trennen: Eben unvermischt und ungetrennt – wie Chalcedon sagt.
Haben nur wir Menschen Geist? Der Philosoph Patrick Spät hat mit seinem gut verständlichen Buch „Der Mensch lebt nicht vom Hirn allein" eine Antwort auf diese Frage gegeben, die an Philosophien von Henri Bergson, Alfred North Whitehead und

Hans Jonas anknüpft. Viele philosophische Fragen klären sich, wenn wir annehmen, dass Geist eigentlich überall gegenwärtig und wirksam ist. Das passt sehr gut zu unserem christlichen Schöpfungsglauben. Der Heilige Geist hat alles erschaffen und erhält und durchwirkt alles Geschaffene. Aber das Geistige erscheint verschieden stark, offenbart sich verschieden stark. Umso komplexer auf der Außenseite das lebendige System ist, umso mehr Geist offenbart sich dabei. Sogar Pflanzen sind keine mechanischen Automaten, sondern sie zeigen eine gewisse „Pflanzenintelligenz", eine gewisse Fähigkeit, Probleme zu lösen.[43] Akazienbäume wehren sich mit Giftstoffen gegen ihre Fressfeinde, Pflanzen nehmen aktiv ihre Umwelt wahr und können sogar mit Gerüchen miteinander kommunizieren und Weinreben beginnen bei Mozart oder Vivaldi Musik schneller zu reifen und haben nach der „Musikbehandlung" süßere Trauben. Graduell mehr Geist zeigt sich bei Tieren und noch mal eine Stufe mehr Geist offenbart sich bei den Menschen. Der Aufbau der Natur macht in dieser Philosophie keine Sprünge, die die Natur in getrennte Bereiche aufteilt. Wir sind vielmehr eingebettet in die Zusammenhänge der Schöpfung, haben aber – gerade weil sich bei uns am meisten Geist verwirklicht – auch die entscheidende Verantwortung für die Tiere und Pflanzen, für die verschiedenen Ökosysteme, in denen wir leben und von denen wir leben.

Folgerungen Was würde passieren, wenn sich bei vielen Menschen diese Vorstellung von Geist und Materie durchsetzen würde? Wahrscheinlich würde es ihre Haltung zu sich selber und zur Natur verändern: Sie wären sensibler für ihren Körper, würden vielleicht bewusster ihre Freiheit gestalten und wären respektvoller den Tieren und Pflanzen gegenüber. Sie wären vielleicht dankbarer gegenüber einem Schöpfer, der sie mit Geist und Körper geschaffen hat, denn auf verschiedene Weise verweist beides auf den einen Ursprung, aus dem alles kommt. Und es lädt uns alle ein, dass wir uns auf den Geist Jesu ausrichten. Denn bei ihm wird alles heil: Unser Geist und unser Körper.

6. Sonntag im Jahreskreis: Orte und Zeiten im Markusevangelium

Mk 1,40-45
Wir haben zurzeit das Lesejahr B, in dem die meisten Evangelientexte aus dem Markusevangelium kommen. Deswegen möchte ich Ihnen heute einen Überblick über dieses Evangelium geben und Ihnen ein wenig die Besonderheit dieses Evangeliums näher bringen. Dafür werden wir unsere Aufmerksamkeit besonders auf die Orte und Zeiten des Evangeliums richten.

Es ist wie in einem guten Kinofilm: die Atmosphäre wird durch Ort und Zeit geschaffen. Wenn die Hauptpersonen zum Beispiel bei einem Horrorfilm nachts langsam über einen Friedhof laufen müssen, dann ist ängstliche Spannung vorprogrammiert. Und wenn bei einem Thriller die Bilder schnell wechseln, während der Detektiv den Gangster mit dem Auto verfolgt, dann werden wir in Aufregung versetzt.

Orte Mit ähnlichen Mitteln arbeitet Markus in seinem Evangelium. Beginnen wir mit den Orten. Die ersten acht Kapitel finden in Galiläa statt. Dann macht sich Jesus auf dem Weg nach Jerusalem. Die letzten Kapitel sind seiner Zeit in Jerusalem gewidmet. Dass diese Gliederung nicht so selbstverständlich ist und mehr mit bewusster Komposition des Evangelisten als mit historischen Fakten zu tun hat, zeigt der Vergleich mit dem Johannesevangelium: Dort wechselt Jesus regelmäßig zwischen Jerusalem und Galiläa hin und her, immer wieder geht er bei einem Fest nach Jerusalem.

Galiläa und Jerusalem sind nicht nur einfach zwei verschiedene Orte für Markus. Es sind gegensätzliche Orte: Hier der Provinzwinkel Galiläa, dort das Zentrum mit dem Tempel. In Galiläa kann Jesus mit großem Eifer wirken. Er kann Dämonen austreiben, Wunder wirken, die frohe Botschaft verkünden. Und von überallher kommen die Leute begeistert zu ihm. In Jerusalem dagegen hat er Streitgespräche mit den Autoritäten, die sich bis zum unüberwindbaren Konflikt zuspitzen. Er wird an die Römer ausgeliefert und gekreuzigt.

Tempo Auch das Tempo ist komplett unterschiedlich: In Galiläa geht alles rasend schnell. Würde man das Markusevangelium verfilmen, müsste man alles, was in Galiläa passiert, mit schnellen Bildwechseln darstellen. Am deutlichsten wird das an der häufigen Verwendung des Wortes „sofort". Sofort treibt der Geist ihn hinaus. Sofort folgten sie ihm. Sofort rief er sie. Sofort lehrte er. Sofort ging der Aussatz weg. Die Ausbreitung der frohen Botschaften ist unaufhaltsam. So wie es Jesus in seinem Gleichnis von der Saat erzählt: Trotz aller Widerstände wächst diese Saat und bringt unerwartet viel Ernte hervor.

Dann macht sich Jesus auf den Weg nach Jerusalem. Dreimal auf diesem Weg wird er sein Leiden ankündigen. Und dreimal werden seine Jünger nicht richtig verstehen, was er damit meint. Dieser äußerliche Weg nach Jerusalem steht für den inneren Lebensweg Jesu. Jesus weiß, dass sein Lebensweg darin besteht, das Kreuz anzunehmen und damit das Böse von innen her zu überwinden. Indem er auf Jerusalem zugeht und versucht, mit seinen Jüngern darüber zu sprechen, begibt er sich immer mehr in die Hingabe an den Willen seines Vaters.

Auf dem Weg nach Jerusalem spricht er mit den Jüngern auch über Nachfolge: Wer mein Jünger sein will, der nehme sein Kreuz auf sich und folge mir nach. Die Jünger werden den Weg des Kreuzes als Weg Gottes erst verstehen, wenn sie selber ihr Kreuz auf sich nehmen und Jesus nachfolgen. Dazu haben sie aber erst nach Ostern den Glauben und die Kraft.

Jerusalem scheint bei Markus nur aus Machtzentralen zu bestehen: der Tempel, der Hohe Rat, das Prätorium. Daneben nur wenige Schauplätze, die aber nicht im Stadtgebiet liegen: der Ölberg, Getsemani, Golgota und das Grab. In den anderen Evangelien erzählt Jesus auch in Jerusalem Gleichnisse und kann Wunder heilen - nicht bei Markus. Jesus ist bei Markus ständig mit Streitgesprächen mit den Pharisäern und Schriftgelehrten beschäftigt. Natürlich fällt er auf durch die Tempelreinigung. Jesus wohnt mit seinen Jüngern bei Markus anscheinend ganz bewusst in Betanien: nicht in der Stadt der Machthaber, sondern bei den Menschen am Rand wie z.B. bei Simon dem Aussätzigen. Die Passionsgeschichte wird in Zeitlupe erzählt. Plötzlich kommen sogar konkrete Stundenangaben vor. Der letzte Tag Jesu wird dadurch dichter und dichter. Wenn man Markus verfilmen wollte, müsste man sich für den letzten Tag sehr viel Zeit lassen. Es wird immer deutlicher: Hier passiert das Wesentliche! Der römische Zenturio erkennt: Wahrhaft, dieser Mensch war Sohn Gottes! Zu diesem Glauben möchte das Markusevangelium hinführen. Deswegen das langsame Erzähltempo für den Todestag Jesu.

Wüste und Grab Zwei Orte fehlen uns noch: Das Evangelium beginnt mit der Wüste und endet beim Grab Jesu. Wüste und Grab sind der äußere Rahmen um das Markusevangelium. Beide sind lebensfeindliche Orte. In der Wüste können gefährliche Wildtiere den Menschen angreifen oder der Satan ihn in Versuchung führen. Die Gräber sind Räume für die Toten, die als unrein gelten, und gleichzeitig Wohnorte von Dämonen und unreinen Geistern. Wüste und Grab stehen symbolisch für chaotische Todesmächte. Aber Jesus besiegt zu Beginn diese Mächte in der Wüste. Die wilden Tiere der Wüste können ihm nichts antun und er überwindet die Versuchung des Satans. Und am Ende des Evangeliums wird er von seinem Vater zu neuem Leben auferweckt. Das Grab ist leer!

Welche Bedeutung insgesamt hat nun diese Komposition von Markus, diese Anordnung der Orte, diese verschiedenen Erzählgeschwindigkeiten? Wir als Leser oder als Zuschauer des Films „Markusevangelium" sollen hineingezogen und innerlich herausgefordert werden.

Das Evangelium endet damit, dass die Frauen das leere Grab entdecken und ein Engel ihnen mitteilt, dass Jesus auferstanden ist. Gerade dieses offene Ende lässt nochmal alle entscheidenden Fragen in uns hochkommen: Glaubst du wie der römische Zenturio, dass Jesus wahrhaft der Sohn Gottes ist? Willst du ihm nachfolgen und dein Kreuz auf dich nehmen? Vertraust du darauf, das dann Gottes Macht bei dir ist und stärker ist als alle Dämonen und der Tod? Glaubst du, dass das Reich Gottes wirklich angebrochen ist mit Jesus Christus und in deinem Leben weiterwachsen soll? **Das offene Ende fordert uns heraus, Christus nachzufolgen.**[44]

7. Sonntag im Jahreskreis: Das Reich Gottes im Zwischenmenschlichen, im Werden und in der Minorität

Mk 2,1-12

Jesus predigte uns das anbrechende Reich Gottes! Aber wo geschieht das Reich Gottes? Wie bricht es an? Und was verhindert sein Anbrechen?

Eigentlich haben wir heute eine Wundergeschichte gehört. Aber wir können an ihr erleben, wie das Reich Gottes anbricht.

Ein Gelähmter wird von vier Männern getragen. Aber der Weg zu Jesus ist versperrt. Also kommen sie auf die ungewöhnliche Idee, das Dach abzudecken. Dann wird die Begegnung mit Jesus möglich. Der Gelähmte wird geheilt.

Das Reich Gottes im Zwischenmenschlichen Ein Gelähmter wird von vier Männern getragen: Er bekommt Hilfe. Menschen arbeiten zusammen. Sie ergänzen sich. Sie stützen sich gegenseitig. Das Reich Gottes bricht also zwischen den Menschen an.

Das erinnert mich an Martin Buber, der immer neu betonte, dass der Mensch am anderen Menschen, am Du, erst Mensch werden kann. Man kann nicht allein glücklich werden. Man kann auch nicht alles alleine schaffen. Nur im Zwischen, in den Begegnungen, im gegenseitigen Ergänzen und voneinander Lernen werden wir Menschen. Im Zwischen bricht das Reich Gottes an, werden wir erfüllte Menschen.

Das Reich Gottes im Neuen Die vier Männer kommen auf die ungewöhnliche Idee, das Dach abzudecken und den Gelähmten langsam herunter zu lassen. Sie sind kreativ, durchbrechen das normale Denken und Handeln, neue Begegnung mit Jesus wird möglich. Der Gelähmte wird geheilt und kann laufen. Das Reich Gottes bricht damit an und offenbart Neues. Eigentlich Undenkbares wird möglich.

Das erinnert mich an Henri Bergson, der immer neu betonte: Neues ist möglich, es gibt Kreativität, alles ist im Werden und dabei kann unberechenbar Neues entstehen. Es ist nicht alles fest und berechenbar, wie es vielleicht die Naturwissenschaften suggerieren mögen. Gerade im Zwischen der Menschen ist Werden, Neues, Kreatives möglich. Genau da bricht auch das Reich Gottes an. Das Reich Gottes ist keine feste Ordnung, keine starre Gesellschaftsform, kein Gottesstaat. Sondern im Reich Gottes weht der Heilige Geist, der Neues hervorbringt.

Das Reich Gottes in der Minorität Der Gelähmte ist ein Außenseiter, er kommt aber durch die Hilfe der Freunde ganz nah zu Jesus. Im Reich Gottes wendet sich Gott gerade den Armen und Benachteiligten, den Ausgestoßenen zu.

Das erinnert mich an Gilles Deleuze, der betonte: Zum Werden ist nur die Minorität fähig. Die Majorität ist dazu nicht fähig.[45] Genau das erlebt ja Jesus: Die Pharisäer und Schriftgelehrten sind die Majorität, der damalige gesellschaftliche Maßstab. Was sie sagen, ist richtig, was sie tun, dürfen sie tun, weil sie ja im Recht sind. Aber das Werden des Reiches Gottes erkennen sie nicht, sie sind gefangen in ihren festen Maßstäben. Von ihrer Machtposition aus erscheint das anbrechende Reich Gottes schon fast als Gefahr. Deswegen muss Jesus Streitgespräche mit ihnen führen.

Aber die Minorität ist zum Werden fähig, zu Begegnung mit Jesus fähig, sie können das anbrechende Reich Gottes erleben: die Gelähmten, die Besessenen, die Aussätzigen, die Sünderinnen, die Zöllner. Ja sogar mancher Pharisäer verlässt sein Majoritätsdenken und wird dann fähig, in das Reich Gottes einzutreten. Die Evangelisten berichten zum Beispiel von Nikodemus, der in der Nacht Jesus aufsuchte, oder Josef von Arimathäa, der den Leichnam Jesu vom Kreuz abnahm. Vielleicht hat auch der Pharisäer Simon sein Majoritätsdenken in Frage gestellt, als Jesus, nachdem eine Sünderin ihm die Füße gesalbt hatte, die Geschichte von den zwei unterschiedlichen Schuldnern erzählte.

Wer versperrt den Weg? Was sind die Dachziegel? Manche Pflanzen haben die Kraft, zwischen zwei Betonplatten hindurch zu wachsen und sie sogar anzuheben. Das Reich Gottes ist wie diese Pflanzen, aber es gibt eben auch Betonplatten. Es gibt Menschen, die wie eine Mauer vor Jesus stehen und den Zugang zu Jesus verhindern. Es gibt Dachziegel, Holzbretter oder Stroh auf dem Dach. All das muss beseitigt werden, wenn man einen Gelähmten durch das Dach zu Jesus lassen will.

Eine spannende und wichtige Frage: Wer sind heute die Menschen, die vor Jesus stehen und Gelähmten den Weg zu ihm versperren? Was sind heute die Dachziegel und Dachbretter, die beseitigt werden müssen, dass die heutigen Gelähmten zu Jesus kommen können.

Aus dem schon Gesagten ergibt sich die Antwort: Die heutige Majorität versperrt den Weg zu Jesus. Es gibt auch heute in unseren Kirchen und in unserer Gesellschaft Pharisäer, die genau wissen, was richtig ist, die den Maßstab festlegen, die die Macht in ihren Händen halten und diese Macht als Besitz ansehen.

Und die Dachziegel und Bretter? Das kann der Unglaube sein: Neues ist nicht möglich! Alles berechenbar! Oder die Ideologie oder der Machtgedanke: Es muss so bleiben, wie wir es wollen. Es kann die Arroganz sein: Ich habe es! Und ich kann es weiter geben! Wir sind der Maßstab. Eine solche Arroganz ist blind für das Zwischen, für Begegnungen, für gegenseitiges voneinander Lernen, für Werden und Neues und Kreatives.

Und wo stehe ich? Stehe ich vor Jesus und verbaue den Weg? Oder helfe ich einem Gelähmten, zu Jesus zu kommen? Kann ich auch so ehrlich zu mir sein, in mir etwas Gelähmtes zu finden, das nur Jesus heilen kann? Welche Bretter und Ziegel muss ich in meinem Denken, in meiner Lebenshaltung beseitigen, damit das Reich Gottes anbrechen kann mit mir?

Ja das Reich Gottes, das Jesus verkündet hat, hat immer auch etwas Provokatives, etwas Herausforderndes an sich. Spätestens als das Christentum im römischen Reich Staatsreligion wurde, vergaß die Kirche, die Theologen, die Christen, dass das zentrale Thema der Botschaft der Predigt Jesu das anbrechende Reich Gottes ist. Denn das Christentum wurde die neue Majorität.

Das Provokative des Reiches Gottes immer wieder neu zu entdecken, dass es im Zwischen, im Werden, in der Minorität anbricht, - das ist unsere Aufgabe und Herausforderung!

8. Sonntag im Jahreskreis: Sacrosanctum Concilium – die Liturgiekonstitution

Mk 2,18-22
Die heutige jüngere Generation kann sich gar nicht mehr ein Leben ohne Computer, ohne Internet, ohne Handy, SMS, Facebook, Google oder Youtube vorstellen. Wenn ich Jugendlichen erzähle, dass ich meine Facharbeit Ende der 80er Jahren noch mit der Schreibmaschine geschrieben habe, dann merke ich, dass ich von einer anderen Zeit rede. In einer Zeit, in der man nicht den anderen fünf Minuten, nachdem die vereinbarte Zeit des Treffens verstrichen war, auf dem Handy anrufen konnte: Wo bleibst du denn? Ja ich bin jetzt in der Kantstraße. Ohje, dann musst du gleich rechts abbiegen usw. Diese zwei Zeiten sind durch die Computerrevolution getrennt.

So ähnlich ist es auch mit der katholischen Liturgie vor und nach dem II. Vatikanum. Nirgendwo sonst ist für die breite Öffentlichkeit die Revolution des II. Vatikanums so offensichtlich als in der Liturgie! Heutzutage ist so vieles selbstverständlich im Gottesdienst, dass das revolutionär Neue gar nicht mehr auffällt – genauso wie der jungen Generation Computer, Handy, SMS und Youtube selbstverständlich ist!

Liturgie vor dem Konzil Also beamen wir uns mal gut 50 Jahre zurück und sind Mäuschen in einem typisch vorkonziliaren Gottesdienst: Außer der Predigt alles auf Latein, nicht in der Landessprache. Kein Volksaltar sondern die Messe wurde mit dem Rücken zum Volk gesprochen.

Was taten die Gläubigen? – Latein verstanden die meisten ja nicht. In der Singmesse sang man zum Glück schöne Lieder, auf Deutsch und passend zum jeweiligen Augenblick der Messe. Aber was sollte man in der stillen Messe ohne Lieder machen? Die Frommen beteten Rosenkranz, die Gelangweilten verzogen sich auf die Empore und konnten da auch mal geheim eine rauchen und plauschen. Bei viel Weihrauch merkten das die

Frommen unten nicht. Die Fortschrittlichen lasen im zweisprachigen Schott mit. Aber das war eine jüngere Entwicklung am Vorabend des II. Vatikanums.

Und der Priester? Der las die Messe und zwar alles – nur die Ministranten klinkten sich bei gewissen Stellen mit ihren lateinischen Antworten ein. Leise las er die Messe, die Einsetzungsworte durfte er nur flüstern, damit es im Volk keiner hörte, um des Geheimnisses willen. Kein Wunder, dass der lateinische Spruch von „Dies ist mein Leib" als quasi Zauberspruch von den Leuten verstanden wurde, dem man magische Kraft zutraute. Was hörte man da immer? War es Hokuspokus? Warum muss der Pfarrer das auch immer so leise sprechen! Aber zur Kommunion ging das normale Volk selten. Man betete eher nur den Leib Christi an.

Wichtig ist nun: Die Liturgie war nicht immer so in der Kirche! Erst seit dem Trienter Konzil 1570 ist die Liturgie vereinheitlicht. Seitdem gab es nur noch ein Hochgebet und ein Messformular für alle katholischen Messen. Davor gab es eine Vielfalt von Riten. Und es gab auch mehrere Personen, die aktiv am Gottesdienst beteiligt waren: neben Priester und Ministranten auch Lektor und Kantor und Diakon, evtl. auch ein Chor.

Ist nun das Revolutionäre, dass man diese Vielfalt vor dem Trienter Konzil wieder aufgriff, die Landessprache erlaubte und einen Volksaltar einführte? Das Entscheidende der Liturgiekonstitution aus dem II. Vatikanum wäre dann noch nicht begriffen.

Regeln folgen oder einen Geist ausdrücken? Kennen Sie Malen nach Zahlen? Auf einer Leinwand sind genau die Umrisse der Farbteile eingezeichnet und dazu die Nummer der Farbe, die Sie hinein malen sollen. Aber ein großer Maler malt ganz anders. Er hat einen Eindruck, vielleicht auch eine Idee. Aus dieser Ahnung, dieser Empfindung, diesem Eindruck, evtl. ausgelöst durch eine Landschaft oder Person, malt er sein Bild.

In der Liturgie gibt es auch ein Malen nach Zahlen: Einfach wortwörtlich die Messe lesen und alle Anweisungen des Messbuches genau befolgen. Verstehen muss man davon eigentlich nichts... Hauptsache man liest genau ab und befolgt alle Anweisungen. Liturgische Unterweisungen für Priester im 19. Jahrhundert waren meistens auch nicht viel mehr als Regeln aufzählen, wie Malen nach Zahlen.

Aber liturgische Formen sind wie ein großartiges Bild, ein quasi ästhetischer Ausdruck, der einen Geist vermitteln will. Liturgie soll nicht Malen nach Zahlen sein, sondern mit dem Wissen um die innere Bedeutung und Sinn vollzogen werden. „Vom Geist der Liturgie" nennt Romano Guardini seine Schrift, die er am Osterfest 1918 vollendet hat. Er ist der bekannteste Wegbereiter der liturgischen Bewegung. Papst Pius X. selbst lud die Katholiken 1905 schon in einem Dekret dazu ein, die Kommunion regelmäßig zu empfangen, ein erster Schritt zu mehr aktiver Teilnahme. In der liturgischen Bewegung wurde konsequent nach einem neuen Verständnis von Gottesdienst gesucht und auch Neues im Vollzug ausprobiert, wie zum Beispiel ein Volksaltar. Katholiken erlebten: Wenn der Geist sich regt und Leben schafft ...

Das II. Vatikanum nahm dieses Suchen nach dem Geist der Liturgie auf und entwickelte von daher seine Liturgiekonstitution. Was ist also für das II. Vatikanum der Geist der Liturgie, aus dem sich dann die Formen ergeben müssen?

Der Geist der Liturgie in vier Punkten
Erstens: Jede gottesdienstliche Feier hat grundsätzlich zwei Bewegungen. Gott wendet sich dem Menschen zu und der Mensch antwortet. Damit hat jede Liturgie eine dialogische Struktur. Zum Beispiel im Wortgottesdienst: Wir hören das Evangelium, Jesus Christus spricht damit selbst zu uns. Gott wendet sich uns zu. In der Predigt wird die Botschaft ausgelegt, wir können das Evangelium verarbeiten. Dann antworten wir mit dem Glaubensbekenntnis und mit den Fürbitten. Diese Bewegung

ist urmenschlich, wie Einatmen und Ausatmen, und sie entspricht Gottes Handeln: Gott wird Mensch, er steigt hinab! Und die Menschheit wird durch Leben, Verkündigung des Reiches Gottes, Tod und Auferstehung Christi zu Gott emporgehoben!

Zweitens: In jedem Gottesdienst ist Jesus Christus selbst gegenwärtig, in der betenden Gemeinde, in seinem Wort, dem Evangelium, in seinen Sakramenten. Eigentlich spendet er selbst durch den Heiligen Geist jedes Sakrament. In jedem Gottesdienst feiern wir seine Gegenwart, schaffen wir Raum, seine Gegenwart zu erleben. Jeder Gottesdienst möchte Begegnung sein, Begegnung mit Jesus Christus!

Drittens: Die Gemeinde ist Trägerin des Gottesdienstes. Das Volk Gottes feiert Gottesdienst, nicht ein Priester allein. Jesus Christus will sich nicht nur einzelnen in ihrer frommen Seele mitteilen, sondern er will gerade auch in der Gemeinschaft von Gläubigen erlebbar sein. Deswegen sollen alle den Gottesdienst mitvollziehen: geistig dabei sein, zuhören und mitbeten, aber auch aktiv dabei sein können, als Lektor, Kommunionhelfer, Ministrantin, beim Kommunionempfang, beim gemeinsamen Singen im Chor usw.

Hier sieht man, dass die äußeren Veränderungen gewissermaßen Folgeerscheinungen, Konsequenzen sind. Nicht mehr Malen nach Zahlen sondern aus einem verstandenen Sinn der Liturgie her Liturgie gestalten: Dann muss die Sprache die Landessprache sein! Wenn alle aktiv feiern, kann sich der Priester nicht im Hochgebet vom Volk Gottes wegwenden.

Viertens: Wandelbarkeit und Vielfalt Wenn es darum geht, die Gnade Gottes und unsere Antwort zu feiern und erleben zu lassen, dann können die Formen sich ändern, dann darf es auch eine Vielfalt von Formen geben, dann müssen die Texte, Riten und Formen so sein, dass sie diesen Geist der Liturgie so ausdrücken, dass es die Menschen von heute auch verstehen. Und deswegen müssen Texte, Formen, Lieder auch immer neu entstehen, verändert werden, reflektiert werden. Denn keine liturgische

Form ist als ewiges Gesetz vom Himmel gefallen, sondern ist aus einem geschichtlichen Prozess heraus entstanden. „Füllt den neuen Wein nicht in alte Schläuche. Zwängt die junge Kirche nicht in alte Bräuche!"

In der Zeit nach dem II. Vatikanum ist in dieser Hinsicht viel passiert. Vor dem II. Vatikanum gab es nur ein Hochgebet, und das war in seiner inneren Struktur nicht homogen. Nach dem Konzil wurde ein Hochgebet aus der Alten Kirche wiederbelebt und wurde inzwischen vielleicht zum beliebtesten Hochgebet. Aber man schrieb auch neue Hochgebete, das 3. und 4. im Messbuch, drei Kinderhochgebete, die vier sogenannten Schweizer Hochgebete und das Versöhnungshochgebet. Aber seit 30 Jahren tut sich nichts mehr. Man hält sich in Rom nicht mehr an die Marschrichtung der Liturgiekonstitution, Texte entsprechend dem Wandel der Menschen neu zu formulieren und mehr Vielfalt anzubieten. Anstatt neue Hochgebete zu erlauben, betete Papst Benedikt in jeder Messe das vorkonziliare erste Hochgebet.

Aber wir sollten nicht nur nach Rom schauen. Die Aufforderung, eine lebendige, gemeinschaftliche, verständliche, Gottes Gnade offenbarende Liturgie zu feiern, gilt für jede Gemeinde. Sie ist eine wunderbare Herausforderung, die uns mit Freude erfüllen darf: Weil wir Gottes Liebe zu den Menschen feiern dürfen![46]

Lesung aus der Liturgiekonstitution
7 Um dieses große Werk voll zu verwirklichen, ist Christus seiner Kirche immerdar gegenwärtig, besonders in den liturgischen Handlungen. Gegenwärtig ist er im Opfer der Messe […] vor allem unter den eucharistischen Gestalten. Gegenwärtig ist er mit seiner Kraft in den Sakramenten, so dass, wenn immer einer tauft, Christus selber tauft. Gegenwärtig ist er in seinem Wort, da er selbst spricht, wenn die heiligen Schriften in der Kirche gelesen werden. Gegenwärtig ist er schließlich, wenn die Kirche betet und

singt, er, der versprochen hat: „Wo zwei oder drei versammelt sind in meinem Namen, da bin ich mitten unter ihnen" (Mt 18,20).

21 Damit das christliche Volk in der heiligen Liturgie die Fülle der Gnaden mit größerer Sicherheit erlange, ist es der Wunsch der heiligen Mutter Kirche, eine allgemeine Erneuerung der Liturgie sorgfältig in die Wege zu leiten. Denn die Liturgie enthält einen kraft göttlicher Einsetzung unveränderlichen Teil und Teile, die dem Wandel unterworfen sind. Diese Teile können sich im Laufe der Zeit ändern, oder sie müssen es sogar, wenn sich etwas in sie eingeschlichen haben sollte, was der inneren Wesensart der Liturgie weniger entspricht oder wenn sie sich als weniger geeignet herausgestellt haben. Bei dieser Erneuerung sollen Texte und Riten so geordnet werden, dass sie das Heilige, dem sie als Zeichen dienen, deutlicher zum Ausdruck bringen, und so, dass das christliche Volk sie möglichst leicht erfassen und in voller, tätiger und gemeinschaftlicher Teilnahme mitfeiern kann.

9. Sonntag im Jahreskreis: Parrhesia – freie Rede

Mk 2,23-3,6
Eine Delegierte aus dem BDKJ erzählte mir von einem Wochenende, das im Rahmen des Dialogprozesses sich mit Liturgie beschäftigen sollte. Ziel eines solchen Dialogprozesses sollte es sein, dass Bischöfe und Laien ins Gespräch kommen, dass Laien Raum bekommen, ihren Bischöfen freimütig zu sagen, wo nach ihrer Meinung der Schuh drückt oder was gut läuft.
Die junge Frau erzählte entsetzt und frustriert von diesem Treffen: Im teuersten Hotel der Stadt wurde gleich am Freitagabend ein Drei-Gänge-Menü serviert. Ihr Bischof lief an der BDKJ-Gruppe seiner Diözese vorbei direkt zu den anderen Bischöfen. Keiner der Bischöfe nutzte das Essen, sich unter das Volk zu mischen. Ermüdet von der Völlerei ging es weiter in eine Taufgedächtnisfeier, die eineinhalb Stunden dauerte, weil jeder vorgehen sollte, um sich an seine Taufe zu erinnern, und dazu noch die Predigt lang war. Danach war die Energie raus, die Delegiertengruppen konnten sich nicht mehr besprechen für den folgenden Tag. Samstagvormittag erst einmal ein langes Referat. Irgendwann gab es in Tischgruppen die Möglichkeit von Gesprächen zwischen Laien und Bischöfen. Aber was wurde mit den Ergebnissen gemacht? Wie ging es weiter mit den möglichen Anregungen? Das wusste sie nicht.
Ich möchte den Vorbereitern keine Böswilligkeit unterstellen. Aber ihre angenommenen guten Absichten haben dazu geführt, dass an diesem Wochenende eines strukturell ausgebremst und eingegrenzt wurde:
Die Parrhesia – ein Prüfstein für die Kirche! Parrhesia besteht aus pan, alles, und rhema, das Gesagte. Dieses wunderbare griechische Wort bedeutet: alles sagen, freimütig reden. Typische Einleitung: „Ich rede jetzt mal ganz offen!" Oder im Volksmund: Frei von der Leber weg! Oder: Kein Blatt vor den Mund nehmen!

Ganz klar: Die Glaubwürdigkeit der Kirche hängt immer auch damit zusammen, wie viel Parrhesia in ihr möglich ist und wie diese Parrhesia aufgegriffen wird! Ein Wochenende wie gerade geschildert fördert nicht die Parrhesia! Schon deswegen, weil zu wenig Zeit und Aufmerksamkeit geschenkt wird. Um es kurz zu sagen: Bei einem solchen Wochenende erwarte ich, dass Bischöfe keine langen Predigten und Gottesdienste halten, dass sie sich bei jedem Essen unter die Leute mischen und dass wertvolle Zeit des Dialogs nicht durch Vorträge verdrängt werden. Zuhören statt reden! Das tut mir als Pfarrer gut, und gleiches gilt für Professoren und Bischöfe!

Parrhesia bei den Griechen Der Philosoph Michel Foucault hat diesen Begriff näher untersucht und sich angeschaut, wie die Griechen mit Parrhesia umgegangen sind. Daraus können wir auch für unsere kirchlichen Fragen etwas lernen. Foucault beschreibt Parrhesia durch sechs Punkte:

1. Eine parrhesiastische Rede geschieht mit Offenheit. Sie ist keine Überredung oder verschleiernde Rhetorik.
2. „Ich bin der, der dies denkt." Der Redner steht zu dem, was er sagt.
3. Der Redner spricht wahr - Wahrheit anstelle von Falschheit oder Schweigen. (Bei den Griechen wird der Wahrheitsbesitz verbürgt durch die moralische Qualität des Sprechenden.)
4. Der Redner zeigt Mut zur Kritik (Kritik an anderen oder Selbstkritik); er nimmt Gefahren in Kauf.
5. Parrhesia ist Kritik a) an einem Souverän, König, Alleinherrscher, oder b) bei einer Bürgerversammlung in einer Demokratie, oder c) an einem Freund.
6. Kein äußerer Zwang sondern aus Freiheit und moralischer Pflicht heraus spricht der Redner.[47]

Im politischen Bereich hat Parrhesia in der Antike unterschiedliche Ausformungen je nach Regierungsform. Wenn es einen Alleinherrscher, König o. ä. gibt, dann übernehmen die Berater des Souveräns die parrhesiastische Rolle. Der Herrscher erweist sich als Tyrann, wenn er einen guten Ratschlag missachtet oder sogar den Berater dafür bestraft.[48]

In der Demokratie gibt es andere Probleme mit der Parrhesia. Da jeder in der Demokratie gleich vor dem Gesetz ist, kann jeder frei seine Meinung äußern. Dann aber dürfen auch die schlechtesten Bürger sprechen, die durch ihre gefährlichen Reden die Demokratie in eine Tyrannei überführen oder sonstiges Unheil anrichten könnten.[49] Parrhesia ist somit Grundlage der Demokratie als auch Gefahr für sie.

Sokrates stellte Fragen im Zweiergespräch - das ist seine Form der Parrhesia. Er deckte z. B. die Unwissenheit seines Gesprächspartners auf, die vorher unausgesprochen und versteckt war. Sokrates' Fragen ergründen außerdem, ob Rede und Lebensstil des Betreffenden zusammenpassen.[50] Wie Laches treffend feststellt, kann Sokrates diese Prüferrolle erfüllen, weil bei ihm selbst eine Harmonie zwischen Rede und Lebensstil besteht. Das unterscheidet Sokrates von den Sophisten.

Jesus redet gerne Parrhesia Wenn wir mit diesem Wissen über das Provokative und Problematische der Parrhesia auf Jesus schauen, wird gleich offensichtlich: Jesus redet gerne Parrhesia! Gerade in den Streitgesprächen mit den Pharisäern nimmt er kein Blatt vor den Mund: Der Sabbat ist für den Menschen da! Und gerade diese offenen Reden, gerade seine Kritik am Tempelbetrieb und seine Voraussage, dass im anbrechenden Reich Gottes der Tempel nicht nötig ist, bringen ihn vor den Hohen Rat und schließlich den Kreuzestod. Wie bei Sokrates stimmte bei Jesus Worte und Taten, Predigt und Lebensstil überein. Er war in seiner Parrhesia glaubwürdig.

Wenn also unser Herr Jesus Christus wegen seiner Parrhesia am Kreuz gestorben ist, ist es nur offensichtlich, dass die Glaubwürdigkeit der Kirche auch mit ihrer Parrhesia-Fähigkeit verbunden ist: Ob sie Parrhesia zulässt, ihr Raum gibt, ob sie in der Öffentlichkeit zur Parrhesia fähig ist, wie zum Beispiel Papst Franziskus, und ob Worte und Taten bei ihr zusammenpassen.

Parrhesia heute Und was antworten wir auf die Angst mancher Griechen vor zu viel Parrhesia in der Demokratie, die heute weiterlebt in der Angst mancher in der Kirche vor zu viel Dialog und Parrhesia? Karl Rahner plädierte schon 1953, also 10 Jahre vor dem Konzil, in seiner Schrift „Das freie Wort in der Kirche" für die Chancen der Parrhesia: Die Tendenz, zu sehr die Reinheit des Glaubens durch Diskussionsverbot schützen zu wollen, kritisiert er, weil dadurch die Diskussion in Regionen verlagert wird, „die viel schwerer zu kontrollieren sind."[51] Er fordert einen Mut unter den Theologen, auch ganz neue Fragen anzugehen. Noch mehr müsste frei über Fragen der Praxis, Organisation, Liturgieformen gesprochen werden. Rahner betont aber, dass es keine formale Regel geben kann, wann ein freies Wort ausgesprochen werden müsse. Einen weiteren Rat gibt Rahner: Da die Spannung zwischen öffentlicher Meinung und Meinung der Hierarchie immer mehr oder weniger bleiben wird, muss der Kritiker aufpassen, dass er nicht am jetzigen realen Zustand der Kirche verzweifle. Erstaunlich: diese Worte sind heute noch aktuell.
Ja wir müssen Parrhesia in der Kirche immer wieder neu einüben, auf allen Ebenen und auf allen Seiten:
Wie kann ich fair und gleichzeitig redlich und offen Kritik ansprechen?
Wie kann ich mit Interesse die Parrhesia aufnehmen?
Wie kann ich, wie die gewaltfreie Kommunikation empfiehlt, die Tatsachen, die Bedürfnisse und Gefühle und die Bitten des Parrhesia-Redenden aufnehmen, damit wir nicht in Schuldzuschreibungsgespräche oder Verdrängungstaktiken verfallen, sondern gemeinsam nach besseren Lösungen suchen!
Wie können wir in der Kirche eine Kultur der Parrhesia fördern?
Wir haben eigentlich einen guten Lehrer für Parrhesia: Jesus. Gehen wir doch bei ihm in die Schule!

10. Sonntag im Jahreskreis: Gewaltlogik nach Wink Ziel von GfK

Mk 3,20-27
Siehe 41. Woche in „Exerzitien der Nächstenliebe"

11. Sonntag im Jahreskreis: Von der Langeweile zur Gnade

Mk 4,26-34
Der Literaturnobelpreisträgers Brodski sprach bei einer Abschlussfeier einer Eliteuniversität in den USA nicht über Erfolg, nicht über Leistung, nicht über Macht, sondern über Langeweile, da hörten alle auf: Ich verspreche Ihnen gähnende Langeweile in Ihrem Leben. Aber tun Sie nichts dagegen. Stellen Sie sich nicht dagegen. Nur in ihr spüren Sie die reine Zeit. In der Langeweile verkörpert sich die reine Zeit in ihrer monotonen Herrlichkeit. Nur in ihr spüren Sie die eigene Seele.
Langeweile? Das gibt es heute doch gar nicht: Wir jammern heute eher, weil wir im Arbeitsstress versinken. Und wenn wir Freizeit haben, dann organisieren wir uns ein Erlebnis nach dem anderen. Wer sagt, er habe viel Zeit, der schließt sich nach Niklas Luhmann aus der Leistungsgesellschaft selbst aus! Er disqualifiziert sich selbst. Es gehört eher zum guten Ton zu sagen: Ich habe keine Zeit! Aber wenn wir so stark unsere Freizeit mit Aktivitäten voll stopfen, dann kann es auch sein, dass wir unsere Langeweile nur damit zudecken wollen. So vermutet es Erich Fromm.
Sollten wir uns manchmal erlauben, die Langeweile auszuhalten? Sollten wir uns manchmal erlauben faul zu sein? Ein bisschen mehr Faulheit würde nicht schaden – es würde die Kreativität fördern! Das empfehlen Sozialwissenschaftler, die unsere Leistungsgesellschaft untersucht haben, für den Einzelnen als auch für unsere Gesellschaft. Und jeder, der einmal etwas Künstlerisches produziert hat, ein Gedicht geschrieben, ein Bild gemalt oder ein Lied komponiert, weiß, wie wichtig Pausen sind. Mal die Arbeit liegen lassen, mal nichts tun, mal nicht drüber nachgrübeln, wenn man nicht mehr weiter kommt, wenn man fest steckt. Und nach einiger Zeit, nach einigen Tagen oder Wochen

geht es auf einmal weiter. Man weiß nicht wie – einfach durch Nichtstun.

Hans Castorp, der junge Mann mit dem Ingenieursexamen, besucht seinen Vetter in Davos in einer Kuranstalt in Bergeshöhen und, weil man auch etwas bei ihm findet, bleibt er dort sieben Jahren: Der Zauberberg von Thomas Mann, dieser Roman berichtet vom Nichtstun, der Langeweile und Faulheit der Patienten – und gerade in dieser Zeit findet Hans Castorp zu sich selbst, wird demütig und öffnet sich einer tiefen Gotteserfahrung. Aber Langeweile und Faulheit sind doch keine Tugenden! Sieben Jahre sich zurück zu ziehen – das ist wahrlich übertrieben… Aber ein Romancier darf übertreiben.

Die Gnade wirken lassen. Und wie ist es mit unserem Mann im Gleichnis? Am Anfang sät er, aber danach? Schlafen, aufstehen, warten und nichts verstehen… Anscheinend wächst das Reich Gottes besonders gut, wenn es mit einer richtigen Portion Faulheit und Langeweile gedüngt wird.

Denn was von außen wie Faulheit und Langeweile aussieht, kann unter anderer Perspektive folgendes sein: Ich weiß, dass ich es nicht selber machen kann! Ich gebe mich der Gnade Gottes hin! Ich lasse das Reich Gottes wachsen!

Ich denke, dass wir uns der Provokation dieser Haltung klar machen sollten: Wir tendieren nicht nur in der Gesellschaft, nicht nur in unserer Wirtschaft, sondern auch in unserer Kirche und in unserem Glaubensleben oft zum Aktivismus! Rechnen wir wirklich mit der Gnade Gottes? Sind wir uns wirklich unserer Grenzen bewusst, so dass wir aus unserer Ohnmacht heraus wieder einmal ganz bewusst auf die Kraft Gottes vertrauen?

Ignatius´ Leitfaden Ignatius hat uns einen wunderbaren Satz gegeben, der mir immer wieder Leitfaden ist:

„Vertraue so auf Gott, dass du dabei nie auf das (von ebendiesem Vertrauen wesentlich geforderte) Mittun vergisst; und dennoch: Tu so mit, dass eben dieses Mitarbeiten erfüllt bleibe vom Wissen um die alleinige Gewalt Gottes."

Vertraue so auf Gott, dass du dabei nie dein Mittun vergisst; und dennoch: Tu so mit, dass du bei diesem Mitarbeiten weißt, es kommt letztlich allein auf die Gnade Gottes an.
Wie passt da Langeweile und Faulheit hinein? Sie wendet unseren Blick weg vom Mittun hin zur „alleinigen Macht Gottes". Wir können diese fast paradoxe Regel von Ignatius nicht immer im Ganzen erfassen. Weil die Zeit fließt, braucht es auch Zeiten, in denen das Eine, und dann Zeiten, in denen das Andere betont wird. Langeweile und Faulheit kann Raum schaffen, dass die Gnade wirkt, dass wir spüren: Ich kann es allein nicht, eigentlich wächst das Reich Gottes nur durch Gott in mir und um mich herum. Eigentlich verstehe ich es nicht. Eigentlich staune ich, dass das Wesentliche wächst, mir geschenkt wird!
Zwei Geschichten, die diese Haltung verdeutlichen. Zwei Geschichten von Heiligen, die nicht in den Ruf stehen, faul und langweilig zu sein. Die erste handelt von Oscar Romero. Ein Seminarist berichtet: „Jede Predigt von Monsenor, die ich hörte, bewirkte mit ihrer Power, dass mich der Mann immer mehr überzeugte. So ein Priester zu werden, so mutig, so tüchtig, das war das Größte auf der ganzen Welt, was ich mir überhaupt vorstellen konnte. Also ging ich hin. […] Sie nahmen mich, weil ich soviel Enthusiasmus hatte, und ich begann die Probezeit.
Morgens war Reinemachen in dem großen Gebäude angesagt. Sie schickten uns mit großen Besen und riesigen Wischern zum Putzen, und wir mussten die Gänge, die so breit wie Bahngeleise waren, blitzblank kriegen. Eines Tages war ich mit diesem Monstrum von Wischer zugange - gangauf gangab auf dem Korridor, der an der Kapelle im oberen Stockwerk entlangfuhr. Da sah ich im Vorbeikommen in der ersten Bankreihe einen Priester, der schon so früh am Morgen dort betete. Ganz einsam kniete er da.
Ich weiter gangauf, gangab - den Feudel geschwungen, und nach einiger Zeit, als ich den Korridor so gut wie sauber hatte, war dieser Mensch immer noch im Gebet. Und bewegte sich nicht ein

bisschen! Ich nahm mir einen anderen Gang vor und brachte ihn auf Hochglanz und warf dann noch einmal einen Blick in die Kapelle. Da kniete er immer noch! Was dieser Priester wohl so viel zu beten hatte? Und ist vielleicht in diesem Land mit seinem Tohuwabohu das Beten das Wahre? Dieser Beter soll von Monsenor Romero lernen, der Feuer im Herzen und in seinen Worten hat und der seine Zeit nicht verschwendet! Oder hat er vielleicht das Lied noch nicht gehört, dass es nicht genügt zu beten?! Ich hatte einen richtigen Zorn auf diesen unbekannten Beter. Wenn er jetzt nicht herauskommt, fange ich an, die Kapelle zu putzen. Aus Reinlichkeit und weil ich sehen will, ob er vielleicht eingeschlafen ist. Schließlich bin ich hineingegangen. Ich wollte herauskriegen, was für ein Typ das war, und es den anderen dann beim Frühstück erzählen. Den Feudel schwingend, näherte ich mich diesem Kniebankdrücker ... Ich betrachtete ihn von oben bis unten: Es war Monsenor Romero.
Er rührte sich nicht. Und als ich die Kapelle verließ, kniete er immer noch da und betete. Ich ging, ganz schön kleinlaut geworden, den Wischer auf der Schulter wie eine Flinte ohne Schießpulver."[52]

Der hl. Don Bosco wollte zu Ehren der Mutter Gottes eine Basilika in Turin bauen. Mittellos, doch mit heiliger Verwegenheit, hatte Don Bosco die Planung der Maria-Hilf Basilika begonnen. Vom ersten Augenblick an, seit dem Kauf des Grundstücks, zeigte sich die oft wundersame Führung der Vorsehung. Aus aller Welt flossen Spenden herbei. Mitunter trafen Beiträge ein, die bis auf den Pfennig die anstehenden Rechnungen beglichen, wenn auch manchmal im allerletzten Augenblick. Die Mitarbeiter Don Boscos trieb dies fast zur Verzweiflung. Er selber aber wurde umso fröhlicher, je aussichtsloser die Lage erschien. Er war der einzige, der solche augenzwinkernde Scherze der göttlichen Fügung verstand. „Was soll ich mich aufregen?" sagte er. „Ich bin doch nur der Kassierer von jemand anderem."[53]

Wie der Bauer im Gleichnis: Don Bosco pflanzt die Idee, eine Kirche zu bauen, aber um das Geld kümmert er sich nicht, er vertraut, aber er weiß nicht, wie das Geld zu ihm kommt.

Stille wirken lassen Und so komme ich zum letzten Gedanken: Es kommt nicht nur darauf an, sich Ruhezeiten zu gönnen, in denen man sich erlaubt, faul zu sein, in denen man nicht vor der Langeweile wegläuft. Es kommt auch darauf an, in diesen Zeiten im Kopf still zu werden. Zu ahnen, dass ich das eigentliche nicht richtig verstehe. Dafür gibt es einen wunderbaren Begriff in der Spiritualität: die Wolke des Nichtwissens. Sowie der Bauer nicht weiß, wie die Saat wächst, so weiß ich in der Stille nicht, wie Gott an mir handelt. Aber gerade, wenn ich mich der Stille hingebe, wenn ich in dieser Stille still auf Gott bzw. auf Jesus Christus schaue, dann heilt die Gnade auf ganz besonders tiefe Weise. Ich werde diese Heilung der Gnade nicht verstehen, nicht wissen, aber im Nachhinein werde ich in mir die Wandlung ahnen und spüren.

12. Sonntag im Jahreskreis: Wirtschaftskrisen

Mk 4,35-41
Inzwischen sind Wetterberichte sehr zuverlässig für die nächsten zwei, drei Tage. Die Meteorologen können aus den vielen Daten, die Messstationen und Satellitenaufnahmen uns liefern, sehr exakte Prognosen liefern. Ihre Simulationen am Computer sind zwar kompliziert, aber sie können damit das Wetter der nächsten Tage fast so exakt berechnen wie die Physik die Ströme in einem Schaltkreis oder einem Magnetfeld.
Wenn die Jünger heute leben würden, dann würde man ihnen nach einem solchen Sturm sagen: Habt ihr vergessen, den Wetterbericht im Radio anzuhören?! So plötzlich kommt kein Sturm mehr auf, wenn man sich informiert!
Aber stellen Sie sich folgendes vor: Auf dem See ist Nebel. Die Jünger bekommen nicht mit, dass noch so viele andere Boote auf dem See sind. Sie sehen höchstens die nächstgelegenen Boote. Plötzlich verbreitet sich in einer Ecke des Sees Panik. Einer hat gesagt: Ein Sturm solle aufkommen. Viele Boote paddeln wie wild um sich. Und stellen wir uns weiter vor (etwas, was jetzt nur in meiner vorgestellten Phantasiewelt, in meiner Modellwelt passieren kann): Dieses hektische ans Ufer Paddeln von vielen bewirkt immer größere Wellen. Plötzlich ist der Sturm und sind die hohen Wellen da und alle versuchen hektisch ans Ufer zu paddeln, was aber natürlich den See nicht beruhigt sondern noch mehr in Wallung bringt. Nach dem Sturm wird man feststellen, dass viele Boote untergegangen sind. **Ein selbstgemachter Sturm, eine sich selbst erfüllende Prophezeiung!**
In unserer normalen Welt haben wir Menschen kurzfristig (natürlich nicht langfristig) keinen Einfluss auf das Wetter: Ob es am nächsten Tag regnet, schneit, die Sonne scheint oder windet, ist von unserem Verhalten so unabhängig wie wir auch nicht auf die Erdanziehung Einfluss nehmen können. Wir können es aber aufgrund unserer Wissenschaften sehr gut voraussagen. In der

Wirtschaft ist das aber anders. Wenn wir in der Zeitung lesen, die Bank X sei in einer Krise, und wir laufen wie viele andere Kunden zu der Bank, um unser angespartes Geld abzuheben, dann ist die Bank in null Komma nix in einer Krise. Das ist so ähnlich wie mein Seebeispiel mit den hektischen Paddlern: Ein selbstgemachter Sturm, eine sich selbst erfüllende Prophezeiung!

Wirtschaftliche Krisen Wir haben in den letzten Jahren, ja letzten zwei Jahrzehnten viele wirtschaftliche Krisen erlebt: Viele Menschen erleben diese Krisen wie einen Sturm auf den See, der das Lebensboot zu entern bringen kann – und Schwimmen im Sturm ist lebensgefährlich, anstrengend und entmutigend. Die Griechenlandkrise dauert an und bedroht die Eurozone. Die Immobilienkrise in den USA wurde zur weltweiten Bankenkrise. 2000 platzte die Spekulationsblase der New Economy. Davor gab es die Asienkrise, davor eine wirtschaftliche Krise in Lateinamerika.

„Für die Rettung Europas bleibe nur noch „ein Zielfenster von drei Monaten", meint der Großspekulant George Soros."[54] Dieser Satz ist eine Prognose. So zuversichtlich wie die Prognose des Wetterberichts für die nächsten Tage? Nein! Es ist eine ganz andere Art von Prognose. Denn der Wetterbericht beeinflusst nicht das Wetter. Aber diese Prognose kann das Verhalten von Banken, von Rating-Agenturen, das Verhalten von Politikern, Firmen und Konsumenten beeinflussen.

Vergleich Schönheitswettbewerb John Maynard Keynes, der berühmte Wirtschaftswissenschaftler hat einmal das Treiben auf der Börse und den Finanzmärkte mit Schönheitswettbewerben von amerikanischen Zeitungen verglichen, die mit Preisausschreiben verknüpft sind. Der Gewinn wurde bei diesen Preisausschreiben unter den Teilnehmern verlost, die unter den zur Wahl stehenden Frauen die ausgewählt hatten, die auch von den meisten anderen als die schönste Frau ausgewählt worden war. Ziel eines auf den Gewinn hoffenden Teilnehmers ist also nicht, die nach seinem Geschmack schönste Frau zu wählen,

sondern diejenige Frau, der er die höchsten Gewinnchancen zurechnet, von der er also erwartet, dass sie von den meisten anderen ausgewählt wird. Er wird außerdem in Betracht ziehen, dass auch die anderen Teilnehmer nach dem gleichen Kriterium auswählen. Keynes: „Wir haben den dritten Grad erreicht, bei dem wir überlegen, welche Meinungen die meisten Leute über die Meinung der meisten Leute haben." – Kompliziert! Kein Wunder, dass so etwas chaotische Entwicklungen entfalten kann, die nicht voraussagbar, berechenbar sind!
Wirtschaftswissenschaftler haben Formeln für Finanzprodukte und ihr Risiko und ihre Gewinnchancen entwickelt. Mit ihnen wollen sie die Entwicklung der Aktion vorausberechnen wie die Meteorologen das Wetter. Aber der Philosoph Joseph Vogl merkte kritisch an: „Nach den Wahrscheinlichkeitsberechnungen dieser Modelle hätten die Finanzkrisen der letzten dreißig Jahre nur alle zig Milliarden Jahre, also gar nicht passieren dürfen. Sie waren in diesen Modellen nicht vorgesehen und nicht vorhersehbar. […] Man sollte die letzte Krise zum Anlass für eine neue ökonomische Aufklärung nehmen. In ökonomischen Phänomenen verkörpern sich weder Naturtatsachen noch verkörpert sich irgendeine Art göttlicher Vorsehung. Sie sind schlicht von Menschen gemachte Ereignisse einer historischen Welt."[55] So wie in meinem Phantasie-Seebeispiel der Sturm durch hektisch paddelnde Menschen verursacht ist!
Wenn die gängige Wirtschaftswissenschaft uns eine zu einfache, zu idyllische Theorie liefert, dann ist es eigentlich kein Wunder, dass uns diese Krisen in den letzten Jahrzehnten so oft überrascht haben. Nochmals Vogl: „Die klassischen oder neoklassischen Theorien haben einen wesentlichen blinden Fleck. Sie folgen dem Idol eines sich selbst regulierenden Markts, sie können sich von alten Gleichgewichtsideen, von den scheinbar wohltätigen Effekten unsichtbarer Hände nicht trennen. Im Grunde ist für sie der Wirtschaftsmechanismus auf einfache Tauschakte, auf die Idylle eines Dorfmarkts reduzierbar. Und das wird dem modernen

Wirtschaftsgeschehen nicht gerecht."[56] Auf unser Seebeispiel bezogen: Sie glauben, eine unsichtbare Hand gleicht die unruhigen Wellen, die durch hektisches Paddeln entstehen, immer wieder aus, so dass größere Stürme gar nicht entstehen können. Sondern alles strebt immer wieder zum Gleichgewicht, zur ruhigen See! Der Markt schaffe immer wieder Gleichgewicht, es lasse sich Entwicklungen vorhersagen und das System schaffe gerechte Verteilung – all diese ideologischen Vorstellungen haben sich nicht bewahrheitet!

Spielregeln ändern Eigentlich fordert uns doch das Evangelium zum Gottvertrauen auf, hilft uns das bei unseren Wirtschaftsproblemen? Es ist wichtig, dass wir sehen: Wir dürfen unser Mittun nicht vergessen. Wir sollten um den heiligen Geist beten, dass er uns neue Einsichten und neue Lösungsideen schenkt. Aber diese neuen Einsichten und Lösungsideen müssen umgesetzt werden! Menschliche Politiker können die Spielregeln in der Wirtschaft ändern. In den letzten dreißig Jahren haben die Politiker aufgrund kapitalismusverherrlichenden Wirtschaftstheorien die Spielregeln so verändert, dass Krisen immer wahrscheinlicher wurden.

„Man sollte nicht vergessen, dass es die gegenwärtigen Finanzmärkte - und über die reden wir ja - vor den siebziger Jahren schlicht nicht gab. Und obwohl man nach 2008 alle möglichen Maßnahmen und Alternativen recht ernsthaft diskutierte, wurden dann genau die Strukturen gefestigt, die zur Krise führten. Fusionen machen einzelne Bankinstitute nun noch mächtiger, die Trennung von Geschäfts- und Investmentbanken wurde nicht konsequent durchgesetzt, die Derivatemärkte bleiben weitgehend unreguliert, billiges Geld soll den nächsten Investitionszyklus ankurbeln, hektische Privatisierungen gelten wieder als probates Rezept."[57]

Die entscheidenden Spielregeln wurden also noch nicht verändert. Leider ist der lobbyistische Druck auf die Regierungen noch zu stark! Neues, aufgeklärtes wirtschaftliches Denken hat sich noch nicht durchgesetzt! Hier ist auch die Kirche gefordert, Stimme zu erheben, Anwalt der Armen und Schwachen zu sein, die besonders unter solchen Wirtschaftskrisen leiden.

Dafür ist es natürlich wichtig zu verstehen, wie solche Krisen entstehen. Salopp könnte man sagen: In der Zeit, in der es gut läuft gibt es eine Tendenz, es immer lockerer zu nehmen, immer mehr zu riskieren, weil man meint: Naja so gut wird es weiter laufen. Man nimmt Kredite auf, weil man damit rechnet, dass es auch in Zukunft aufwärts geht. Aber wenn bei einigen Zweifel aufkommt, weil sie ahnen, dass viele übertreiben, dann fallen Teile des Kartenhauses zusammen, eine Krise beginnt.[58]

Eine gefährliche Entwicklung sollten wir uns noch bewusst machen: Immer mehr Aspekte unseres gesellschaftlichen Lebens werden durch die Finanzökonomie geprägt: „Die Expansion der Finanzmärkte war mit der Deregulierung des Arbeitsmarkts, mit der Reduktion von Lohnkosten, mit der Auslagerung von Industrien in Billiglohnländer, mit den rabiaten Strategien von Hedgefonds, mit der Schaffung neuer Märkte für Gesundheit, Bildung und Altersvorsorge verbunden."

[59] Die Verkürzung der Gymnasialzeit und die Umstellung auf modales Studium mit Bachelor und Master zeigen, dass heute vielmehr darauf geschaut wird, effektiv für die Wirtschaft zu sein. Der Eigenwert einer schönen Schulzeit oder der Eigenwert des suchenden Studierens geht dadurch mehr und mehr verloren.

Wirtschaft hat den Menschen zu dienen! Der Sabbat ist für den Menschen da! Zurzeit ist es meist umgekehrt. Ein Beispiel von Vogl noch: Als die US-Bonität im August 2011 herabgestuft wurde, sagten Vertreter von Standard & Poor's recht unverblümt: Die USA sollten schnell die überflüssigen Sozialprogramme abbauen. So spricht das Orakel, die perfide Unschuld des Markts. „Man sollte aber fragen, an welchen Stellen die Funktionsprinzipien des Finanzmarkts außer Kraft gesetzt werden müssen. Platt gefragt: Für welche Güter gilt überhaupt ein freier Markt? Für welche Güter ist er volkswirtschaftlich und sozial produktiv? In welchen Bereichen ist Wettbewerb sinnvoll? Ich glaube, es geht letztlich um eine Enttotalisierung ökonomischer Funktionsprinzipien."[60] Der Heilige Geist kann uns zu einer Neugestaltung unserer Wirtschaft, unserer Gesellschaft führen. Aber auf vielen Ebenen ist ein Mittun gefordert, dass dies gelingt!

13 Sonntag im Jahreskreis: Heilung geschieht in Begegnung

Mk 5, 24b-34
„Nirgends hat ein Prophet so wenig Ansehen wie in seiner Heimat, bei seinen Verwandten und in seiner Familie. Und Jesus konnte dort keine Wunder tun. Er wunderte sich über ihren Unglauben." Mk 6,4.5a.6a Warum kann Jesus keine Wunder tun? Ist er nicht der Sohn Gottes? Kann er als Sohn Gottes nicht sagen: Ich will - und dann passiert es, z. B. ein Wunder?
Eines zeigt die Geschichte deutlich: Jesus ist in seiner Heimatstadt gescheitert. Sie haben seine Botschaft nicht angenommen. Er kann keine Wunder tun, weil sie nicht glauben.
Wie es anders ablaufen kann, erzählte uns das heutige Evangelium: Es war eine Frau, die schon zwölf Jahre an Blutungen litt. Nun drängte sie sich in der Menge von hinten an ihn heran und berührte sein Gewand. Denn sie sagte sich: Wenn ich auch nur sein Gewand berühre, werde ich geheilt. Sofort hörte die Blutung auf. Im selben Augenblick fühlte Jesus, dass eine Kraft von ihm ausströmte. Wer hat mein Gewand berührt? Jesus sagte zu der Frau: Dein Glaube hat dir geholfen.
Warum geschieht das Wunder bei dieser Frau und nicht bei den Verwandten Jesu? Die Frage wird noch brennender, wenn wir bedenken: In seiner Heimatstadt ist er aktiv, lehrt und redet mit den Leuten - aber es nützt nichts. Bei der Begegnung mit der Frau, bei dieser unscheinbar sanften Berührung am Gewand ist er passiv, und trotzdem geschieht das Wunder.
Zu einem Wunder gehören zwei! Wunder geschehen, wenn eine echte Begegnung zwischen Jesus und einem anderen Menschen stattfindet! Bei einer wahren Begegnung ist jeder bereit, seinen eigenen kleinen Horizont zu übersteigen und sich vom anderen zu etwas Neuem führen zu lassen bzw. vom anderen beschenkt zu werden.

Jesu Verwandte und Bekannte wollten nicht etwas Neues von Jesus hören. Sie wollten nicht glauben, dass dieser Jesus, den sie als Kind kannten, ihnen einen neuen Horizont eröffnen könnte. Die blutflüssige Frau dagegen spürte, dass Jesus sie nicht abweisen würde, dass er zu einer Begegnung bereit wäre. Sie hatte Glauben und vertraute auf Jesus. Glauben heißt: Mit der eigenen Ohnmacht zum anderen gehen und sich beschenken lassen. Und Jesus lässt sich auch von der Frau beschenken: Er staunt über ihren Glauben! Jesus sagt nicht: Ich habe dich geheilt. Sondern: Dein Glaube hat dich geheilt.
Wir Menschen sind Beziehungswesen! Denken wir diesen Satz einmal radikal zu Ende und beziehen ihn auf Jesus. Dann bedeutet das: Die heilende Kraft, das Heilige, das Göttliche ist in den Beziehungen zwischen Jesus und den Menschen, denen er begegnet.
Jesus Christus offenbart sich als Messias und Sohn Gottes nicht einfach so an sich. Jesus Christus lässt das Göttliche erstrahlen, weil er zu echten Begegnungen fähig war, weil er wahre und heilende Beziehungen zu Mitmenschen einging, weil er Räume für Begegnungen eröffnete. Jesus Christus ist Gottes Sohn in und durch die Beziehungen, die er zu seinen Mitmenschen hatte, weil er da Gottes Wesen verwirklichte: die Liebe.
Was heißt das für uns heute? Wir haben zwei Alternativen: Glauben wir wie die blutflüssige Frau, dass in der Beziehung zu Jesus das Göttliche wirkt und uns zu Neuem antreibt? Oder sind wir wie seine Familie und Verwandten nicht bereit, unseren eigenen Horizont zu übersteigen? Jesus wird für uns, für unsere Zeit nur dann der Sohn Gottes, wenn wir an ihn glauben. Ein bekanntes Gebet sagt: Jesus Christus hat keine Hände außer unsere Hände. Das Heilige, das Göttliche offenbart sich nur in Beziehungen und Begegnungen - auch heute.
Seien wir also bereit für neue Begegnungen, Berührungen sowohl mit unseren Mitmenschen als auch mit Jesus. Denn beides gehört zusammen: Er erscheint uns ja in diesen Mitmenschen.[61]

14. Sonntag im Jahreskreis: Ignatius' Gesprächsregeln

Mk 6,1b-6

Gespräche und Begegnungen können gelingen oder misslingen. Jesus fand in seiner Heimatstadt keine Offenheit. Irgendwie ist es tröstlich, dass auch ihm Gespräche misslingen. Denn ein gutes Gespräch hängt nie von nur einer Person ab. Nichtsdestoweniger ist es wichtig, dass wir uns um gelingende Gespräche bemühen.
Als Mitbrüder von Ignatius als Konzilsberater nach Trient berufen wurden, empfahl Ignatius ihnen nicht, irgendeine spezielle theologische Position zu verteidigen. Es zeigt seine Größe, dass er vielmehr ihnen Gesprächstipps gab. Ignatius hatte eben ein großes Vertrauen in den Willen Gottes, der sich auch in einem Prozess eines Konzils zeigen kann, und ebenso hatte er ein großes Vertrauen zu seinen Mitbrüdern und Respekt vor ihren Fähigkeiten. Deswegen fand er es besser, ihnen nur Ratschläge für Gespräche zu geben, damit die Gesprächsprozesse an denen seine Mitbrüder teilnahmen, fruchtbar sein würden. Denn wer sich um wertvolle Gesprächsprozesse bemüht, kann auf die Führung des Hl. Geistes vertrauen...
Ignatius schreibt: *„Man kann mit Gottes Hilfe bei einem Gespräch und dem Kontakt mit vielen Menschen viel für das Heil und ihren geistlichen Fortschritt erreichen. Wenn wir aber nicht wachsam sind, und ohne den Beistand unseres Herrn, kann umgekehrt auch bei einer solchen Unterhaltung durch uns selbst und manchmal von beiden Seiten viel verloren gehen. Und deswegen ist es wichtig, dass wir vorausschauend und in einiger Ordnung ausgerichtet sind."*
Ignatius schreibt sehr dicht, jeder Satz kann zu einer wertvollen Anregung werden. Er macht uns gleich klar, dass Gespräche kostbare Chancen sind, die wir immer neu ernst nehmen sollten, damit wir wirklich Gutes bewirken können.

Diese Gesprächstipps sind auch heute noch wertvoll und anregend. Es lohnt sich, sie auch im Original zu vernehmen: Den Wert seiner Tipps erkennt man sehr deutlich, wenn man sich eine Szene überlegt, in der dieser Ratschlag nicht beachtet wird. Jeder Gesprächsregel stelle ich deswegen eine misslungene Szene voran. All diese Szenen habe ich mit Jugendlichen erarbeitet.
[Zwei Ministranten werden nun vier Szenen vorspielen, die zeigen, wie ein Gespräch misslingt, wenn man Ignatius' Tipps nicht beachtet.]

Gespräch:
Erzähler: Zwei Freunde machen nach der Schule Hausaufgaben
1: Wo ist mein Radiergummi hin? Hast du dir den genommen?
2: Den wirst du sicherlich verschlampt haben!
1: Komm, der lag hier neben mir auf den Tisch und jetzt ist er weg. Ich habe ihn die ganze Zeit nicht gebraucht. Vielleicht nimmst du dir schon fremde Radiergummis, ohne es zu merken.
2: Ich habe deinen Radiergummi nicht genommen!
1: Jetzt schaue ich mal auf deinen Platz, ob ich ihn finde.
2: Hey, was fällt dir eigentlich ein, in meinen Sachen rumzuwühlen!
1: Wenn du mir meinen Radiergummi nimmst, ohne mich zu fragen ...
2: Mir wird das zu blöde, ich gehe!

Regel: langsam, vorsichtig und liebevoll
„Ich an eurer Stelle wäre langsam im Sprechen, vorsichtig und liebevoll. Besonders wenn es um Dinge geht, die mit dem Konzil zu tun haben."
Gerade wenn es also um wichtige Gespräche geht, empfiehlt Ignatius uns, den Gang herunter zu schalten. Wie beim Autofahren verpassen wir ganz wichtige Aspekte, wenn wir uns zu schnell und unbedacht unterhalten.

Gespräch:
Erzähler: Im Pausenhof unterhalten sich zwei Freundinnen.
1: Ich habe gestern etwas Tolles erlebt. Ich bin das erste Mal mit meinem neuen Pferd geritten.
2: Du, ich muss dir etwas Wichtiges erzählen!

1: Ja gleich! Erst muss ich dir erzählen, wie toll das Ausreiten war. Also erst sind wir über die Felder geritten, im Galopp ist er super ...
2: Du, ich glaube dir ja, dass das ganz toll war. Aber: Mir geht es heute richtig mies. Und ich wollte dir erzählen, warum!
1: Ach das wird schon nicht so schlimm sein! Jedenfalls musst du mich unbedingt heute oder morgen besuchen, damit du mein Pferd siehst.
2: (wütend) Ich wollte dir eigentlich erzählen, dass sich meine Eltern getrennt haben. Aber du hast nur dein Pferd im Kopf. Die anderen Menschen scheinen dir ja egal zu sein.

Regel: Zuhören und mit Ruhe aufmerksam sein auf den ganzen Menschen

„Ich an eurer Stelle würde versuchen beim Zuhören zu lernen. Wenn ich aufmerksam zuhöre, kann ich das Gespräch für mich nutzen. Ich bliebe dabei innerlich ruhig, um die Auffassungen, Gefühle und Absichten der Gesprächspartner spüren zu können und kennenzulernen, damit ich dann später umso besser antworten kann oder auch mich bewusst dazu entscheide, zu schweigen."

Ignatius nimmt hier die Empfehlungen von modernen Kommunikationslehren voraus: Wir sollten offen sein, lernbereit sein und auch auf die Gefühle und Bedürfnisse hinter den Aussagen meines Gesprächspartners hören. Er beschreibt sehr gut, was wir heute empathisches Zuhören nennen: die Auffassungen, Gefühle und Absichten des anderen spüren und kennenlernen. Ich halte auch seine Empfehlung wertvoll, sich genau zu überlegen: Sage ich darauf etwas, oder schweige ich zu diesem Thema. Manchmal ist schweigen die günstigere Wahl!

Gespräch:
Erzähler: Es gibt einen neuen Schüler in der Klasse. Er ist Spätaussiedler aus Russland. Zwei Mitschüler unterhalten sich im Pausenhof
1: Was hältst du von dem neuen Schüler?

2: Er kommt aus Russland. Ich habe gehört, dass die Russen häufig klauen.
1: Aber deswegen muss doch nicht unbedingt der Neue auch klauen.
2: Hast du seine Kleider gesehen? Als ob sie aus der Altkleidersammlung herausgeholt worden sind.
1: Markenklamotten hat er nicht an. Aber er soll gut Fußball spielen, habe ich gehört.
2: Hoffentlich kommt der nicht in unseren Verein.
1: Du kennst ihn gar nicht und magst ihn trotzdem nicht. Du urteilst aber schnell.

Regel: ohne Vorurteile
„Wenn es um ein schwieriges Thema geht, bei dem verschiedene Meinungen vorliegen, dann würde ich nicht nur die eigene Meinung kundgeben. Ich würde Gründe und Argumente für die verschiedenen und gegensätzlichen Meinungen anführen. Das zeigt, dass ich nicht voreingenommen bin. Ich werde mich bemühen, niemanden unzufrieden oder verärgert nach einem Gespräch zurückzulassen."
Ich bin immer wieder fasziniert, wie lernbereit sich Ignatius zeigt. Er geht nicht davon aus, die Wahrheit zu besitzen. Er empfiehlt, beim Gesprächspartner ernste Gründe und gute Argumente für seine Meinung zu vermuten. Ja wir sollten uns sogar so weit in die verschiedenen gegnerischen Meinungen hineinversetzen, dass wir im Gespräch aktiv Verständnis für die anderen Positionen zeigen und deren Stärken und guten Argumente würdigen. Vielleicht steckt ja in allen Positionen ein Körnchen Wahrheit. Und wenn ein Streit oder Ärger oder Unstimmigkeit aufkam, empfiehlt Ignatius, dies am besten im gleichen Gespräch zu bereinigen, soweit das geht!

Gespräch:
Erzähler: Eine Schülerin hat eine schlechte Note geschrieben und möchte es der Mutter beichten
Schülerin: Mama ich muss dir was erzählen!

Mutter: Schatz, hier ist das Mittagessen; es ist warm. In einer halben Stunde muss ich weg und vorher muss ich unbedingt noch einiges hier aufräumen.
Schülerin: Mama, hast du fünf Minuten Zeit. Ich müsste etwas beichten.
Mutter: Das kannst du mir doch heute Abend auch noch erzählen. (Mutter geht weg)
Schülerin: Es ist doch immer dasselbe. Die Arbeit scheint ihr wichtiger zu sein als ich!

Regel: sich Zeit nehmen

„Besonders wenn es um wichtige Fragen eines Menschen geht, ist es sehr wichtig und hilfreich, wenn ich mit dem Gesprächspartner darüber sprechen will, genügend Zeit dafür zu haben. Das heißt, dass ich mich durch Zeitmangel wegen anderer Beschäftigungen nicht bedrängen lassen darf. Denn bei einem solchen Gespräch soll ich nicht auf meine Bequemlichkeit sondern auf die Bedürfnisse meines Gesprächspartners achten und mich seiner Art anpassen. Dann wird man zur größeren Ehre Gottes viel für ihn tun können."

Ich denke da gerne an Erzbischof Romero, der seine Bischofskollegen warten ließ, weil ein kleines Mütterchen vom Lande einen weiten Weg auf sich nahm, um dem Erzbischof ihr Leid zu erzählen. Denn seine Bischofskollegen mussten nicht zu Fuß einen langen Weg zu ihm zurücklegen…

Ein Gespräch kann gelingen oder misslingen - ein Gespräch ist kostbar und eine Chance, also lasst uns langsam, vorsichtig und liebevoll miteinander sprechen. Seien wir aufmerksam auf den ganzen Menschen, seine Absichten, Auffassungen und Gefühle. Hören wir in Ruhe ohne Vorurteile zu und lassen wir uns gerade bei wichtigen Gesprächen Zeit. Dann geschehen unsere Gespräche zur größeren Ehre Gottes und können Schritte zu mehr Frieden und Lebensfreude sein.

15. Sonntag im Jahreskreis: Die Narrheit der Armut

Mk 6,7-13
Ich möchte heute eine Art Narrenrede halten: So ähnlich wie Paulus im 2. Korintherbrief, aber nicht aus Verärgerung sondern aus Nachdenklichkeit.
Wenn ein Bischof einen Pfarrer an eine andere Stelle schickt, dann steht ein Umzug bevor. Bei meinem letzten Umzug habe ich die 100 Marke überschritten: Ich habe 100 Umzugskisten, viele gefüllt mit Büchern, CDs, Geschirr, Kleidern usw. gepackt. Eine Umzugsfirma mit Umzugswagen und zwei Arbeitern halfen mir dabei.
Jesus hat seinen Jünger keine Bücher mitgegeben, nicht einmal Brot, Vorratstasche und kein Geld! Es ist komplett anders. Ich fühle mich verwirrt und nachdenklich, wenn ich meine Entsendung anschaue und die Entsendung der Jünger. Komplett anders! Ich will mich nicht in die Verharmlosung flüchten: Das waren eben andere Zeiten! Nein auch für damalige Zeiten war es „verrückt", ohne Geld, Brot und Vorratstasche zu gehen.
Ich denke an Franziskus. Er hat sich von dieser Bibelstelle berühren lassen: „Als Franziskus eines Tages, vielleicht am 24. Februar 1209 (oder 1208), dem Fest des hl. Apostels Matthias, einen Gottesdienst in der Portiunkulakapelle besuchte, hörte er im Evangelium einen Ausschnitt aus der Aussendungsrede: dass die Jünger „weder Gold, noch Silber, weder eine Tasche, noch Brot oder einen Stab auf dem Weg tragen, weder Schuhe noch zwei Röcke haben sollten" Das war für Franziskus die Weisung, die Jesus ihm für sein künftiges Leben gehen wollte Sie traf ihn wie ein Blitz mitten ins Herz. Er wusste sich ganz persönlich angerufen. „Das ist es, was ich mit allen Kräften zu erfüllen wünsche!", rief er aus. Trotzdem bittet er nach der Messe noch den Priester um eine Auslegung dieses Evangeliums, um sicherzugehen, was damit gemeint ist. Dieser Anruf des

Evangeliums hat für Franziskus zuerst einmal ganz konkrete Folgen für seine Bekleidung. Sein Kleid, das er sich nun macht, drückt nicht mehr nur seine Hinwendung zu Gott aus, sondern wird zum Ausdruck des Anrufes Gottes an ihn. Er trägt keinen Stab mehr, keine Schuhe, keinen Beutel und keine Geldtasche. Er legt den Ledergürtel ab, der auch als Geldbeutel dienen kann, und trägt von nun an einen Strick, der sein einfaches, farb- und schmuckloses Gewand zusammenhält. Dieses neue Gewand zeigt, dass Franziskus nun entschieden, bis in seinen Leib hinein in der Nachfolge Christi steht und seinem Herrn auf dem Weg der Entäußerung und des Kleinwerdens nachfolgt. Mit dem Wissen um diesen Anruf Gottes arbeitet er in seinem neuen Kleid an der Renovierung der Kapellen weiter und verkündet die Botschaft der Aussendungsrede Jesu: Gott will den Menschen Frieden schenken. Getreu dem Auftrag, den er in der Portiunkulakapelle bekommen hat, beginnt Franziskus von da an, den Menschen zu predigen und sie zur Umkehr zur Botschaft des Evangeliums aufzurufen. Jetzt, da Franziskus genauer weiß, was er tun soll, beginnt durch das öffentliche Predigen auf Plätzen und in Dörfern seine öffentliche Wirksamkeit, die ihn zu einem der bekanntesten Menschen seiner Zeit macht."[62]

Wenn heute ein Franziskaner umzieht, hat er auch mehr Gepäck als damals!

Ich werde nicht nach dem Gottesdienst meine Bücher, CDs und Kleider verkaufen. Aber es gilt zu fragen: Wie können wir dieses Evangelium umsetzen in unserer Situation?

Es gibt heute wieder vermehrt moderne Asketen. Minimalisten nennen sie sich. Sie reduzieren ihren Kleiderschrank: Wie viel Kleider brauche ich wirklich? Ich brauche eigentlich nicht 30 Hemden oder Hosen! 5 Hemden und Hosen reichen auch. Sie erleben eine Erleichterung! Eine neue Freiheit. Denn sie erkennen, dass es zwischen Innen und Außen Verbindungen gibt. Viele Gegenstände stopfen nicht nur meine Wohnung voll, sondern auch meinen Geist.

Wanderer trecken mehrere Wochen durch die Alpen oder den Jakobsweg mit soviel, wie auf dem Rücken zu tragen ist. Sie genießen Minimalismus auf Zeit.
Minimalistische Arbeiter verrichten ihren Job mit einem Laptop. Sie können ihr Leben und ihre Freiheit irgendwo in einer Idylle genießen.
All diese Menschen stellen die Konsumgesellschaft infrage und geben darauf ihre persönliche Antwort, indem sie ihr Leben ändern. Manche entscheiden sich bewusst aus spirituellen Gründen dazu. Andere haben nur vom Horten und Konsumwahn die Schnauze voll und genießen es, ein Ding nach dem anderen loszulassen.
Was könnte ich weggeben? Wie viel Dinge sind in meinem Keller, die ich die letzten zwei oder drei Jahre nicht benutzt habe? Ohje, ich könnte nach den Minimalisten viel weggeben…
Ja geistig arm werden, damit ich freier und offener werde.
Das ist auch wichtig für meine Aufgabe als Seelsorger. Die Jünger gingen aus, um Seelsorge zu machen. Predigen und heilen. Das ist das Ziel! Sie brauchen keine Ausbildung durch Theologiestudium, keine Bücher. Denn sie haben Kontakt mit dem Heiligen Geist in ihnen selbst. Der Umgang mit Jesus bringt sie dazu.
Das gilt auch heute! Nicht das Studium, die vielen Bücher machen letztlich Seelsorge aus. Sondern ob ich auf Gott vertraue, ob ich den Heiligen Geist wirken lasse. Dazu ist Gebet nötig. Im Gebet wächst durch die Gnade das Vertrauen auf Gott.
Zur Seelsorge gehört das Predigen. Ich kann mich auf zweierlei Weisen auf meine Predigt vorbereiten: Ich kann viele Bücher lesen und genau meine Predigten ausarbeiten. Ich kann aber auch die Predigt aus dem Gebet entstehen lassen, aus dem Kontakt mit dem Heiligen Geist, aus der lebendigen Beziehung zu Christus. Beides schließt sich nicht aus, aber das erste allein ist dürftig, es fehlt das Lebendige. Der heilige Ignatius hat gewusst, dass beides wichtig ist: Studium und Gebet. Aber indem er die Exerzitien als

das Zentrum seines Ordens ansah, gab er der lebendigen Beziehung zu Christus den Vorrang vor dem Studium.

Seelsorge ist ebenso Beziehungspflege, im Gespräch bleiben mit den Menschen: Den anderen als Du wahrnehmen, dazu brauche ich nichts. Ich muss mich vielmehr leer machen, arm machen, damit ich voll zuhören kann. Zum Beispiel wenn ich mit Jugendlichen arbeite, ist es gut, sie nicht immer mit meinen Ideen und Konzepten zu überfrachten, sondern mit leeren Händen zu ihnen gehen, um frei zu sein, ihre Ideen, Sorgen, Freuden, Wünsche zu hören.

Ein Narr, der mit leeren Händen Seelsorge betreibt… Ja dieses närrische Leerwerden ist wesentlich für einen christlichen Prediger und Seelsorger.

Das war also meine heutige nachdenkliche Narrenrede!

16. Sonntag im Jahreskreis: Aus der Einheit leben

Mk 6,30-34
Wir hören in der Lesung faszinierende und große Worte! Die Trennung zwischen Juden und Heiden hat Jesus Christus beendet, sie sind durch ihn zu einer Einheit geworden: „Er vereinigte die beiden Teile (Juden und Heiden) und riss durch sein Sterben die trennende Wand der Feindschaft nieder. Er hob das Gesetz samt seinen Geboten und Forderungen auf, um die zwei in seiner Person zu dem einen neuen Menschen zu machen. Er stiftete Frieden und versöhnte die beiden durch das Kreuz mit Gott in einem einzigen Leib. [...] Durch ihn haben wir beide in dem einen Geist Zugang zum Vater." Epheserbrief 2,13 -18
Dadurch, dass Juden wie Heiden Christen geworden sind, ist die Einheit im gemeinsamen Geist entstanden. Da erfüllt sich schon langsam das Ziel, das im Johannesevangelium Jesus bei seiner Abschiedsrede formulierte: „Alle sollen eins sein: Wie du, Vater, in mir bist und ich in dir bin, sollen auch sie in uns sein, damit die Welt glaubt, dass du mich gesandt hast." Joh 17,21
Und wie schaut es heute aus mit der Einheit? Die Christen haben sich getrennt: In die katholische Kirche und die orthodoxe, die evangelisch-lutherische und die Reformierten usw. Auch darüber hinaus konnten die Christen nicht alle Völker vereinigen. Es gab Kriege zwischen christlichen Völkern, Kriege mit Völkern anderer Religionen. Und es gibt große Unterschiede, verschiedenste Weltvorstellungen und verletzende Missverständnisse zwischen den verschiedenen Religionen. Die Einheit ist weit entfernt!
Wie können wir jenseits dieser „schlechten Bilanz" Einheit entdecken? Um die Einheit zu entdecken, ist es notwendig, den ursprünglichen Grund für Trennungen zu verstehen. Trennungen entstehen durch sprachliche Formulierungen. Immer wenn ich spreche, sage ich letztlich: das ist dies und nicht jenes! Jeder

Gedanke, jede sprachliche Formulierung trennt. Und gleichzeitig verzerrt jeder Gedanke und jede sprachliche Formulierung die ursprüngliche Wahrnehmung. Denn das Einmalige an einer Wahrnehmung kann die Sprache mit ihren allgemeinen Begriffen nie erreichen. Außerdem wird durch die Sprache Eigentum festgeschrieben: das gehört mir und nicht dir. Das ist meine Meinung, die sich von deiner Meinung unterscheidet usw. Und die Gedanken führen uns weg von der Gegenwart, an andere Orte, Vergangenheit oder Zukunft.

Um die Einheit zu entdecken, muss ich also die Sprache, die Gedanken, die Gedankenwelt verlassen. Und genau das mache ich, wenn ich in die Stille gehe. Wir hören es heute im Evangelium: Jesus lädt seine Jünger ein, an einen einsamen Ort zu gehen, wo sie allein sind. Und an anderer Stelle hören wir, dass er allein auf einem Berg betet. Ein großer Mystiker des Mittelalters drückt diesen Weg, der die Gedankenwelt verlässt, ganz deutlich aus in einem Brief von der mystischen Seelenführung: „Lass alles Grübeln und anstrengendes Denken über dich und ihn bleiben, vergiss alle Einzelheiten. Höre auf zu überlegen, was gut oder schlecht ist, natürlich oder übe natürlich, göttlich oder menschlich. Nichts ist jetzt wichtig außer dem einen, dass du Gott in freudiger Liebe die dunkle Wahrnehmung deines reinen Seins anbietest, damit er dich mit seiner Gnade an sich ziehen und dich im Innersten mit sich einen kann, dein Sein mit seinem Sein."

Hier sehen wir deutlich, wie der Mystiker empfiehlt, Denken, Unterscheidungen fallen zu lassen. Denn genau das trennt und verzerrt. Was bleibt dann? Sehr viel! Aufmerksamkeit auf die Gegenwart, die reine Wahrnehmung, die nicht durch Gedanken verzerrt wird. Und in der Aufmerksamkeit und in der Wahrnehmung zeigt sich und wirkt Gottes Gegenwart. Und Gottes Gegenwart ist überall: Sie ist der Grund für alle Einheit, sie ist die Einheit selbst. Und diese Einheit ist nur in der Stille erfahrbar.

In der Christenheit hat man sich der Stille insbesondere durch das Jesusgebet genähert. Schon die Wüstenmönche pflegten dieses Gebet, um in die Stille der Wüste zu lauschen. Im Jesusgebet achte ich auf den Atem und spreche gemäß dem Ausatmen und Einatmen innerlich den Namen Jesus Christus. Dieses Gebet wird immer mehr ein Lauschen auf den Namen und auf die Stille.

Wer dieses Gebet pflegt, erkennt bald auch verbindende Linien zwischen den Religionen: In allen Religionen und spirituellen Traditionen wird in den Meditationen auf den Atem geachtet und auf die Stille gelauscht. In vielen spirituellen Traditionen wird ein göttlicher Name meditiert.

Diese ähnlichen Gebetsmethoden und Meditationsübungen schaffen eine besondere religionsübergreifende Ökumene: Achten auf den Atem, Aufmerksamkeit auf Gegenwart, Stille, Gedankenwelt beiseitelegen, Absichtslosigkeit, Hingabe, evtl. Wiederholung des Gottesnamens – all das findet sich bei vielen Religionen.

Die jeweiligen Erfahrungen werden unterschiedlich berichtet, denn die religiösen und kulturellen Kontexte prägen die Darstellung unserer Erfahrungen. Über die Stille und Einheit mit Sprache zu sprechen ist eigentlich unmöglich, weil die Sprache trennt und die Stille unterbricht. Deswegen gibt es auch Unterschiede bei den Schriften von Mystikern des Christentums und des Buddhismus, der Sufis im Islam und der Yogis im Hinduismus.

Trotzdem ahnt man im Vergleich der mystischen Schriften eine Einheit, die Einheit von Gott selbst. Deswegen ist das kontemplative Gebet so wichtig! Wahre Einheit brauchen wir nicht erreichen. Sondern wir dürfen sie erfahren in der Stille. Gehen wir wie Jesus immer wieder an einen einsamen Ort und entdecken wir wie Elija Gott in der Stille. Dann können wir aus dieser Erfahrung leben. Das schafft vielleicht mehr Einheit als viele ökumenische Aktionen. Ökumenische Aktionen sind gut und wichtig. Aber sie werden fruchtbarer, wenn wir gleichzeitig die wahre Einheit in der Stille suchen: Gott selbst! Diese Einheit ist immer da. Im Jetzt, in der Gegenwart!

17. Sonntag im Jahreskreis: Das Denken der Fülle

Joh 6,1-15
Die Brotvermehrung erzählt jedes Evangelium. Aber nur Johannes lässt danach eine große „Brotrede" folgen. Da stellt sich die Frage: Welche Bedeutung hat diese Stelle, das Wunder von der Brotvermehrung, im Johannesevangelium?
Die Brotvermehrung lässt Johannes in der zeitlichen Nähe von Pessach geschehen. Pessach: das Mahl der Befreiung, Auszug aus dem sicheren aber frustrierenden Lebensstil in Ägypten und Aufbruch in ein neues gelobtes Land.
Wir Christen denken bei Pessach natürlich an das letzte Abendmahl von Jesus mit seinen Jüngern, bei dem er Brot und Wein herumreicht und spricht: Das ist mein Leib, das ist mein Blut. Aber Johannes berichtet dies nicht, er erzählt nur die Fußwaschung. Unser heutiges Evangelium, die Brotvermehrung, und die nachfolgende lange Brotrede sind gewissermaßen der Ersatz für den fehlenden Abendmahlsbericht. Denn genau in dieser Brotrede sagt Jesus: Ich bin das Brot des Lebens.
Das Wunder geschieht auf einem Berg – Und da können wir gleich mehreren Assoziationen folgen. Auf dem Sinai Berg bekam das Volk Israel das neue Gesetz. In Matthäus gibt Jesus in der Bergpredigt das neue Gesetz. Wenn wir uns die Brotvermehrung plus Brotrede anschauen, die auch auf einem Berg stattfinden, dann ahnen wir schon: Dieses Wunder fasst Jesu Botschaft, Jesu Handeln und Jesu Sein zusammen.
Jesus gibt Menschen Brot und es reicht für alle im Überfluss. Das zeigt in der Tat: Das Reich Gottes bricht mit Jesus an. Jesus gibt selbst das Brot aus. Nicht wie Mose, der um Brot bitten muss. Das Brot fiel damals vom Himmel. Jetzt kommt das göttliche Brot von Jesus.
Was ist das Neue? Der Aufbruch? Das neue Denken, das neue Gesetz? Für das alte Denken steht Philippus. 200 Denare reichen

nicht aus. Es ist das Denken der Knappheit! Es durchzieht auch unser Denken und Handeln: Alles erscheint knapp. Das Geld, die Zeit! Man muss nur rechnen, dann merkt man es schon: Was ich dem einen gebe, das habe ich nicht mehr. Verlust auf der einen Seite und Gewinn auf der anderen Seite gehören zusammen.
Jesus will uns in ein neues Denken hineinführen. Dafür greift er ein Kind auf, das fünf Brote und zwei Fische dabei hat. Das Kind gibt alles, was es hat. Es ist wie die Witwe, die alles in den Opferstock im Tempel gibt. Ein Kind rechnet nicht, es vertraut. Es kann sich ganz hingeben!
Nun lässt Jesus alle hinsetzen. Sie müssen ruhig werden, nur so kann das Umdenken geschehen. Jesus wollte Philippus mit seinem alten Denken in eine Sackgasse führen, damit er – und alle anderen – in Ruhe im Sitzen offen werden für das neue Denken.
Dann dankt Jesus für die Gaben. Dankbarkeit ist die Antwort auf ein Geschenk, auf Gnade. – Wir haben keinen Anspruch sondern wir antworten mit Dankbarkeit.
Und da geschieht das Wunder! Ein neues Denken und ein neues Leben. Statt Knappheit Überfluss! Ich bekomme etwas, ohne Anspruch darauf zu haben, und ich gebe weiter aus Dankbarkeit, aus Liebe und aus Vertrauen, dass für alle da ist. Der Gebende hat keinen Verlust, er wird beschenkt.
Ist dieses neue Denken Jesu utopisch? Können wir es nur im kleinen Bereich der Messe erleben, symbolisch? Das wäre kläglich! Zwei Beispiele mögen motivieren, Überfluss auch im eigenen Leben zu entdecken.
Ein Beispiel aus dem zwischenmenschlichen Alltag: Wer Zeit beim Zuhören verschenkt, wird beschenkt durch erfüllte Zeit, die er erlebt! Zeit ist uns geschenkt. Wer Zeit als knappes Gut anschaut, der kommt in Hektik und verpasst das wirkliche Leben. Michael Ende hat darüber den wunderbaren Roman Momo und die grauen Herrn geschrieben. Wenn Eltern ihren Kindern zuhören, werden sie reich beschenkt: Sie genießen ihre Kinder!

Ein Beispiel aus der Politik: Ist Wasser ein Gut, das einzelne besitzen und verkaufen und das knapp ist? Oder gehört Wasser allen und es gibt für alle kein Besitzrecht sondern nur ein Recht auf Nutzung und Genuss von Wasser, das so genannte Nießnutzrecht? In vielen Ländern der Erde wird genau um diese Frage gestritten. Zum Beispiel in Indien gibt es immer mehr internationale Konzerne, die Wasser in Flaschen verkaufen. Aber immer mehr entdecken auch in Indien die alten Strukturen: eine Dorfgemeinschaft kümmert sich gemeinsam um das Wasser. Jeder hat ein Recht darauf, das Wasser des Brunnens, der Zisterne usw. zu nutzen und zu genießen, aber keiner besitzt es und keiner kann es verkaufen. Gerade die Ärmsten der Armen sind in diesen Systemen nicht benachteiligt. Sie können sich das Wasser der Dorfgemeinschaft leisten – im Gegensatz zu den Wasserflaschen der internationalen Firmen.

Gott gibt im Überfluss. Jesus Christus hat dies ganz deutlich am Kreuz offenbart: Er gibt sich selbst. Das feiern wir in der Eucharistie. Es soll unsere Lebenseinstellung werden. Das ist ein lebenslanger Lernprozess, in Jesu Geist zu denken und zu handeln. Hingabe, Vertrauen, Dankbarkeit anstatt Besitzanspruch, dann entdecken wir den Überfluss der Gnade. Man kann diesen Geist Jesu nur in Demut mehr und mehr geschenkt bekommen. Wer Jesus nachfolgt, dem wird es zuteil. Man kann diesen neuen Lebensstil, dieses Wunder nicht ergreifen, besitzen, verwalten. Jesus will nicht König sein! Deswegen entzieht er sich den Menschen am Ende des Evangeliums.

Wer Jesus nachfolgt, der wird im Leben selbst durch den Heiligen Geist mehr und mehr in diese Haltung Jesu der wahren Fülle und Dankbarkeit hineingeführt.

18. Sonntag im Jahreskreis: Ich bin das Brot des Lebens – Jesus als Symbol der Liebe Gottes

Joh 6,24-35

Sie erkennen die Melodie sofort: [Anfang 5. Sinfonie Beethoven vorsummen] dädädä däää, dädädä däää! Diese Melodie lässt gleich einige Assoziationen aufkommen: 5. Sinfonie, Beethoven, energischer Anfang.

Man kann sie als Symbol bezeichnen. Sie wurde zum Erkennungszeichen für Beethovens Musik, genauso wie der Anfang der Träumerei für die romantische Musik Schumanns steht und der Anfang der „Kleinen Nachtmusik" für Mozarts Verspieltheit.

Diese Melodien sind nicht zufällig zum Symbol der Musik Beethovens, Mozarts oder Schumanns geworden. Denn sie drücken symbolisch auch den Charakter des jeweiligen Komponisten aus: Die vielfältige Energie Beethovens, die Romantik Schumanns, die Verspieltheit Mozarts.

Sieben Erkennungszeichen Johannes hat sich tief in das Wesen Jesu Christi hineingedacht und sieben Erkennungszeichen gefunden, die dieses Wesen ausdrücken: die 7 Ich-bin-Worte!

„Ich bin die Tür!", „Ich bin der Weg, die Wahrheit und das Leben!", „Ich bin das Licht der Welt!", „Ich bin der gute Hirte!"; „Ich bin der Weinstock, ihr die Reben!", „Ich bin die Auferstehung und das Leben!", „Ich bin das Brot des Lebens!"

Und die kirchliche Spiritualität hat noch ein achtes Erkennungszeichen entdeckt, das gewissermaßen alle 7 „Ich-bin-Worte" zusammenfasst: das Herz Jesu, verbunden mit dem Vater und verschenkt an die ganze Menschheit.

Ja wir können noch einen Schritt weiter gehen: Jesus ist selbst ein Symbol. Jesus Christus ist das Symbol für die Liebe Gottes in der Welt.

Symbol Aber damit wir die Tiefe dieser Aussage erfassen können, müssen zwei Dinge klargestellt werden: Es gibt Zeichen, die nur auf Vereinbarung in einer Gesellschaft für etwas stehen. Zum Beispiel ein Stoppschild ist Zeichen für die Anweisung: Halte hier!, weil eine Gesellschaft sich auf dieses Schild geeinigt hat.
Aber es gibt auch Dinge, die von sich aus Symbol für etwas sind. Zum Beispiel sind Berge und Sterne, Wälder und Seen, Blumen und Vögel von sich aus Symbole für die Schöpferkraft Gottes. Auch die Melodie vom Anfang der 5. Sinfonie ist in sich ein passendes Symbol für Beethovens Musik!
Wenn etwas aus sich heraus ein Symbol ist, dann drückt es aus, woher es kommt und wofür es da ist und was sein Sinn und Wesen ist!
Jesus Christus ist in sich, von seinem Wesen her Symbol der Liebe Gottes. Die Menschen haben Jesus ganz vielfältig erlebt: durch seine Predigten, durch seine Gleichnisse, durch seine Wunder, durch seine Streitgespräche, durch seine Mahlgemeinschaften, durch seinen Tod und seine Auferstehung. Sie zeigen Aspekte von seinem Wesen. Aber alles zusammengenommen ergibt: Jesus Christus ist wirkliches Symbol der Liebe Gottes in der Welt. Jesus Christus ist damit auch am radikalsten Mensch, der freieste und erfüllteste Mensch, weil er sich auf seinen Vater völlig ausgerichtet hat, weil sein Handeln und Reden die göttliche Hingabe an die Menschen offenbart hat.
Jesus Christus ist wahres Symbol in sich: Er drückt aus, woher er kommt: vom Vater. Er drückt aus, wofür er da ist: für das Heil der Menschen! Und er drückt sein Wesen aus, dass er wahrer Mensch und wahrer Gott ist!
Johannes hat mit seinen sieben „Ich-bin-Worte" auf zusammenfassende Weise ausdrücken wollen, dass Jesus Christus Symbol der heilenden Güte Gottes für die Menschen ist.

Sie sind sieben wohlformulierte, poetische symbolische Bilder dafür, dass Jesus wahres Symbol der Liebe Gottes ist.

Aber Symbole sind wie Gemüsebrühwürfel, kompakt und praktisch – aber ihr Inhalt ist zu dicht zusammengepackt, als dass man ihn so genießen könnte. Man muss einen Gemüsebrühwürfel in heißem Wasser auflösen, dann kann man ihn trinken. Ein Symbol muss ebenso entfaltet werden, damit seine vielfältigen Dimensionen klar werden.

Das Symbol Brot Der lateinamerikanische Theologe Jon Sobrino hat das Symbol Brot wunderbar entfaltet:

„Das Reich Gottes beginnt mit dem Brot, dem vorrangigen Symbol des Lebens und der Überwindung des Todes. Aber dieses Brot ist immer auch mehr als nur Brot. Es wirft auch die Frage auf, wie man zu Brot kommt. Und wenn man Brot hat, so stellt sich spontan die Frage nach dem Teilen des Brotes. Hier tritt die ethische Dimension des Brotes (die Forderung, es zu teilen), seine gemeinschaftliche Dimension (wenn das Brot geteilt wird) und die Dimension des Feierns (gemeinsames Essen an einem Tisch) in Erscheinung.

Das erhaltene und geteilte Brot der einen verwandelt sich sofort in die Frage nach dem Brot für die anderen, für andere Gruppen und andere Gemeinschaften, also in die Frage nach dem Brot für das ganze Volk. So entstehen die soziale und politische Dimension des Brotes. Gleichzeitig damit entstehen zahllose Fragen, wie an Brot für alle zu kommen ist, nach dem Handeln, nach Formen des Kirche-seins...

In jeder Phase verweist das Brot auf Tugenden: Barmherzigkeit, damit sich das Innere angesichts der Brotlosen erregt, Tapferkeit im Kampf für sie, Ausdauer in den Konflikten und Verfolgungen, Wahrheit zu Analyse der Ursachen der Brotlosigkeit und zur Suche nach besseren Wegen zu deren Überwindung. Das Brot mobilisiert alle Kräfte des menschlichen Geistes und konfrontiert ihn vor allem mit der Frage, ob er zur Liebe, zur größten Liebe fähig ist oder nicht. So ermöglicht das Brot Hingabe,

Freigebigkeit und Mut bis hin zur größten Liebe: in der Hingabe des Lebens.

Das Brot hat auch etwas Sakramentales. So wird z.B. in El Salvador das Maisfest gefeiert. Man versammelt sich, nicht nur um zu essen, sondern auch um zu singen und Gedichte zu lesen, um zu feiern. Das Fest schafft Gemeinschaft und lässt diese auch deutlich werden. Es bewirkt tiefe Freude.

Die gute Nachricht des Brotes bewegt dazu, Gott dafür zu danken oder aber zu fragen, warum er zulässt, dass es kein Brot gibt, oder warum es nicht geteilt wird. Es treibt dazu an, Jesus nachzufolgen, der das Brot wunderbar verteilt hat, um den Hunger zu stillen; oder es wirft die Frage auf, warum Menschen wie er ermordet werden. Es kann zu der Frage führen, ob es etwas gibt, dass mehr als Brot ist, ein Brot des Wortes, welches notwendig und eine gute Nachricht ist, selbst wenn das wirkliche Brot fehlt. Ebenso kann es vor die Frage stellen, ob es wahr ist, dass am Ende der Geschichte Brot für alle da sein wird, und ob es die Mühe lohnt, sich dafür einzusetzen, obwohl oftmals die Finsternis alles verdunkelt.[63]

„Ich bin das Brot des Lebens!" All das erfuhren und erfahren die Menschen durch Jesus Christus, er ist wahrlich das Brot des Lebens für die Menschen. Ein Symbol kann ausgebreitet werden in seinen verschiedenen Facetten, so wie es Sobrino gemacht hat. Und anhand des Symbols Brot können wir das Symbol Jesus Christus vor uns ausbreiten, warum er das Brot des Lebens ist, warum er Symbol der Liebe Gottes ist.

- Er teilt Brot großzügig aus, in seiner Gemeinschaft fangen die Menschen zu teilen an. Er zeigt, es ist genug für alle da: Gott gibt im Überfluss.
- Er wendet sich den Benachteiligten, den Ausgeschlossenen, den Brotlosen zu.
- Er stellt die Frage nach Gerechtigkeit und Barmherzigkeit den Pharisäern und Schriftgelehrten.

- Er gibt das Brot des Wortes, damit man geistig ernährt wird und wächst, durch seine Predigten und Gleichnisse.
- Und er lädt Menschen zum Feiern, zum gemeinsam Essen und Gott danken ein.
- Und zuletzt gibt er sich selbst hin am Kreuz und gibt sich uns in seinem Testament, dem letzten Abendmahl, als Brot, damit wir durch ihn im Leben wachsen und den Tod als Tür zum Leben bei Gott erleben.

19. Sonntag im Jahreskreis: Einführung in das Johannesevangelium

Joh 6, 41-51
Das Johannesevangelium ist so ganz anders, als die drei anderen Evangelien Markus, Matthäus und Lukas. Wir haben gerade einen Ausschnitt aus der Brotrede gehört. Solche langen symbolischen Reden hält Jesus nur im Johannesevangelium. In den drei anderen Evangelien erzählt Jesus kurze Gleichnisse über das Reich Gottes oder predigt mit kurzen Sprüchen. Im Johannesevangelium predigt Jesus nicht über das Reich Gottes, vielmehr verdeutlicht er auf immer neue Weise, dass er vom Vater gesendet ist. Mit den sieben Ich-bin-Worte redet Jesus symbolisch über sich, nicht über das Reich Gottes.

Sind wir mal ehrlich: Manche haben ihre Freude an den meditativ kreisenden Reden Jesu im Johannesevangelium und anderen (ich vermute die Mehrheit der Christen) ist das ein bisschen zu viel des Guten.

Wie ist dieses außergewöhnliche Evangelium entstanden?
Diese Frage führt uns auf eine spannende Reise des hermeneutischen Zirkels: Wir fragen uns, welche Hinweise uns das Evangelium gibt, in welchem Milieu, in was für einer Gemeinde dieser Text entstanden ist. Umso mehr wir verstehen, welche kulturellen Hintergründe die Gemeinde hatte, mit welchen Schwierigkeiten, Streitigkeiten und Herausforderungen sie zu kämpfen hatte, desto mehr verstehen wir auch einzelne Stellen im Evangelium neu und können sie nun im Kontext von damals neu deuten.

Beginnen wir mit unserer Entdeckungsreise. Welche Hinweise können wir finden über die Gemeinde?

Man kann das Johannesevangelium nur verstehen, wenn man auch das Alte Testament kennt, denn es greift immer wieder Begriffe, Zitate oder Vorstellungen des Alten Testaments auf. Zum Beispiel vergleicht das Johannesevangelium die Kreuzigung mit einer Szene aus dem Buch Numeri: „Und wie Mose die Schlange in der Wüste erhöht hat, so muss der Menschensohn erhöht werden." Joh 3,14. Die Johannesgemeinde hat ihre Wurzeln also im Judentum. Das ist zum Beispiel anders in der Gemeinde des Markus. Diese besteht aus Heidenchristen. Ihnen muss Markus im Evangelium jüdische Gebote und Bräuche extra erklären.

Wenn das Evangelium so ganz anders ist, als die anderen Evangelien, dann hat diese Gemeinde ein gewisses Eigenleben geführt, in der sich in einigen Jahren eine eigene theologische Sprache entwickelt hat. Die drei Johannesbriefe kommen auch aus dieser Gruppe, weil sie im Stil ganz zum Johannesevangelium passen.

Der Jünger, den Jesus liebte Im Johannesevangelium hat sich die Gemeinde ein ganz persönliches Vorbild gegeben, an dem sie sich orientierten und das ihnen eine Gruppenidentität gab. Das ist der Jünger, den Jesus liebte. Diesen Jünger gibt es nur im Johannesevangelium. So wie dieser Jünger an der Seite Jesu liegt, so möchten die Mitglieder dieser Gemeinde ganz mit Jesus verbunden sein. Sie wollen der Freundeskreis Jesu sein. Erstaunlich: Nur im Johannesevangelium bezeichnet Jesus seine Jünger immer wieder als seine Freunde. Und dass dieser Jünger keinen Namen im Evangelium hat, sondern immer als der Jünger bezeichnet wird, den Jesus liebte, ermöglichte den Gemeindemitgliedern noch besser die Identifikation mit diesem Jünger.

Am Ostertag, als Maria Magdalena vom leeren Grab berichtet, laufen Petrus und der Jünger, den Jesus liebte, zum Grab. Der geliebte Jünger ist schneller, doch er lässt Petrus den Vortritt. Petrus sieht alles, aber leider kapiert er nichts. Der andere Jünger jedoch versteht sofort die Indizien richtig zu lesen und glaubt an die Auferstehung. Diese Geschichte kann für uns Hinweise für das Verhältnis der Johannes-Gruppe zur Großkirche geben. Diese kleine christliche Sondergruppe, wahrscheinlich eine kleine

Gemeinde, akzeptiert, dass es viele Christen gibt, die aus der Urkirche in Jerusalem kommen und Petrus als Führungsautorität haben. In diesen Gemeinden sind wahrscheinlich die anderen drei Evangelien entstanden. Die Johannes-Gemeinde akzeptiert diese Großkirche. Denn der Jünger, den Jesus liebte, lässt ja dem Petrus den Vortritt. Aber sie halten sich doch spirituell eher für etwas Besseres: Petrus läuft nicht ganz so schnell und ist am offenen Grab begriffsstutzig.

Soziale Struktur der Gemeinde Die Johannesgemeinde ist anscheinend eine Gruppe von Gleichberechtigten. Ein klarer Leiter, ein Amtsträger, eine Hierarchie scheint nicht da zu sein. Denn Jesus redet alle Jünger als seine Freunde an. Alle Rebzweige sind direkt mit dem Weinstock verbunden. In diesem Bild sind alle Rebzweige gleichberechtigt. Man kann keine Hierarchie erkennen. Man soll einander dienen, so wie Jesus allen die Füße gewaschen hat. Auch Frauen waren in der Gemeinde mit Männern gleichberechtigt. Nicht anders lässt sich erklären, dass so viele Frauen an zentralen Stellen im Evangelium vorkommen: Maria Magdalena ist die erste Auferstehungszeugin. Martha spricht das Messiasbekenntnis aus, nicht Petrus, der bei den Synoptikern dieses Bekenntnis an zentraler Stelle kundgibt.

Bleiben wir noch ein wenig bei dem berühmten Weinstock-Bild: Jesus betont darin zweierlei sehr stark. Bleibt mit mir verbunden! Wer sich von mir trennt, bringt keine Frucht. Das sind Hinweise, dass sich einige von der Gruppe getrennt haben. Die restlichen Mitglieder stärken auch ihren Gruppenzusammenhalt mit solchen Texten. Wenn wir noch eine Stelle aus dem 1. Johannesbrief dazu nehmen, ergibt sich eine weitere Vermutung. Dort steht: „Wenn jemand Vermögen hat und sein Herz vor dem Bruder oder der Schwester verschließt, die er Not leiden sieht, wie kann die Gottesliebe in ihm bleiben? ... Wir sollen an den Namen seines Sohnes Jesus Christus glauben und einander lieben, wie es seinem Gebot entspricht." (1 Joh 3,17.23) Wahrscheinlich ist es gerade bei einigen wohlhabenderen Gemeindemitgliedern nicht

gelungen, sie zum „Bleiben" zu bewegen. Die Gemeinde drohte durch diese Verluste und internen Streitigkeiten auseinander zu brechen. „Ihr habt gehört, dass der Antichrist kommt, und jetzt sind viele Antichristen gekommen. Sie sind aus unserer Mitte gekommen, aber sie gehörten nicht zu uns; denn wenn sie zu uns gehört hätten, wären sie bei uns geblieben." (1. Joh 2,18f.)
Man spürt, wie heftig die Enttäuschung war, wie sehr die Verbliebenen sich von denen, die die Gemeinde verlassen haben, distanziert haben. Aber es befremdet uns auch. Ein durchgehendes zentrales Thema der johanneischen Schriften ist: Liebt einander, so wie Jesus euch geliebt hat. Aber gegenüber denen, die die Gemeinde verließen, können sie keine verzeihende Liebe aufbringen.
Wir können diese harte Reaktion etwas besser nachvollziehen, wenn wir uns bewusst machen, in welchen Konflikten und Bedrängnissen die Gemeinde insgesamt stand. Dieses Verstehen soll die Härte nicht rechtfertigen sondern helfen, gewisse Bibelstellen adäquater einordnen zu können.

Konflikte mit der Synagoge Diese Gemeinde hatte schmerzhafte Konflikte mit der Synagoge auszufechten. Sie verstanden sich wahrscheinlich wie viele Judenchristen auch als Juden. Deswegen besuchten sie die Synagogen. Aber ihre neue Lehre von Jesus als Messias und Sohn Gottes stieß auf heftigsten Widerstand. Die Juden waren nach der Zerstörung des Tempels selber in Bedrängnis! Einerseits mussten sie ihre eigene Religion neu definieren: Wie ein Judentum leben ohne Tempel? Andererseits wollten sie in ihren eigenen Reihen keine weiteren Aufrührer haben, die wieder neue Auseinandersetzungen mit den Römern provozierten. Und so ist es nur allzu verständlich, dass die Juden die johanneischen Christen aus ihren Synagogen warfen. Aber das zog auch den Abbruch der Sozialkontakte nach sich. Juden pflegten keinen Handel mehr mit dieser seltsamen Sekte.
Das erklärt dreierlei: Die Christen in dieser Gemeinde mussten

zusammenhalten. Jeder, der die Gemeinde verlässt, ist ein Verräter und bedroht den Zusammenhalt. Zweitens. Diese Gemeinde hat den Rauswurf aus der Synagoge den Juden nicht verziehen. Im ganzen Evangelium werden insgesamt „die Juden" als störrisch und uneinsichtig dargestellt. Immer wieder muss Jesus mit den „Juden" streiten. In den anderen Evangelien streitet er mit den Pharisäern oder Sadduzäern aber nicht kollektiv mit „den Juden". Der Antisemitismus von Christen im Mittelalter und in der Neuzeit hat aus solchen Textstellen leider zu viel Kapital geschlagen. Eine wie hier dargelegte religionssoziologische Interpretation der Texte ist deswegen für uns heute wichtig, damit wir diese judenverurteilenden Texte besser einordnen können.

Ebenso mit der ganzen Außenwelt, dem römischen Reich, steht die Johannes-Gemeinde auf Kriegsfuß. Das Licht des Logos nimmt die Welt nicht auf. Und Jesus sagt: „Wenn die Welt euch hasst, dann wisst, dass sie mich schon vor euch gehasst hat. Wenn ihr von der Welt stammen würdet, würde die Welt euch als ihr Eigentum lieben. Aber weil ihr nicht von der Welt stammt, sondern weil ich euch aus der Welt erwählt habe, darum hasst euch die Welt." (Joh 15,18) Ein völlig anderes Verhältnis von Christen zur Welt empfiehlt uns Johannes XXIII und die Pastoralkonstitution des II. Vatikanums – Gott sei Dank! Dieses Beispiel zeigt wieder deutlich: Man muss Bibelstellen deuten! Und dazu gehört auch die Einordnung in den damaligen Kontext! Wenn wir nun wissen, dass die Gemeinde des Johannesevangeliums von allen Seiten bedrängt und abgelehnt wurde, von den Juden, von den heidnischen Nachbarn, von der ganzen kulturellen Umwelt, dann ermöglicht uns das eine neue Sicht auf das Evangelium. Die schwierigen, harten, Juden und Welt ablehnenden Stellen können wir aus ihrer Not heraus verstehen. Sie sind zeitgebunden.

Dann zeigt sich das Großartige des Evangeliums für uns heute noch deutlicher:
- Wer das Johannes-Evangelium liest, kann seine liebende

Beziehung zu Jesus und zu seinen Mitchristen neu entfachen und begeistern. Wer ist Jesus für mich? Diese Frage beantwortet das Evangelium immer wieder neu und bereichernd.
- Das Johannes-Evangelium setzt sich deutlich für eine Gleichberechtigung von Mann und Frau in allen Ebenen der Kirche aus.
- Das Johannes-Evangelium betont vor aller Hierarchie, dass wir alle mit Christus direkt verbunden sind durch den Geist.
- Das Johannes-Evangelium steht trotz seiner meditativen Sprache nicht für eine private, esoterische Spiritualität. An Jesus glauben heißt, dem anderen die Füße zu waschen. Es steht für eine Mystik der geschwisterlichen Gemeinschaft.
- Das Johannes-Evangelium ist widerständig und provoziert uns auch zu einer Unterscheidung der Geister: Wo lassen wir uns vielleicht zu sehr mit der Welt ein und übersehen die negativen Tendenzen, die uns hindern, ein erfülltes Leben mit Jesus zu leben?!

20. Sonntag im Jahreskreis: Realpräsenz

Joh 6,51-58
Wir verehren im Altarsakrament, dass Jesus Christus gegenwärtig ist. Die Theologie sagt dazu: Im Sakrament ist Jesus Christus real präsent, wirklich gegenwärtig.
Heißt das, dass er im Altarsakrament mehr gegenwärtig ist? Wenn ja, was soll das für ein „mehr" sein? Ich kann sagen: In diesem Gebäck sind viele Walnüsse und in jenem sind wenig Walnüsse. In diesem Gebäck sind mehr Walnüsse als in jenem Gebäck. Auf diese Weise verstehen manche die Gegenwart Jesu Christi im Altarsakrament. Aber das widerspricht einer wichtigen Erkenntnis.
Der Jesuit Walter Heck hat einmal sehr schön geschrieben: „Die Gegenwart Gottes ist „von ihm her gesehen" überall gleich. Aber wir sind nicht immer und überall gleich offen und empfänglich dafür." Beide Sätze müssen im Verbund gelesen werden. Mose und Ignatius haben das ganz deutlich erfahren und erkannt:
1. Mose erfährt am brennenden Dornbusch die Gegenwart Gottes. Einerseits muss Mose die Schuhe ausziehen, weil er an einem heiligen Ort ist. Andererseits stellt sich Gott mit den Namen Jahwe - ich bin der, der ich bin da - vor. In seiner Unbestimmtheit und Allgemeinheit drückt dieser Name schlicht aus, dass Gott da ist – das heißt aber auch immer und überall da ist. Von diesem Namen her ergeben sich keine Gegenwartsunterschiede. Aber trotzdem wird dieser Name an einem heiligen Ort verkündet.
2. Ignatius von Loyola wurde einerseits durch Gottes Gnade immer mehr zu dem Empfinden geführt, dass er Gott in allen Dingen sah. Und andererseits empfand er große Hingabe an das Sakrament der Eucharistie, ihm brachen die Tränen aus. Er war im höchsten Maße ergriffen im Vollzug des Sakramentes.
Beide Beispiele zeigen, dass es Orte, Zeiten, Rituale, Zeichen, Sakramente gibt, die intensiver Menschen die Gegenwart Gottes erfahren lassen. Und trotzdem ist eine Fixierung auf einen

Gegenstand, einen Ort, eine Zeit nicht der Weisheit letzter Schluss.

Es gibt einen wichtigen Grundsatz: Eine positive Aussage ist keine exklusive Aussage. Eine positive Aussage ist keine anderes ausschließende Aussage. Wenn ich sage, dieser Wein schmeckt sehr gut, dann sage ich nicht damit, dass jener Wein nicht gut schmeckt. Aber viele Menschen hören: Dieser Wein schmeckt gut – dann schmeckt der andere schlecht. Sie verwandeln eine positive Aussage „Dieser Wein schmeckt gut" schnell in eine ausschließende Aussage „Nur dieser Wein schmeckt gut, die anderen nicht".

Diesen Grundsatz auf die Frage der Gegenwart Christi im Altarsakrament angewendet ergibt: „Gott bzw. Christus ist in der Eucharistie wirklich gegenwärtig." Dies ist eine positive Aussage. Aus ihr kann man nicht folgern, dass Gott bzw. Christus an einem anderen Ort weniger real präsent ist. Dieses Ergebnis deckt sich mit der Aussage des Jesuitenpaters: Die Gegenwart Gottes ist „von ihm her gesehen" überall konstant.

Das Bedürfnis nach mehr Aber woher kommt es, dass viele Katholiken die Gegenwart Christi im Altarsakrament sich als Mehr Gegenwart vorstellen, wie das Mehr an Walnüssen in einem Gebäck als in einem anderen Gebäck? In der Alten Kirche war den Gläubigen die Gegenwart Gottes in der gesamten Geschichte und dem ganzen Kosmos noch empfindungsmäßig bewusst. Im Mittelalter war dieses intuitive Verständnis stark verloren gegangen. Deswegen musste Gott an besonderen Orten seine Gegenwart (in besonderer Weise) präsentieren, weil seine Gegenwart in Geschichte und Kosmos für die Gläubigen nicht mehr so deutlich greifbar war.

In den Debatten über Realpräsenz kann einer den anderen fragen: „Glaubst Du nicht daran, dass Christus in den verwandelten Gaben von Brot und Wein mehr gegenwärtig ist?" Er wirft ihm geringeren Glauben vor. Aber ist es nicht gerade umgekehrt? Ist demjenigen, der ein Mehr nötig hat, nicht der Glaube an die wirkliche Realpräsenz Gottes in der ganzen Heilsgeschichte und damit im ganzen Kosmos in gewissen Maßen abhanden gekommen?

Ich möchte noch einmal fragen, ob in diesem Mehr nicht ein berechtigtes Interesse liegt! Hat nicht der Heilige Ignatius von Loyola die Gegenwart Gottes in der Eucharistie viel intensiver erlebt – obwohl gerade er der Heilige ist, der Gott in allen Dingen sehen konnte?

Mehr Begegnung Ein alltägliches Erlebnis kann uns weiter helfen: Ich gehe in einen Raum hinein. Zuerst nehme ich meinen alten Freund nicht wahr. Ich bin mit etwas anderem beschäftigt. Da wende ich meinen Blick, plötzlich sehe ich ihn. Freudig gehe ich auf ihn zu. Wir unterhalten uns, ein wunderbares Gespräch entsteht. Ich spüre sein echtes Interesse an mir und ich bin ganz aufmerksam bei ihm. Zwischen uns entsteht etwas: Vertrautheit, Vertrauen, Verbindung – eben Freundschaft ereignet sich. Begegnung!

Diese kleine alltägliche Szene ist für mich ein wunderbares Gleichnis für die Eucharistiefeier: Jesus Christus ist immer da, Gott ist überall gegenwärtig. Aber die Eucharistiefeier lädt mich ein, den Blick zu wenden. Ich beende meine anderen Tätigkeiten und schaue auf Jesus Christus. Begegnung entsteht, meine Freundschaft zu Jesus Christus lebt neu auf. Zwischen mir und Jesus Christus wird lebendig, was uns verbindet: Jesu Christi Liebe zu uns, besonders in seinem Abendmahl, seinem Tod und seiner Auferstehung, erfahre ich in der Eucharistiefeier. Dankend, mich öffnend nehme ich das Sakrament entgegen und empfange es. Vertrautheit, Vertrauen, Verbindung – eben Freundschaft ereignet sich. Bewusste Begegnung mit Christus!

Das Mehr ist die Begegnung zwischen Christus und uns, die sich in der Eucharistiefeier ereignen darf. Der Leib Christi ist wahres Zeichen für seine Gegenwart und für diese Begegnung mit uns.

Bleibende Zeichen der Beziehung Wir Menschen verbinden mit Gegenständen Ereignisse und Begegnungen. Ein Ehering ist für einen Ehepartner einmalig: Diesen Ring hat sie bzw. er vom Partner bei der Hochzeit empfangen. Dieser Ehering ist nicht ersetzbar. Er ist wirkliches Zeichen für die Beziehung, für das Ereignis der Hochzeit, für die gemeinsame Geschichte. Ein anderer Ring, der physikalisch identisch wäre, könnte ihn beim Verlust des Eherings nicht ersetzen.

So ähnlich ist es auch mit dem Altarsakrament. Das Brot, einmal vom Heiligen Geist zum wahren Zeichen, zum Sakrament der Gegenwart Christi, zum Zeichen Christi Liebe zu uns gewandelt, bleibt für uns wahres Zeichen.

21. Sonntag im Jahreskreis: Der Geist ist es, der lebendig macht – Freiheit nach Viktor Frankl

Joh 6,60-69
Der Geist ist es, der lebendig macht! Man könnte auch sagen:
Der Geist ist es, der frei macht.
Wir können das bei einer Bergersteigung erleben. Am Anfang gehen wir vielleicht erfrischt vom Schlaf und voller Begeisterung los. Aber dann müssen wir die ersten Höhenmeter erklimmen. Vielleicht müssen wir die ersten 400 Höhenmeter auf einer nicht gerade spannenden Forststraße durch einen einfachen Wald gehen. Und plötzlich ahnen wir an einigen Stellen Schmerzen im Fuß: eine Blase. Was macht man dann? Die Schmerzen sind da! Vielleicht auch Gefühle wie Frust und Langeweile. Aber ein begeisterter Bergsteiger sagt sich: Jetzt setze ich mich hier hin, klebe ein Blasenpflaster drauf. Dann spüre ich es noch etwas, aber das ist nicht schlimm. Und wenn ich auf die Karte schaue, dann merke ich, dass noch 100 Höhenmeter auf dem langweiligen Forstweg zu bewältigen sind, dann bin ich über der Baumgrenze, der Wandersteig beginnt. Da geht es dann richtig schön weiter. Tolles gibt es da zu sehen, ein spannender Weg und weite Sicht.
Was hat unser Bergsteiger gemacht? Er hat körperliche Empfindungen und Gefühle gehabt, die eigentlich nicht attraktiv sind. Aber mit seinem Geist hat er frei entschieden. Er hat zu sich geredet, sich klar gemacht, dass es bald schöner wird. Er hat sich nicht abhängig gemacht von seinen körperlichen Empfindungen und Gefühlen. Der Geist ist es, der frei macht.
Bei diesem Beispiel ist das wohl noch vielen einleuchtend. Beim nächsten vielleicht nicht mehr: Nehmen wir einen Partner, der attraktive Gefühle für eine andere Frau entwickelt hat. Wie soll er sich verhalten? Nicht wenige würden sagen: Wenn Du für deine Freundin nicht mehr Liebesgefühle empfindest und die andere

Frau attraktiver findest, dann mach Schluss und beginne eine Beziehung mit der anderen Frau! Dann macht er Schluss und sagt zu ihr: Ich empfinde nichts mehr für dich, ich bin nicht mehr verliebt in Dich! Das wäre im Bergsteigerbeispiel einer, der nach 400 Höhenmeter wieder umkehrt, weil ihm die Füße weh tun und der Weg langweilig ist.

Viktor Frankls drei Ebenen Die entscheidende Frage ist hier: Ist Verliebtsein gleich Liebe? Viktor Frankl würde Nein antworten. Er hat sich besonders dafür eingesetzt, dass der Mensch nicht nur aus zwei Ebenen besteht: der Körperebene und der Gefühlsebene, sondern dass der Mensch noch eine geistige Ebene hat, die sich zum Körper und zu den Gefühlen noch mal frei verhalten kann.

Verliebtsein ist Schmetterlinge im Bauch und knisternde Gefühle. Bei Liebe kommt nach Frankl noch etwas hinzu: Das geistige Ja zum Partner. „Ja, ich entscheide mich für Dich!" Dieses geistige Ja kann dann auch über Durststrecken auf Gefühlsebene hindurch tragen.

Ich will damit nicht sagen, dass wir mit dem Geist Körper und Gefühle bezwingen sollen. Wenn ich mir den Fuß beim Wandern stark verstaucht habe und der Fuß anschwillt, ist es nicht sinnvoll zu sagen: Mit meinem Geist stehe ich über den Schmerzen und gehe noch die 700 Höhenmeter zum Gipfel hinauf. Aber mit meinem Geist kann ich dann eine sinnvolle Entscheidung treffen. Ich rufe die Bergwacht an, die können ja mit einem Krankenwagen den Forstweg hochfahren.

Oder in einer Beziehung kann ich bewusst mit meinem Geist meine verwirrten Gefühle wahrnehmen und mich fragen: Ist irgendein Bedürfnis nach Intimität oder Freude oder Vertrautheit in meiner jetzigen Beziehung nicht besonders gut erfüllt, und deswegen erscheint mir im Moment die andere Frau attraktiv? Wenn ich so mit dem Gefühl umgehe, verdränge oder bezwinge ich es nicht, aber ich gehe geistig bewusst damit um! Wenn ich dann zum Beispiel erkenne, welches Bedürfnis gerade in meiner

Beziehung zu kurz kommt, kann ich ja in meiner jetzigen Beziehung daran arbeiten. Dann muss ich nicht gleich Schluss machen.

Der Mensch ist frei Viktor Frankl hat den menschlichen Geist, der uns frei macht, wieder für uns stark gemacht. Das war zu seiner Zeit nötig: Denn Sigmund Freud vor ihm hat so stark die Körperebene und Gefühlsebene betont, dass der Mensch schon als fast völlig triebgesteuert erschien. Aber auch heute ist das wichtig. Viele Neurophysiologen reduzieren den Geist und die Gefühle auf die Körperebene. Alles eigentlich nur Biochemie: Nervenzellen und Signalstoffe! Sie kommen dann zu dem gewagten und problematischen Schluss: Der Mensch ist eigentlich nicht frei!

Da ist Viktor Frankl unter anderem auch heute ein Prophet für den menschlichen Geist, der deutlich diesen Folgerungen von Gehirnphysiologen widerspricht. Nein, das Geistige des Menschen ist eine eigene Ebene, die nicht auf die Biochemie und Gehirnphysiologie reduziert werden kann. Auf dieser geistigen Ebene verhält sich der Mensch zu sich selbst, bewusst und verantwortlich. Auf dieser Ebene verwirklicht er seine Freiheit.

Der Geist ist es, der frei macht. Das ist das Fundament jeden christlichen Menschenbildes! Und deswegen ist es so wichtig, dass wir Christen dieses Fundament, das Viktor Frankl wieder so deutlich gemacht hat, gegen die Skeptiker des Geistigen, heißen sie Freudianer oder Neurophysiologen, verteidigen.

Der Geist ist es, der lebendig macht! Johannes meint natürlich den göttlichen Geist, den Heiligen Geist. Aber woher kommt unser menschlicher Geist? Vom Schöpfergeist Gottes! Und wie erkennen wir den Schöpfergeist Gottes? Nur durch unseren menschlichen Geist! Für den menschlichen Geist und sein Freiheitspotential zu kämpfen, heißt deswegen auch im zweiten Schritt: Für den Glauben an den Schöpfergeist einzustehen!

22. Sonntag im Jahreskreis: Umdeuten

Mk 7,1-8.14-15.21-23
Das, was aus dem Menschen herauskommt, das macht ihn unrein. Denn von innen, aus dem Herzen der Menschen, kommen die bösen Gedanken.
Verzerrende Brillen Ja wir können noch einen Schritt zurückgehen. Es ist zuerst einmal eine Frage der Brillen. Welche Brille habe ich auf? Denn wir filtern immer die Wirklichkeit mit unseren Brillen. Unsere Brillen verzerren, färben ein, sortieren aus. Das böse, alle bösen Gedanken beginnen mit einer verzerrten Wahrnehmung. Und das Gute beginnt immer mit einer neuen Sichtweise.
Eine wunderbare Geschichte macht das sehr deutlich: In einer Stadt gab es einmal einen Weisen, zu dem viele Menschen kamen, um sich Rat zu holen. Eines Tages suchte ihn ein Fremder auf, der sich in der Stadt des Weisen niederlassen wollte. Daher fragte er ihn: „Was für Leute wohnen hier?" Der Weise aber entgegnete ihm: „Was für Leute wohnen in der Stadt, aus der du kommst?" - „Ach, eine üble Sorte von Menschen, unfreundlich, minderwertig und ungefällig", sagte ihm der Fremde. „Nun", erwiderte der Weise, „die gleiche Menschensorte wird dir hier begegnen." - Die Geschichte will es nun, dass bald darauf ein anderer in die Stadt kam und dem Weisen dieselbe Frage vorlegte. Da fragte der Weise auch ihn: „Was für Menschen wohnen in deiner Heimatstadt?" Der Fremde lächelte und sagte: „Ein prächtiger Menschenschlag, liebenswürdig, freundlich und kameradschaftlich. Es tut mir leid, sie zu verlassen." Doch der Weise beruhigte ihn, indem er ihm erklärte: „Sorge dich nicht; du wirst in dieser Stadt den gleichen Menschenschlag antreffen."[64]
Erstaunlich! Wie sind nun die Menschen in der Stadt? Unfreundlich und ungefällig oder liebenswürdig und kameradschaftlich? Das Sprichwort sagt: Wie du in den Wald hinein rufst, so ruft es hinaus! Der erste Fremde hatte eine dunkle,

verzerrende Brille auf, mit der er die Mitmenschen betrachtete. Und wer mit Skepsis, Herablassung und Misstrauen anderen Menschen begegnet, der lockt auch aus dem anderen Vorsicht, Abwehr oder Distanz geradezu heraus.

Hat der andere Fremde dann eine rosarote Brille auf? Ist er ein naiver Optimist? Vielleicht, aber vielleicht hat er nur eine Brille auf, die nicht so stark verzerrt. Dann kann er den anderen, dem er begegnet, einfach offen, mit Interesse, ohne große Vorverurteilung anschauen. Offene Begegnung wird möglich, Freundschaft kann entstehen. Er wäre dann eher der Realist, der nicht vorschnell beurteilt. Der Weise erforschte mit einer ganz simplen Frage die Brillen der beiden Fremden.

Aber wir sind nicht auf unsere Brillen festgelegt. Wir können neue Sichtweisen einüben. Wenn jemand sich über seinen Autounfall ärgert und sagt: Das ist eine Katastrophe! Und die Freundin meint dann: Aber zum Glück wurdest du nicht verletzt und außerdem hast du eine Vollkaskoversicherung! Dann bietet sie ihm eine andere Brille an für das Ereignis Autounfall!

Ich kann mir immer unterschiedlich Ereignisse und Begegnungen erzählen, und unterschiedliche Versionen haben verschiedene Sichtweisen.

Auch dazu eine wunderbare Geschichte von Ben Furman: „Eines Abends saß ich bei einem befreundeten Psychologen in der Küche zum Vesper. Meine dreijährige Tochter wippte auf meinem Schoß herum. Plötzlich bewegte sie ihren Arm im falschen Moment und wurde von heißem Tee überschüttet. Sie hat sich natürlich erschreckt, aber bevor sie überhaupt dazu kam, loszubrüllen, hatte mein Freund sie schon geschnappt, ins Badezimmer gebracht, in die Badewanne gesteckt und eine kalte Dusche über sie fließen lassen. Inzwischen schrie sie aus vollem Hals, und ich schaute mit offenem Mund, völlig verblüfft zu. Mein Freund sagte: „Jetzt kannst du sie übernehmen." Ich beruhigte meine Tochter, half ihr aus der nassen Kleidung und bald saßen wir alle wieder am Küchentisch und sprachen über das

Ereignis. Meine Tochter erhielt Lob von meinem Freund: „Toll, wie du deine Hand hochgehoben hast, so dass der heiße Tee nicht auf dein Gesicht spritzen konnte." Meine Tochter war stolz. Dann schaute mein Freund mich an und sagte: „Und dein Vater hat dich so schön beruhigt, nachdem ich dich mit kaltem Wasser übergossen habe." Ich lächelte auch stolz, dann sagte ich: „Aber Moment mal, du warst ja der ganz Schlaue, der auf die Idee kam, schnell kaltes Wasser über sie zu spritzen." Ich meinte einen Hauch von Freude in seinem Blick zu entdecken, aber dann merkte er, dass sein achtjähriger Sohn, der auch am Tisch saß, nicht so einen fröhlichen Eindruck machte. Mein Freund sagte zu ihm: „Und wir konnten nur so rasch ins Bad kommen, weil du so blitzschnell Platz gemacht hattest." Jetzt lächelte auch der Junge zufrieden.

Als wir später nach Hause kamen, erzählte meine Tochter voller Stolz der Mutter, wie clever sie gehandelt hatte, als sie von einem vollen Becher heißen Tees überschüttet wurde. Die Erinnerung daran, wie toll sie die Situation bewältigt hatte, war stärker als die Erinnerung daran, wie furchtbar der heiße Tee sich angefühlt hatte oder wie unangenehm es war, plötzlich mit Gewalt in die kalte Dusche gezerrt zu werden."[65]

Wenn der Freund zu der dreijährigen Tochter gesagt hätte: Pass doch auf! – dann hätte das kleine Kind eventuell eine Verbrennung durch den heißen Tee und zusätzlich die Frustration in sich, etwas falsch gemacht zu haben. Zum Glück hat der Freund anders reagiert und im Nachhinein eine wunderschöne Sichtweise zu dem Ereignis angeboten, so dass alle am Schluss stolz waren!

23. Sonntag im Jahreskreis: Konsument versus Mitbeter

Mk 7,31-37
Auch wenn ich in Fußballangelegenheiten eigentlich unmusikalisch bin, werde ich heute mit einem Aspekt aus dem Fußball beginnen. Es gibt einen Unterschied zwischen einem echten Fan und einem Fußballreporter für eine große Zeitung. Ein echter Fan ist mit Leib und Seele beim Spiel und bei seiner Mannschaft. Er hält der Mannschaft auch die Treue, wenn sie in die Regionalliga absteigt. Ein Fußballreporter schaut distanziert das Spiel an und kann in seiner Zeitung darüber berichten, welche Mannschaft besser gespielt habe, welche Spieler Fehler gemacht habe usw. Er ist mit keiner Mannschaft innerlich verbunden. Und wenn eine Mannschaft in der Regional-Liga spielt, wird er das Spiel nicht mehr anschauen.
Wenn ich das nun auf den Gottesdienst übertrage, komme ich zu der uns anfragenden Unterscheidung: es gibt Gottesdienst-Konsumenten und es gibt Mitbeter.
Der Gottesdienst-Konsument ist vergleichbar mit dem Fußballreporter. Er möchte einen schönen Gottesdienst erleben, eine brillante Predigt hören, damit er ein schönes Erlebnis für sich „konsumieren" kann. Er möchte von dem Ereignis „Gottesdienst" irgendetwas haben. Jedenfalls möchte er sich nicht langweilen.
Mitbeter Dann gibt es auch den Mitbeter. Er ist vergleichbar mit dem Fan. Er ist mit Leib und Seele, mit ganzer Aufmerksamkeit beim Gottesdienst. Wenn der Priester Gebete spricht, versucht er innerlich wirklich mitzubeten. Die Gebete im Gottesdienst oder auch die Lieder werden zu seinem eigenen persönlichen Gebet zu Gott. Ihm geht es im Gottesdienst nicht darum, ein schönes Erlebnis zu haben. Sondern er möchte die Zeit des Gottesdienstes Gott schenken. Er versteht den Gottesdienst als Zeit, Gott zu danken, Gott zu loben, Gott zu dienen und sich zu vergewissern,

dass er eigentlich sein Leben Gott widmen will, weil er das Leben auch Gott verdankt. Er genießt im Gottesdienst die Zeit mit Gott. Mit dieser Einstellung ist der Mitbeter ähnlich wie der Fan doch ziemlich „unempfindlich" gegenüber der Qualität des Gottesdienstes. Wenn der Priester schlecht predigt oder nicht besonders schön zelebriert, freut er sich darüber nicht. Aber er weiß: Das Wichtigste ist sein persönliches Gebet zu Gott im Gottesdienst. Und das geht auch irgendwie in einem schlecht gestalteten Gottesdienst.

Bin ich im Gottesdienst Konsument oder Mitbeter? Wenn wir ehrlich sind, müssen wir sagen: das ist gar nicht so einfach zu sagen. Ich kenne das aus meinem eigenen Erleben.

Ich habe mich schon oft über eine schlechte Predigt geärgert oder war enttäuscht, wenn der Priester den Gottesdienst nicht schön gestaltet hat. Da erlebe ich in mir eher den Gottesdienst-Konsumenten. Andererseits war es für mich immer selbstverständlich, jeden Sonntag in die Kirche zu gehen. Da erlebe ich in mir den Fan, der zu seinem Verein hält, auch wenn er mal nicht so gut spielt, eben den Mitbeter.

Und meine Überlegungen sind keine Entschuldigung für schlecht und lieblos vorbereitete und durchgeführte Gottesdienste. Alle Verantwortlichen für einen Gottesdienst sollten sich redlich bemühen.

Es geht natürlich letztlich darum, dass wir alle den Gottesdienst eher in der Haltung des Mitbeters vollziehen. Wenn wir den Gottesdienst konsumieren wollen wie zum Beispiel ein gutes Abendessen oder einen Fernsehkrimi, dann haben wir das Wesen des Gottesdienstes verfehlt.

Denn es geht im Gottesdienst um unseren Beziehung zu Gott.
Im heutigen Evangelium erleben wir, wie sich der Taubstumme ganz in die Beziehung zu Christus hineingibt. Er vertraut auf Jesus und lässt sich von ihm anrühren. Der Gottesdienst ist ein Raum, damit wir uns durch Wort und Sakrament Jesu anrühren lassen.

Unser Dienst an Gott ist es, dass wir Zeit und Aufmerksamkeit Gott schenken und im Gebet unsere Beziehung zu ihm pflegen. Wenn wir Gott bewusst Zeit und Aufmerksamkeit schenken, wenn wir bewusst das Gebet als Gespräch mit Gott, als Pflege unserer Beziehung zu Gott verstehen, dann richten wir mehr und mehr unser Leben auf Gott aus und schauen weniger auf unsere Sorgen, auf unsere Wünsche und unsere eingeengten Vorstellungen.

Kurz gesagt: Wir übersteigen unser Kreisen um uns selbst, wir übersteigen unseren Egoismus und richten uns auf Gott aus. Wenn wir unsere ängstlichen Sorgen um uns selbst ein wenig zur Seite legen können und auf Gott schauen, dann wächst das Vertrauen zu Gott und die Liebe zu den Mitmenschen.

Seien wir also Mitbeter im Gottesdienst! Denn dann kann Gott selbst uns im Gottesdienst verwandeln. Dann dienen wir im Gottesdienst Gott und an uns geschieht Heilung und Verwandlung durch Gott.

24. Sonntag im Jahreskreis: Die Jüngerregel

Mk 8,27-35
Wir kennen alle das Credo. Unser heutiges Evangelium enthält eine noch kürzere Zusammenfassung des Glaubens. Sie ist in der Formulierung sehr ungewöhnlich. Es ist die sogenannte Jünger-Regel: Wer mein Jünger sein will, der verleugne sich selbst, nehme sein Kreuz auf sich und folge mir nach.
Im Gegensatz zu anderen Zusammenfassungen des Glaubens werden hier keine Inhalte benannt, die es zu glauben gibt. Es wird nicht gesagt, dass man an dies oder jenes zu glauben habe, diese oder jene Sätze für wahr halten sollen. Ganz im Gegenteil. Und gerade deswegen halte ich die Jünger-Regel für eine der größten Zusammenfassungen des christlichen Glaubens! Aber was steht anstatt in der Jünger Regel?
Das Leben selbst ist Bekenntnis Wir vernehmen, wie wir als Christen leben sollen! Wer der Jünger-Regel folgt, lebt so als Christ, so dass sein Leben selbst das Bekenntnis seines Glaubens ist. Nicht irgendwelche Worte, die einmal gesagt werden, sind das Bekenntnis, sondern der ganze Lebensstil, die Ausstrahlung dieser Lebenshaltung, das Leben selbst ist das Bekenntnis!
Die Jünger-Regel ist radikal. Sie ist eine Provokation und gesunde Herausforderung für uns. Sie besteht aus drei Anweisungen, sein Leben zu verwandeln. Wobei gleich gesagt werden muss, dass wir diese Verhandlungen selbst aus eigener Kraft nicht hervorbringen können. Ohne Gnade Gottes ist die Jünger-Regel nicht zu befolgen!
Die drei Anweisungen:
- sich selbst verleugnen,
- das eigene Kreuz tragen
- Jesus nachfolgen

Gehen wir die drei Anweisungen durch!
Sich selbst verleugnen. Und das richtig zu verstehen, müssen wir uns klarmachen, dass wir alle mehr oder weniger um unser Ego

kreisen. Wir haben alle mehr oder weniger einen Egoisten in uns, der oft sehr laut in uns ruft und verhindert, dass wir aus reiner Liebe handeln. Sich selbst verleugnen bedeutet damit, dass ich zu dem Egoisten in mir sage: Ich merke, dass du dich wieder aufführst und alles nach deiner Linie lenken willst, aber ich lasse dich weiter reden und folge dir nicht! Anhand von einigen Beispielen wird deutlicher, wie der Egoist in uns auf uns einredet und echte Nächstenliebe verhindert.

- Wenn ich Anerkennung verlange für etwas, das ich getan habe, und verstimmt oder wütend bin, wenn sie mir versagt wird;
- Wenn ich versuche, Aufmerksamkeit zu erregen, indem ich ständig über meine Probleme spreche, meine Krankengeschichte zum Besten gebe oder jemandem eine Szene mache;
- Wenn ich ungefragt meine Meinung äußere, ohne damit etwas an der Situation zu verändern;
- Wenn ich in erster Linie darum besorgt bin, wie andere Personen mich sehen, sie also zur Selbstbespiegelung oder Selbstbestätigung benutze;
- Wenn ich mit meinem Besitz, Wissen, guten Aussehen, Status, meiner körperlichen Kraft usw. Eindruck auf andere machen will;
- Wenn ich durch eine wütende Reaktion auf etwas oder jemanden mein Ego kurzfristig aufblähe;
- Wenn ich Dinge persönlich nehme und beleidigt bin;
- Wenn ich Recht haben will und andere ins Unrecht setzen will, indem ich mich im Stillen oder laut beklage;
- Wenn ich auffallen oder bedeutend erscheinen will.

Sie könne es irgendwann im Alltag einmal ausprobieren. Wenn Sie diesen wilden Egoisten in sich spüren, schauen Sie einmal, was passiert, wenn Sie nicht nach seiner Pfeife tanzen! Die Ego-Stimme wird sich natürlich darüber aufregen. Aber vielleicht entdecken Sie darunter einen Frieden und eine Gelassenheit in sich selber. Das ist letztlich der Friede Gottes, der in jedem Menschen wohnt, und der sichtbarer wird, wenn wir uns selbst verleugnen.

Das eigene Kreuz tragen: „In einer Stadt in Japan lebte der Zenmeister Hakuin. Er war hoch geachtet, und die Menschen strömten zu ihm, um sich spirituell belehren zu lassen. Nun geschah es, dass die junge Tochter seines Nachbarn schwanger wurde. Als ihre verärgerten Eltern sie ausschimpften und in sie drangen, wer der Vater des Kindes sei, antwortete sie ihnen schließlich, es sei Hakuin, der Zenmeister. Da liefen die Eltern voller Entrüstung zu Hakuin, machten ihm Vorwürfe und erzählten ihm empört, dass ihre Tochter ihnen gestanden hätte, er sei der Vater des Kindes. Alles, was er darauf entgegnete, war „Ist das so?" Der Skandal verbreitete sich wie ein Lauffeuer in der Stadt und über die Stadtgrenzen hinaus. Der Meister verlor seinen guten Ruf. Ihn störte das nicht. Niemand suchte ihn mehr auf. Auch das berührte ihn nicht. Als das Kind geboren war, brachten es die Eltern zu ihm. „Ihr seid der Vater, also kümmert Euch auch darum." Der Meister nahm sich liebevoll des Kindes an. Ein Jahr später gestand die Kindesmutter ihren Eltern reuevoll, dass der wirkliche Vater des Kindes der junge Mann aus dem Fleischerladen sei. Vollkommen zerknirscht gingen die Eltern erneut zu Hakuin, um sich zu entschuldigen und seine Vergebung zu erbitten.

„Es tut uns aufrichtig Leid. Wir sind gekommen, um das Kind abzuholen. Unsere Tochter hat uns gestanden, dass Ihr gar nicht der Vater seid. „Ist das so?", soll Hakuin gesagt und ihnen den Säugling zurückgegeben haben."[66]

Der Zenmeister Hakuin nimmt sein Kreuz an. Er akzeptiert absichtslos ohne zu urteilen und zu verurteilen die jeweilige Situation. Er wehrt sich nicht gegen die Schwierigkeiten. Er kümmert sich in Liebe um das Kind. Und er ist auch bereit, es wieder weg zu geben. Wie wäre die Geschichte ausgegangen, wenn er sich geweigert hätte, das Kreuz, das in der jeweiligen

Situation lag, anzunehmen? Ein solch friedliches Ende hätte es nicht gegeben! Jedoch es ist eine große Gnade, wenn man das eigene Kreuz so trägt wie Hakuin.

Wenn uns eine Situation sehr belastet, dann brauchen wir die Kraft Gottes, um das Kreuz annehmen zu können. Allein schaffen wir nicht, nur mit Gottes Hilfe. Deswegen kommen wir zum dritten Punkt

Nachfolge: Petrus hat auf Jesus geschaut – und so konnte er auch über das Wasser laufen. Im Blickkontakt zu Jesus wurde dem Petrus alle Gnade geschenkt.

Nachfolge beginnt immer damit, dass ich auf Jesus schaue, dass ich Blickkontakt zu ihm aufbaue, damit ich Kraft und Weisung von ihm erhalte. Aber wie kann ich Blickkontakt herstellen? Zwei Vorschläge: Ein regelmäßiges Gebet und im Alltag immer wieder neu versuchen, **in der Gegenwart zu leben.**

Denn wer wirklich völlig in der Gegenwart lebt, erfüllt eindeutig alle drei Anweisungen der Jünger Regel:

- Der Egoist in uns flüchtet vor der Gegenwart, weil er sich der Illusion hin gibt, er müsse sich zwanghaft eine bessere Zukunft organisieren oder der jammert oder Vergangenes betrauert. Wenn ich aber zum Beispiel einen Baum anschaue und über ihn staune, oder ohne Gedanken zufrieden meine Küche aufräume, dann bin ich in der Gegenwart und der Egoist in mir ist weg.
- Das eigene Kreuz ist letztlich immer nur im Augenblick, der jetzt da ist. Wenn ich irgendetwas zu tragen habe, wenn ich irgendetwas in Demut anzunehmen habe, dann ist es zum Beispiel der Schmerz, die Angst oder die unkontrollierte Wut in mir, die ich jetzt im Augenblick empfinde. Das kann ich akzeptierend, aufmerksam und absichtslos wahrnehmen
- Gott ist da: Gott ist „ich bin der, der ich bin da". Wer also völlig in der Gegenwart lebt, verbindet sich mit der Gegenwart Gottes und ist damit in der Nachfolge Jesu. Aus dieser Verbindung kommt Gnade über Gnade. Wir können

völlig auf Gottes Führung vertrauen. Und dann wird unser Leben selbst Bekenntnis des Glaubens.

25. Sonntag im Jahreskreis: 10 Mal dienend leiten

Mk 9, 30-37
Laotse empfiehlt im Tao Te King: Leiten ohne zu herrschen!
Und Jesus ermahnt uns: Wer der erste sein will, soll der letzte sein, der Diener aller
Wie kann das gehen?
Wie leitet man ohne zu herrschen, wie leitet man als Diener aller? 10 Gedanken dazu:
1. Man muss das Leitungsamt wahrnehmen. Dienend leiten heißt nicht, nicht zu leiten.
Wenn ein Leiter sei Leitungsamt nicht wahrnimmt, entsteht Verwirrung, Verdruss und andere Unbefugte fangen an zu leiten.
2. Leiten heißt, die Last der Entscheidung auf sich zu nehmen und Position zu beziehen.
Auch Jesus hat geleitet, hat Entscheidungen gefällt: Wer sind meine 12 Apostel? Ich wähle sie aus! Oder: Ich gehe nach Jerusalem! Ich streite mit Pharisäern!
3. Dienend leiten heißt, durch Beziehungen und durch Liebe statt durch Verbote Menschen zu binden
Der Leitende ist deswegen interessiert am anderen. Er hört gut zu. Er hört und spürt Freude und Hoffnung, Trauer und Angst. Er versteht das Zuhören als einen echten Dienst. Verbote können auch binden, aber sie binden negativ. Natürlich muss ein Leiter auch mal etwas verbieten. Sonst geschieht Chaos. Aber das Verbot darf nicht das Mittel sein, um die Menschen an sich zu binden.
4. Der dienend Leitende grenzt keine Menschen aus, er stellt sich betont auf die Seite der Schwächeren.
Das hat Jesus deutlich vorgelebt: Er stellt die Kinder in die Mitte, die weggeschoben worden sind, er wendet sich den Kranken zu, er isst mit Sündern und Zöllnern.

5. Er verlangt nicht etwas von einem, das dieser nicht kann. Er traut anderen etwas zu!
Es ist nicht sinnvoll, alle gleich zu behandeln. Manche brauchen mehr Hilfe, manche weniger. Manche kann man dafür einsetzen, andere für etwas anderes. Sowohl Überforderung als auch Unterforderung schadet. Es gehört sehr viel Weisheit und Einfühlungsvermögen dazu zu wissen, wie weit ich jemandem eine Aufgabe übertragen kann. Hier bleibt der dienend Leitende immer auch flexibel, offen, ehrlich und lernbereit.

6. Der dienend Leitende macht mit.
Man kann das sehr deutlich am Ende eines Zeltlagers beim Aufräumen erkennen: Müssen die Kinder allein den Zeltplatz aufräumen oder machen die Leiter beim Aufräumen mit? Werden die Kinder nur herum kommandiert oder erleben sie, dass die Leiter sich auch bücken und die Hände schmutzig machen?

7. Der dienende Leiter lässt sich kritisieren.
Wenn alle spüren, den darf ich kritisieren, der ist mir danach nicht böse, dann dient der Leiter! Kritik muss natürlich fair sein. Und der Leiter hat natürlich die Freiheit, kritische Vorschläge umzusetzen oder auch nicht. Er macht dann seine Entscheidung transparent und erklärt sie.

8. Der dienende Leiter gesteht Fehler ein und kennt seine Grenzen.
Er weiß, er muss nicht alles machen, er kann nicht alles machen und er muss auch nicht alles perfekt machen

9. Der dienende Leiter leidet mit, trägt das Kreuz.
Konflikte, Missverständnisse gibt es überall. Ein dienender Leiter geht dem Kreuz nicht aus dem Weg.

Ein sehr großes Vorbild für einen dienenden Leiter ist Oscar Romero, Erzbischof von El Salvador bis 1980. Bei ihm findet man alle Punkte von einem dienenden Leiter. Er hat sogar seine Predigten im Team vorbereitet, ließ sich kritisieren, holte sich sogar Rat bei einfachen Leuten, er prangerte die Ungerechtigkeit und das Leid der Armen an und benannte die Gräueltaten in seinen Predigten. Für ihn gilt auch der 10. und letzte Punkt

10. Der dienende Leiter ist bereit, für seine Mitmenschen zu sterben.

Dies kann man nicht einfordern. Man kann nur sagen, dass manche dienende Leiter sogar für diesen letzten Schritt bereit waren, wenn ihre Lebensgeschichte sie zu diesem letzten Schritt hinführte. Allen voran Jesus Christus. Gerade in der Ohnmacht der Ermordung zeigt sich die Größe ihres Liebesdienstes. Der Hass wird durch liebende Ohnmacht verwandelt und in dieser Ohnmacht geschieht das Wunder der Auferstehung.

Wer radikal ein dienender Leiter ist, muss an die Macht der Liebe glauben, die auch den Tod überwindet, ansonsten wäre sein Handeln verrückt und absurd.

26. Sonntag im Jahreskreis: Die Entwicklung der Ökumene im II. Vatikanum

Mk 9, 38-43
Die Jünger wollen jemanden hindern, im Namen Jesu Christi Dämonen auszutreiben, weil er nicht zur Jüngergruppe gehört. Jesus erwidert: Hindert ihn nicht! Wer nicht gegen uns ist, ist für uns!
„Dieser Unbekannte gehört nicht zu uns!" – so denken die Jünger.
„Na und, deswegen muss er nicht schlecht sein!" – Jesu Reaktion darauf.
Wiederholt sich dieser Streit nicht in ähnlicher Weise in den Anfängen des Konzils? Johannes XXIII hat als Nuntius auf dem Balkan schmerzlich die Zerrissenheit der Christenheit erlebt. Die orthodoxen und die katholischen Christen standen sich misstrauisch und skeptisch gegenüber. Er reichte damals schon die Hand zur Versöhnung und lud zur Verständigung ein.
Er gründete schon 1960 das „Sekretariat zur Förderung der Einheit der Christen". Und in seiner Eröffnungsrede betonte er die Hinwendung zu den anderen Christen als wichtiges Thema.
Rückkehrökumene Vor Johannes XXIII galt die Logik der Jünger: „Die gehören nicht zu uns!" Pius XI verbot noch 1928 allen Katholiken die Teilnahme an internationalen ökumenischen Konferenzen.
Für diese Logik gab es nur einen Weg in der Ökumene: Die anderen sollten zur wahren Kirche, der römisch-katholischen Kirche zurückkehren.
Wenn wir die Denkweise Jesu auf die ökumenische Frage übertragen, ergeben sich folgende Fragen: Aber was, wenn die anderen gar nicht so falsch liegen? Wenn wir Katholiken von den anderen lernen können, wenn wir gegenseitig voneinander lernen können? Was, wenn wir auch Lernfelder bei uns entdecken können, wenn wir mal mit den Augen der anderen uns anschauen?

II. Vatikanisches Konzil In drei Etappen hat das Konzil genau diese neue Haltung angenommen:
Erste Etappe: Einheitssekretariat
Mit dem Einheitssekretariat hat Johannes 1960 ein Gegengewicht zum Heiligen Officium geschaffen. Dieses schaute auf die Übereinstimmung der Beschlüsse mit der Tradition, das andere auf die Akzeptanz der Beschlüsse bei den anderen Christen.
Gleich zu Beginn des Konzils stritten die Bischöfe heftig um das Schema zur Offenbarung. Die protestantischen Kirchen betonen in ganz besonderer Weise die Hl. Schrift. Wie können wir nun über Offenbarung, Hl. Schrift und Tradition so schreiben, dass es unserem Denken entspricht und gleichzeitig ihrem Verständnis nicht so widerspricht, dass es einen Dialog mit ihnen erschwert oder sogar verhindert?
Das Denken der anderen Christen wird plötzlich, das erste Mal in der katholischen Kirche auf so hoher Ebene, ein positives kritisches Element beim eigenen theologischen Denken. Das ist revolutionär. Der erste Entwurf zur Offenbarung, welchen die Kurie erarbeitet hatte, wurde von vielen Bischöfen abgelehnt, weil es nicht ökumenisch tauglich sei.
Spätestens als Johannes die beiden Perspektiven von Einheitssekretariat und theologischer Kommission in der gemischten Kommission für die neue Bearbeitung des Schemas zur Offenbarung zusammengestellt hatte, war die ökumenische Perspektive ins Konzil integriert.
Ein weitere Revolution: Papst Johannes XXIII lud Weihnachten 1961 Vertreter nichtkatholischer Kirchen ein, am Konzil als Beobachter teilzunehmen. Die Beobachter traten nicht als Journalisten auf. Sie gehörten sichtbar zum Konzil, obwohl sie kein Rederecht in der Aula hatten. Aber in kleinen Konferenzen und Besprechungen konnten sie ihre Sichtweisen äußern.
Die Kirchenkonstitution Lumen gentium 15 gibt die theologische Begründung nachträglich dazu: „Mit jenen, die als getaufte mit dem christlichen Namen geziert werden, weiß sich die Kirche aus

mehreren Gründen verbunden." Denn es gibt eine Verbundenheit trotz aller Trennung: Die Taufe. Folgerichtig kann man nicht mehr die Kirche Jesu Christi mit der katholischen Kirche gleichsetzen. Lumen gentium 8 setzt eine Differenz zwischen Kirche Jesu Christi und der katholischen Kirche. Die Kirche Jesu Christi ist in der katholischen Kirche verwirklicht (subsistit statt est). Das ist die gleiche Erkenntnis wie die Jünger durch Jesu Antwort hatten: Nachfolge Jesu verwirklicht sich vielfältig – nicht nur in der offiziellen Jüngergruppe damals oder in der katholischen Kirche heute.

Zweite Etappe: Ökumenismus Dekret
Am Anfang des Ökumenedekrets verwendet das Konzil die Basisformel des ökumenischen Rates der Kirche. Vor kurzem noch durften Katholiken nicht an ökumenischen Veranstaltungen teilnehmen, jetzt übernimmt das Konzil sogar Formulierungen und Texte aus diesen ökumenischen Veranstaltungen!
Denn die Bischöfe haben eine neue Sichtweise, die verbindet: Wir alle haben den Herrn Jesus Christus als Mittelpunkt! Gott selbst drängt zur Einheit. Deswegen müssen die Katholiken auch bei ökumenischen Veranstaltungen dabei sein.
Aber die Ökumene ist nicht ein isoliertes Thema. Damit es ein wirklich fruchtbarer Dialog wird, muss die Ökumene mit anderen Zeichen der Zeit verknüpft werden: Mit den brennenden Fragen der Menschen überhaupt, wie z. B. Sehnsucht nach Frieden, Gerechtigkeit, Gleichberechtigung, Menschenwürde, Bewahrung der Schöpfung usw. Christen müssen auf diese Zeichen der Zeit schauen, wenn sie ihren Glauben an das Evangelium in der heutigen Zeit lebendig zur Sprache bringen wollen.
Von den ökumenischen Aktivitäten gelangt man zum Einsatz in der Welt von heute und ebenso umgekehrt von diesem Einsatz zur Ökumene. Es darf nicht nur Begegnung zwischen Christen sein. Ökumene muss hinaus in die Welt wirken.

Die dritte Etappe: Textentwicklung der Pastoralkonstitution
Anregungen aus der Ökumene werden direkt in den Text hinein verarbeitet.

Die Pastoralkonstitution „Gaudium et spes" stellt sich der Sichtweise: Wie sehen die Menschen, wie sieht die Welt die Kirche? Sie versucht von außen auf sich zu schauen, in die anderen sich hineinzuversetzen. Die Kirche kann nur dann sagen, wer sie ist, wenn sie miteinbezieht, wo sie sich befindet: In der Welt von heute.

Lukas Vischer, Ökumenischer Beobachter, schrieb im April 1963 einen Brief an Bischof Guano. Er beschreibt darin, wie die ökumenische Bewegung „Faith and Order" einen Text über Kirche und Welt schreiben würde.

Guano griff am Ende der zweiten Sitzung den Vorschlag in Vischers Brief auf. Dieses Konzept hatte einen stark christologischen Charakter. Der Schlüsselgedanke war der dienende Aspekt der Kirche in der Welt. Ende 1963 wurden die Zeichen der Zeit als Basiskonzeption entschieden und so kam es zu dem ersten berühmten Satz von „Gaudium et spes".

Die Dreiergruppe der neu formierten Redaktion (Bischof Guano, Charles Moeller, Bernhard Häring) traf sich mit Vischer Anfang Februar 1964. Nach dem Gespräch war klar, dass man in den künftigen Text einen zentralen christologischen Ton hinein bringen musste. Im alten Entwurf sprach man von Sünde, die die Natur verderbe. Nach Vischer müsse man den Eindruck vermeiden, als habe man ein Programm. Was die Kirche tun kann und muss, ist Zeugnis zu geben. Anstatt vom Versagen muss man daher von Zeichen der Hoffnung sprechen.

Vischer hat mit seiner Intervention etwas benannt, was entscheidend für die Auseinandersetzung zwischen Glauben und gegenwärtiger Zeit ist: Dort wo Menschen um Gerechtigkeit und Menschenwürde ringen und kämpfen, geschieht Glaube! Das sind die Zeichen der Zeit! Die muss die Kirche aufgreifen!

An den Problemen heutiger Menschen zeigt sich, was die Ökumenische Vision, dass alle eins sein sollen, tatsächlich bedeutet. Die heutigen Fragen gehen ja alle Kirchen in gleicher Weise an.

Im Gespräch mit den ökumenischen Beobachtern haben die Bischöfe des Konzils etwas gelernt. Etwas, was in der inneren Perspektive der katholischen Kirche zunächst ausgeschlossen ist, kommt nun zur Sprache. Man kann im Dialog von den anderen lernen, gegenseitig – das ist die große Chance in der Ökumene und der Ort, wo der Hl. Geist wirkt.[67]

27. Sonntag im Jahreskreis: Anfängergeist

Mk 10,2-16
Wer das Reich Gottes nicht so annimmt, wie ein Kind, der wird nicht hineinkommen. Was zeichnet Kinder aus, so dass sie empfänglich sind für das Reich Gottes?
Hier könnte man sicherlich einiges nennen. Ich möchte mich heute auf eine Haltung konzentrieren. Ich nenne sie wie in der Zentradition den Anfängergeist!
Ein Kind hat den Geist eines Anfängers. Staunend und voll Interesse lernt das Kind neue Dinge der Welt kennen. Wer mit kleinen Kindern durch den Wald geht, kann sich von dem Anfängergeist der Kinder inspirieren lassen. Sie bestaunen zum Beispiel einen Käfer, ein Vogelnest, ein Spinnennetz mit Frühtau. Probieren Sie es einfach aus! Wenn Sie das nächste Mal in die Natur spazieren gehen, dann sagen Sie sich einfach: Ich gehe heute mal ganz frisch in den Wald. Ich gehe in den Wald, als ob ich ihn ganz neu sehen würde, als ob ich ihn das erste Mal sehen würde. Und dann gehen Sie ganz langsam, schauen herum, und Sie werden merken, dass Sie irgendwie anders Pflanzen, Erde, Wurzeln, Bäume wahrnehmen als sonst. Vielleicht merken Sie, dass Ihnen alles ganz wirklich vorkommt und Sie merken den Unterschied zu der trockenen Gedankenwelt. Das ist jetzt real, wirklich und voll Fülle. In der Gedankenwelt sind Sie in der Vergangenheit oder in der Zukunft aber nicht im Hier und Jetzt, in der Wirklichkeit. Oder Sie merken, dass Sie das Staunen beginnen. Vielleicht wissen Sie aus der Biochemie, wie die Zusammenhänge sind, wie der Fotosynthesezyklus abläuft. Aber wenn Sie das konkrete Blatt vor sich haben, spüren Sie vielleicht, dass dieses Wissen nicht das Wunderbare, das Erstaunliche erklärt und auflöst. Die Wirklichkeit ist trotzdem ein Wunder. Und Sie ahnen eine Lebenskraft, eine Schöpferkraft. Sie erahnen das Reich Gottes im Hier und Jetzt, in der Lebenskraft der Pflanzen und Tiere.

Eine Übung Bei Jugendlichen im Schulunterricht lasse ich den Anfängergeist durch eine ganz einfache Übung entdecken. Ich verteile Merci-Schokolade, für jeden ein Stück. Und dann bitte ich die Jugendlichen, dass sie mal ganz langsam und bewusst die Schokolade essen sollen, so als ob sie das erste Mal Schokolade essen würden. Plötzlich schmeckt die Schokolade anders. Normalerweise wird Schokolade von ihnen nebenher gegessen, beim Hausaufgaben machen, beim Fernsehen, während einer Unterhaltung. Man achtet nicht auf den Geschmack. Da ist es eine faszinierende Entdeckung, mit dem Anfängergeist bewusst ein Stück Schokolade zu essen.

Die Haltung des Anfängergeistes wehrt sich gegen eine übliche Tendenz bei uns: das kenne ich schon, das habe ich schon so oft erlebt, da bin ich inzwischen Experten, da kenne ich mich aus, das ist langweilig, weil schon sooft erlebt. Aber wie viel geht uns verloren, wenn wir immer schon meinen, wir wissen alles! Insbesondere entgleitet uns die Wirklichkeit selbst, der gegenwärtige Moment selbst, wenn wir meinen, wir kennen uns schon total aus. **Der Anfängergeist führt uns zurück zum gegenwärtigen Moment, zur Wirklichkeit selbst!**

Deswegen ist er so wichtig bei der Meditation. Die Menschen, die wirklich den tiefen Sinn von Meditation verstanden haben, versetzen sich immer neu in den Anfängergeist. Sie sagen sich: Ich versuche, meinen Atem, meinen Körper, die Stille, den Augenblick jetzt ganz neu und frisch wahrzunehmen. Und wer den Namen Jesus Christus meditiert, der möchte ganz neu Jesus Christus ansprechen, ganz neugierig und offen sein für den Herrn, der uns zum absoluten Geheimnis, Gottvater, führt.

Wer im Anfängergeist betet, der macht sich geistig leer, der legt seine Vor-urteile, seine Meinungen, seine alten Erfahrungen ab – oder anders gesagt: er begibt sich in die Wolke des Nichtwissens, wie es ein Mystiker des Mittelalters ausdrückt.

Zur Ehe „Zufällig" steht vor der Geschichte, dass Jesus den Kindern die Hände auflegt und sie preist, seine Worte zur Ehe,

und „zufällig" hören wir an diesem Sonntag beide Geschichten. Aber unsere Überlegungen zum Anfängergeist sind auch eine Brücke zu Jesu Worte zur Ehe. Jesus mahnt, nicht hartherzig miteinander umzugehen. „Nur weil ihr so hartherzig sei, hat er euch dieses Gebot gegeben." Das oberste Ziel in der Ehe als auch in Überlegungen über die Ehe ist also die Barmherzigkeit.
Barmherzig und gegenseitig verständnisvoll sollen die Ehepartner zueinander sein und barmherzig sollen wir auch mit den Brüchen von Lebensgeschichten umgehen. Von dieser obersten Prämisse aus gesehen ist die Praxis der orthodoxen Kirche, Geschiedenen für ihre zweite Partnerschaft einen Segen zu geben, auf jeden Fall barmherziger als die der katholischen Kirche und damit näher an Jesu ursprünglicher Intention.
Anfängergeist in der Ehe Aber gleichzeitig gilt es erst einmal für eine Beziehung zu kämpfen. Und hier kann besonders der Anfängergeist eine große Hilfe sein. Denn auch im zwischenmenschlichen Kontakt, in einer Beziehung zwischen Mann und Frau ist diese Haltung ein Segen. Bin ich bereit, meinen Partner, meine Partnerin in diesem Moment ganz neu, voll Interesse wahrzunehmen? Gerade das Gegenteil vom Anfängergeist ist doch der Tod einer Beziehung. Wenn ich mir sage, dass ich genau weiß, wie mein Partner oder meine Partnerin tickt, wenn ich das Vorurteil habe, dass ich genau weiß, wie sich mein Partner, meine Partnerin verhält, dann habe ich das Geheimnisvolle meines Gegenübers, mein Interesse am Du verloren. Dann nehme ich dem anderen und mir selber die Chance, zu wachsen, gegenseitig voneinander zu lernen, freudig beim Anderen Entdeckungen zu machen, oder einfach nur zu staunen, dass der andere da ist.
Wer also im eigenen Leben das Reich Gottes entdecken möchte, in der Natur, im Alltag, im Gebet, bei seinen Mitmenschen, in der Partnerschaft, der fange immer neu mit dem Anfängergeist an: frisch, mit Interesse, offen.

28. Sonntag im Jahreskreis: Der heilige Franziskus

Mk 10,17-27

Der reiche Jüngling geht traurig heim. Was hätte er erlebt, wenn er Jesus nachgefolgt wäre? Gut tausend Jahre später wird ein reicher Jüngling sein ganzes Vermögen weggeben und Christus nachfolgen. Er lebte in Norditalien in Assisi. Die Kirche feiert ihn am 4. Oktober: Franziskus. An ihm können wir lernen, was es heißt, als reicher Jüngling allen Reichtum loszulassen und Jesus nachzufolgen.

Der junge Franziskus genoss das Leben, die Feste mit Freunden und den Reichtum seines Vaterhauses. Bei einer Schlacht mit der Nachbarstadt Perugia wird er gefangen genommen. Kerkerhaft, Entbehrungen und Krankheit lassen ihn nachdenklich werden. Nach der Befreiung feiert er zwar weiterhin Feste, doch er sucht auch stille Zeiten, um sich die Frage nach dem Sinn des Lebens zu stellen. Genauso wie der Jüngling im Evangelium!

Seine Träume nach Macht und Ansehen will er als Soldat in die Wirklichkeit umsetzen. So schließt er sich dem Heer des Grafen Walter von Brienne an, der im Auftrag des Papstes in Süditalien Krieg führt. In Spoleto fragt ihn eine Stimme: „Franziskus, wer kann dir mehr bieten, der Herr oder der Knecht?" „Natürlich der Herr!" „Warum folgst du dann dem Knecht?" „Was soll ich tun?" „Kehre in dein Land zurück!" Franziskus kehrt zurück und hat sich damit entschieden: Er folgt Christus, dem Herrn der Welt, nicht irgendeinem Grafen, König oder Papst. Denn Christus ist der wahre Herr!

Nun steht nicht die Frage nach Lust und schönem Leben im Mittelpunkt, sondern die Frage: „Was willst du, Herr, das ich tun soll?" Franziskus betet in Stille in den verschiedenen Kirchen. Das Kopfschütteln der Leute interessiert ihn nicht. Vor dem San Damiano–Kreuz fasst er seine Suche, wie er Christus nachfolgen soll, in ein Gebet zusammen:

„Höchster glorreicher Gott,
erleuchte die Finsternis meines Herzens
und schenke mir rechten Glauben,
gefestigte Hoffnung
und vollendete Liebe.
Gib mir, Herr, das rechte Empfinden und Erkennen,
damit ich deinen heiligen und wahrhaften Auftrag erfülle."
1206 bekommt er eine Antwort vom Herrn in sein Herz eingepflanzt: „Franziskus, geh und stelle meine Kirche wieder her." Sofort begann er Renovierungsarbeiten an der Kapelle San Damiano und der Portiunkulakapelle. Er bettelte um Baumaterial in Assisi. Diese Zeit war eine Reifezeit, quasi seine Exerzitienzeit, seine Wüstenzeit wie bei Paulus in Arabien oder wie bei Ignatius in Manresa. Gleichzeitig verschärft sich sein Konflikt mit seinem Vater, der nicht wollte, dass sein Sohn sein Eigentum an Kirchenrenovierungsprojekte verschwendete. Und so kommt es zu der berühmten Szene: Franziskus übergibt alle Kleider, allen Besitz seinem leiblichen Vater und begibt sich in die Obhut der Kirche. Er wird nun offiziell Christus nachfolgen. Man könnte auch sagen: Franziskus heiratet – aber keine gewöhnliche Frau. Die Frau Armut soll nun seine Herrin sein.
Wir sollten unverhohlen fragen: Was gewinnt Franziskus durch die Armut? Diese Frage führt uns zu verschiedenen Episoden des Lebens des Heiligen Franziskus, die uns die Früchte der Armut aufzeigen. Einige Episoden haben sich in unser christliches kollektives Gedächtnis eingeprägt.
Erste Episode: Franziskus baute als erster eine Krippe auf. Die Menschen sollten in dieser Darstellung „sinnlich", mit allen Sinnen erfahren, wie Gott Mensch wurde. Gott selbst macht sich arm. Er wird geboren in einem Stall. Das ist die höchste Begründung, warum Franziskus sich mit der Herrin Armut vermählt. Weil es Gott auch getan hat. Noch heute bauen Menschen überall auf der Welt wie Franziskus Krippen auf, weil

sie an der Krippe das Weihnachtsgeheimnis mehr verstehen als durch viele Predigten.

Zweite Episode: Franziskus umarmt den Aussätzigen. Er bringt nicht nur Essen und Kleidung und verschwindet dann ängstlich. Nein, er umarmt den Aussätzigen. Er erkennt: Wenn ich ihn umarme, begegne ich ihm auf Augenhöhe. Ich und er, wir sind beide Kinder Gottes, er leidet – ich würde an seiner Stelle auch leiden. Und so erkennt er im Aussätzigen auch seinen Herrn Jesus Christus.

Die Armut öffnet sein Herz für den Aussätzigen. Als reicher Jüngling hätte er den Menschen im Aussätzigen nicht sehen können. Angst und Überheblichkeit hätten ihn wegschauen lassen.

Eine moderne Fassung dieser Einsicht ist die Geschichte vom kleinen Lord: Der Junge, der in einfachen Verhältnissen aufgewachsen ist, hat ein offenes Herz und zeigt dem reichen und engherzigen Lord, wie er seine Augen für die Armen seiner Grafschaft öffnen kann.

Dritte Episode: Franziskus zähmt den wilden Wolf. Er redet ihn mit Bruder Wolf an. Keine Angst und keine Aggression sieht der Wolf in Franziskus´ Augen. Das verwandelt ihn.

Auch zu dieser Einsicht gibt es eine moderne Fassung: Der Film Ostwind. Das Mädchen Mika, Tochter intelligenter Akademiker, fällt durch die 7. Klasse. Zur Strafe muss sie aufs Pferdegestüt ihrer Großmutter, um in den großen Ferien zu büffeln. Sie hat keine Ahnung von Pferden. Nachts hört sie das klagende Wiehern eines Pferdes. Sie geht in den Stall und steckt ihren Apfel durch die Stäbe. Das Pferd isst den Apfel und wird ganz ruhig. Sie öffnet die Box und legt sich zu dem Pferd und schläft ein. Am Morgen sind alle entsetzt. Sie hat sich zu dem gefährlichsten Pferd gelegt, das keiner bändigen und reiten kann. Klar, im Laufe des Filmes nähern sich das Pferd Ostwind und Mika immer mehr an und sie lernt auf diesem Pferd das Reiten. Der erfahrene Reitlehrer fragt sie: Warum hat Ostwind vor Dir keine Angst, aber vor mir wird er wild? Mika: Er ist wie ein Spiegel - Er spürt Deine Angst! Mika dagegen fühlt mit dem Pferd, denn es ist wie das Pferd ausgestoßen, traurig. Sie steht dem Pferd ohne Angst und ohne Aggression gegenüber.

Vierte Episode: Franziskus fühlt sich mit allen Geschöpfen, mit der ganzen Schöpfung zutiefst verbunden. Sein berühmter Sonnengesang besingt deswegen Schwester Sonne und Bruder Wasser. Die populäre Umsetzung, das Lied „Laudato si" verbreitete den Sonnengesang in unserer heutigen Zeit, so dass es Jugendgottesdienste und Zeltlagerabende bereichert.

Fünfte Episode: Franziskus führt Religionsgespräche mit dem Sultan. Er will den Sultan nicht zum Christentum bekehren. Er will friedliche Religionsdialoge führen.

Zwei Päpste unserer Zeit haben die letzten zwei Episoden aufgegriffen:

Papst Johannes Paul II. versammelte in Assissi, der Stadt des Heiligen Franziskus, Religionsvertreter aller Welt, um für den Frieden zu beten.

Papst Franziskus nennt seine zweite Enzyklika: Laudato si – nach dem Sonnengesang. Die Einsicht des Franziskus wird nun hochamtliche Lehrmeinung: Es ist urchristliche Aufgabe, die Schöpfung zu bewahren, weil wir mit ihr zutiefst verbunden sind. Wir Christen müssen den Klimawandel als ein Zeichen der Zeit, als zentrale Herausforderung aufnehmen.

Sechste Episode: Franziskus bekommt Wundmale. Seine Hingabe an Jesus Christus ist so groß, dass er sich sogar mit dessen Solidarität mit allen Leidenden so tief verbindet, dass er selbst die Wundmale bekommt.

Für uns ist die Frau Armut eine Herausforderung! – Aber unser heutiges Evangelium und der Heilige Franziskus zeigen uns deutlich: Es gehört zur Nachfolge Jesu, in irgendeiner Weise arm zu werden.

Wir müssen uns die Frage stellen: Wie können wir Armut leben? Wie kann christliche Armut in meinem Leben ausschauen?

Einige Anregungen: Freigiebig spenden. Zeit Gott und einem Mitmenschen schenken. Wenn ich etwas verliere, wenn das Leben mich drängt, etwas loszulassen, dann sollte ich es auch in Gedanken loslassen und nicht in Gedanken festhalten.

Denn die Armut bringt Früchte hervor, wenn wir sie als Nachfolge Jesu verstehen: Ein offenes Herz für Ausgestoßene, für die Tiere, die Natur, für Andersgläubige. Und im tiefsten schenkt Armut eine Verbundenheit mit dem Jesuskind und dem Gekreuzigten!

29. Sonntag im Jahreskreis: Der Weg Jesu angesichts der Ungerechtigkeit

Mk 10,35-45
Ihr wisst, dass die, die als Herrscher gelten, ihre Völker unterdrücken und die Mächtigen ihre Macht missbrauchen.
Ja, das kannten die Jünger. Das jüdische Volk litt unter der Herrschaft der Römer. Um ihre Kriege und ihre Großmacht finanzieren zu können, erhoben die Römer hohe Steuern, die besonders die Reichen in den besetzten Gebieten auspressten. Um ihren Besitzstand zu retten, versuchten die Reichen in Israel Grundbesitz zu erreichen. Land konnte man aber nicht einfach auf einem freien Markt erwerben. Land war in Familienbesitz und wurde weitervererbt. So kamen die Reichen in Israel auf eine hinterhältige Praktik. Sie verliehen Geld an Bauern, erhoben hohe Schuldzinsen, und bei Schwierigkeiten erzwangen sie einen Tausch: Schulden gegen Landbesitz. Wenn wir die Gleichnisse Jesu anschauen, merken wir, dass horrende Schulden, Abhängigkeit von Schuldnern, abwesende Großgrundbesitzer, die viel Land angesammelt haben, seinen Zuhörern bekannte Themen waren. Die jüdischen Revolutionäre 66 nach Christi Geburt verbrannten als erstes den Tempelschatz, der auch die Schuldbücher aufbewahrte!
Wie soll man dagegen vorgehen? Gegen die herrschenden unterdrückenden Römer, gegen die „Kredithaie", gegen die korrupten Großgrundbesitzer? Gibt es nur zwei Wege: entweder gewaltsamer Widerstand oder erdulden? Die Geschichte hat gezeigt, dass beide Wege Gewalt und Ungerechtigkeit oft einfach fortsetzen: Unterwerfung ändert nichts an der bestehenden Ungerechtigkeit. Kampf und gewaltsame Revolution führt oft zu direkter Vergeltung, genährt durch Rache! Die Revolutionäre setzen auf andere Weise in Bezug auf andere Menschen die Ungerechtigkeit fort. **Was empfiehlt Jesus?**

Nicht Auge um Auge, Zahn um Zahn empfiehlt Jesus in der Bergpredigt, sondern: Vergelte Böses nicht mit Gegenaufstand! Anders formuliert: Greife gegen das Böse nicht zur Waffengewalt! Empfiehlt Jesus also erdulden, ja sogar richtig übertrieben erdulden? „Wenn dich einer vor Gericht bringen will, um dir das Hemd wegzunehmen, dann lass ihm auch den Mantel!" Wenn man den sozialen Kontext nicht kennt, ist diese Aussage verwirrend und irreführend. In den Gesetzen der Bücher Mose werden hohe Schuldzinsen verboten, denn sie sind ungerecht. Und: „Wenn du den Mantel deines Nächsten als Pfand nimmst, sollst du ihn vor Sonnenuntergang zurückgeben, denn sein Mantel ist die einzige Decke für seinen Leib." Ex 22,24ff. Natürlich hielten sich die Reichen nicht immer an diese fairen Regeln. Schon Amos schimpft, dass Reiche auf gepfändeten Kleidern schlemmen.

Auch zu Jesu Zeiten wurden viele hoch verschuldete Arme vor das Gericht gezerrt und gezwungen, alles Mögliche an Besitz dem Gläubiger zu geben. Eigentlich ein hoffnungsloser demütigender Fall. Sogar das Hemd wird einem genommen. Wenn nun der Arme nach Jesu Empfehlung auch den Mantel dem Gläubiger zusätzlich zur Schuldentilgung hinterherwirft, ist er nackt. Nacktheit war in Israel ein Skandal, besonders war der Verursacher der Entblößung geächtet. Wenn der Arme nun nackt durch die Straßen lief und bekannt machte, dass ein Reicher ihn vor Gericht gezerrt hatte, so hat der Arme den Reichen öffentlich als ungerecht demaskiert. Indem der Arme übertrieben Gehorsam leistet, offenbart er närrisch die Ungerechtigkeit.

Jesu Empfehlung ist also moralisches Jiu-Jitsu: Der Impuls des Angreifers wird bei dieser Kampfart durch Umwendung benutzt, um ihn selbst zu schwächen. Auch die Empfehlung Jesu, die linke Wange hinzuhalten oder eine zweite Meile mitzugehen, kann und muss in dieser Logik verstanden werden.

Jesus empfiehlt also einen dritten Weg – wir nennen ihn heute oft gewaltfreien Widerstand.

In unserem heutigen Evangelium ahnt Jesus, dass er in diesem Land der Gewalt und Unterdrückung sterben muss, weil er diesen dritten Weg gewählt hat und diesen dritten Weg den anderen Menschen als Alternative zu gewaltsamem Kampf oder zur Erduldung anbietet: Der Menschensohn ist gekommen, um sein Leben hinzugeben als Lösegeld für viele.
Aus dem 20. Jahrhundert kennen wir mindestens vier berühmte Beispiele, dass der dritte Weg Jesu zu mehr Frieden und Gerechtigkeit führen kann:
Gandhi führte mit dem dritten Weg Jesu Indien in die Unabhängigkeit und entließ die Briten nicht als Feinde, sondern als Freunde.
Martin Luther King überwand die Erniedrigungen der Schwarzen in Amerika, 2008 konnte Obama sogar Präsident werden.
Demonstrationen mit Kerzen in der DDR überforderte die Staatssicherheit, die deutsche Einheit wurde möglich.
Nelson Mandela und Desmond Tutu überwanden mit gewaltfreiem Widerstand die Apartheid in Südafrika und die Wahrheitskommissionen lehnten Rache und Vergeltung als Ziele ab.
Für Walter Wink gibt es **sechs entscheidende Gründe**, warum ein Christ in einer ungerechten Gesellschaft den dritten Weg wählen sollte:
1. „Liebt eure Feinde und betet für eure Verfolger!" Mt 5,44 Der Feind ist auch ein Mensch, er ist auch ein Kind Gottes, er hat ähnliche Bedürfnisse wie ich nach Sicherheit, Ernährung, Akzeptanz usw. Er hat nur eine zerstörerische Strategie gewählt, um sich diese Bedürfnisse zu erfüllen, und er beurteilt und verurteilt in seinem Denken mich und meinesgleichen. Aber solche Strategien will ich nicht anwenden und in solchen Verurteilungen will ich nicht denken. – Das meint: Liebt eure Feinde! Luthers Frage war: Wie finde ich einen gnädigen Gott? Für Walter Wink ist heute die entscheidende Frage: Wie kann ich Gott in meinem Feind finden? Luthers Frage kann man privat

klären, Winks Frage ist zur weltumspannenden Menschheitsfrage geworden.

Die Feindesliebe zeigte sich zum Beispiel nach der Überwindung der Apartheid in Südafrika, dass für die weißen Unterdrücker in der neu entstehenden Gesellschaft ein gerechter fairer Platz gesucht wurde.

2. Jesu Weg verwendet Mittel, die zum Reich Gottes passen. Die Kommunisten ersehnten eine gerechte, friedliche Gesellschaft, aber die Mittel Stalins oder Maos waren alles andere als gerecht und friedlich.

3. Jesus weigert sich, ungerechten Gesetzen zu gehorchen, zum Beispiel eine enge Auslegungen des Sabbatgebots. Aber er akzeptiert die Folgen seines Ungehorsams. Im gewaltfreien Widerstand empfiehlt es sich, gezielt ungerechte Gesetze zu übertreten, und die Folgen, wie zum Beispiel Verhaftung, auf sich zu nehmen. Dadurch wird deutlich, dass wir nicht die Anarchie wünschen oder unterstützen, sondern eine gerechtere Gesellschafts- und Rechtsordnung.

4. „Wenn wir Gewalt mit Gewalt bekämpfen, dann spiegeln wir einfach das Böse. Wir werden das, was wir bekämpfen."[68] Jeder Mensch hat mehr oder weniger auch einen Hang, eine Potenz zum Bösen, zum Zerstören, zum Verteufeln. Nur wer demütig und mit geistlicher Disziplin diesen Hang in sich bewusst wahrnimmt und mit Bitte um Gnade, Vertrauen, Liebe, Geduld und Vergebung darauf reagiert, kann vermeiden, dass die unbändige Macht der Gewalt und des Hasses uns selbst unser Herz vergiftet. Paulus, Gandhi, Martin Luther King haben gerade das Gefängnis als Läuterungsort ihrer eigenen Dunkelheiten erfahren. Im Gefängnis entstanden ihre wertvollsten Briefe, Gedanken und Texte.

5. Der dritte Weg Jesu ist kein Müssen sondern ein Dürfen und Können. Sobald uns die Gnade zuteil wird, die Kraft Gottes als stärker zu erkennen als die Kraft des Bösen, wollen wir den dritten Weg Jesu gehen, anstatt zu resignieren oder zu vergelten.

Und wir können dann auch diesen Weg Jesu gehen, weil wir von Gottes Kraft getragen sind.

6. Der dritte Weg Jesu kann auch zum Kreuz und zum Martyrium führen. Das ist nichts Natürliches, eher zu leiden, als Gewalt anzuwenden. Flucht oder Kampf sind natürliche Reaktionen des Menschen. Deswegen gilt es, den Weg des Kreuzes einzuüben und um Kraft zu beten.

30. Sonntag im Jahreskreis: Die kleinen Helden im Markusevangelium

Mk 12, 28b-34
Auf den ersten Blick ist unsere heutige Geschichte eine ganz normale Wundergeschichte.
Der blinde Bartimäus bittet um Heilung. Jesus heilt ihn und sagt seinen bekannten Spruch: Dein Glaube hat dir geholfen.
Dann aber zum Schluss der kleine Satz: Er folgte Jesus auf seinem Weg. Vielleicht denken wir da an die Jüngerregel: Wer mein Jünger sein will, der verleugne sich selbst, nehme sein Kreuz auf sich und folge mir nach.
Genau das erfüllt Bartimäus. Er folgt Jesus auf seinem Weg nach, er ist sozusagen ein echter Jünger. Einer, der sofort kapiert und Jesus nachfolgt – ist das etwas Besonderes? Ja, das ist es!
Begriffsstutzige Jünger Denn mit den Jüngern hat es Jesus im Markusevangelium schwer, sehr schwer. Das ist eines der großen Besonderheiten des Markusevangeliums:
Eigentlich beruft doch Jesus die 12, damit er sie als seine Nachfolger für die Verbreitung des Evangeliums aufbaut. Aber das klappt irgendwie nicht richtig. Manchmal hat man den Eindruck, man würde einem verzweifelten Lehrer zuschauen. Jesus resigniert, weil seine Schüler, seine Jünger erstens nichts verstehen und zweitens sich auch noch mit völlig Unwichtigem „während des Unterrichts" beschäftigen.
Das glauben Sie nicht, dass Markus die Jünger so miserabel geschildert hat? Einige Kostproben gefällig?
Dreimal kündigt im Markusevangelium Jesus seinen Tod in Jerusalem an. Das ist ja wirklich ein ernstes Thema! Aber wie reagieren die Jünger nach der jeweiligen Ankündigung darauf? Bei der ersten Bekanntgabe will Petrus Jesus davon abhalten. Er hat noch gar keinen Sinn dafür, dass zum Sohn Gottes das Leiden gehört, um das Böse von innen zu überwinden. Noch peinlicher sind die Reaktionen nach der zweiten und dritten Ankündigung.

Nach der zweiten streiten die Jünger darum, wer von ihnen der Größte ist. Nach der dritten bitten zwei ihn, im Reich neben ihm sitzen zu dürfen. Möchte man da nicht als Leser den Jüngern wütend zurufen: Habt ihr es nicht mehr alle! Jesus, euer Meister, sagt, dass er bald sterben muss. Und ihr denkt nur egoistisch an Ruhm und Plätzegerangel!

Oder wollen Sie mal hören, wie Jesus als verzweifelter Lehrer über seine unverständigen und undisziplinierten Schüler bzw. Jünger schimpft? Jesus will sie vor den Pharisäer und Schriftgelehrten warnen. „Sie aber machten sich Gedanken, weil sie kein Brot bei sich hatten. Als er das merkte, sagte er zu ihnen: Was macht ihr euch darüber Gedanken, dass ihr kein Brot habt? Begreift und versteht ihr immer noch nicht? Ist denn euer Herz verstockt? Habt ihr denn keine Augen, um zu sehen, und keine Ohren, um zu hören? Erinnert ihr euch nicht?" Mk 8,15-18. Und als sie beim Seesturm Angst haben, sagt er: Habt ihr noch keinen Glauben? Zu Bartimäus aber sagt er: Dein Glaube hat dir geholfen.

Die Jünger, die eigentlich die Sache Jesu weiterführen sollen, versagen immer wieder als Schüler bzw. Jünger! Bis zuletzt: Petrus verrät Jesus, die Jünger rennen davon. Josef von Arimathäa begräbt Jesus, nicht einer der 12. Nur die Frauen wagen sich zum Grab Jesu. Vorbilder zum Christsein sind die Jünger im Markusevangelium nicht!

Die kleinen Helden Hat der Leser des Markusevangeliums gar keine positiven Vorbilder, wie man Christ sein kann? Doch, aber es sind gerade Personen am Rande, kleine Helden, unbekannt, die plötzlich auftauchen: Bartimäus ist einer von ihnen.

Der Hauptmann am Kreuz ist ein anderer: Obwohl ein Heide erkennt er in Jesus den Sohn Gottes. Aber im Gegensatz zu Petrus klammert er das Leiden nicht aus. Ganz im Gegenteil. Gerade als er Jesus am Kreuz anschaut, versteht er alles: Dieser ist Gottes Sohn!

Noch ein Beispiel: Der Gerasener, der durch Jesus von einem Dämon befreit wird, möchte bei ihm bleiben, er möchte ein Jünger Jesu werden. Jesus lehnt ab und gibt ihm einen kleinen Verkündigungsauftrag: Geh nach Hause, und berichte deiner Familie alles, was der Herr für dich getan und wie er Erbarmen mit dir gehabt hat. Aber er macht aus voller Begeisterung daraus einen großen Verkündigungsauftrag. Da ging der Mann weg und verkündete in der ganzen Dekapolis, was Jesus für ihn getan hatte, und alle staunten.

Was bedeutet das für uns heute?
1. Das Markusevangelium ist eine gesunde Provokation für die ganze Kirche, für alle Insider der Kirche, für alle, die sich selbstbewusst Christen nennen. Denn es fragt uns: Erkennst du wirklich Jesus Christus, den Gekreuzigten, als Sohn Gottes? Folgst du wirklich Jesus nach und nimmst dein Kreuz auf dich? Bist du wirklich bereit, mit Begeisterung die frohe Botschaft weiter zu erzählen? Oder fehlt dir das Urvertrauen in Gottes Gnade und Kraft? Ist dir wichtig, an welcher Stelle du stehst? Oder verlierst du dich in alltäglichen Sorgen und verpasst dann das Wesentliche?

Auf die ganze Kirche bezogen hat die Kirchenkonstitution diese kritische Frage des Markusevangeliums uns wieder bewusster gemacht: Die Kirche ist nur dann Kirche Jesu Christi, wenn sie sich immer neu bemüht, seinen Auftrag zu erfüllen. Und das heißt: Ihm nachfolgen, ihn verkündigen, ihm vertrauen.

2. Das Markusevangelium will unsere Aufmerksamkeit auf das Kleine, Unbeachtete lenken. Das Reich Gottes wächst oft da, wo wir es nicht vermuten. Menschen, von denen wir es gar nicht erwarten, folgen Jesus nach auf ihre besondere Weise. Und vielleicht können wir in unserem eigenen Leben Situationen und Chancen entdecken, wo wir Christ werden, so wie wir es uns nie erträumt hätten…

3. Wir sagen: Ich bin Christ! Und manchmal klingt das so, wie wenn man sagt: Ich bin Mitglied im Sportverein Münchhausen.

Aber Markus zeigt uns an den Jüngern: Der, der sagt, ich bin Christ, kann völlig am Wesentlichen vorbeileben. Und an den kleinen Helden zeigt er uns: Es kommt aufs Christ-Werden an.

Christ-werden Und so ist das Markusevangelium eine Einladung zum größten und wertvollsten Abenteuer für uns Menschen: Christ werden! Das Evangelium ist nicht nur ein Bericht über das Leben, Reden und Handeln Jesu. Es ist Einführung, Schule und Vorbild zum Christ-werden. An Jesus sollen wir uns ein Beispiel nehmen. Die Dramatik des Evangeliums soll in uns die Sehnsucht wecken, ihm nachzufolgen, sein Jünger zu werden. Und die Jünger und kleinen Helden im Evangelium zeigen uns, welche Herausforderungen, Irrungen und Wirrungen uns bevorstehen, aber auch welche Gnaden uns auf diesem Weg immer wieder geschenkt werden, oft unerwartet. Und so ruft Jesus uns Leser quasi direkt durch das ganze Evangelium zu: Wage den Weg des Glaubens![69]

31. Sonntag im Jahreskreis: Gottesliebe und Nächstenliebe

Mk 12,28-34

In unserem Evangelium lobt der Schriftgelehrte Jesus, dass er auf die Frage nach dem wichtigsten Gebot die zwei Gebote der Liebe nennt: Die Gottesliebe und die Nächstenliebe. Aber ihr Zusammenhang wird nicht erläutert.
Wie hängen die beiden Gebote zusammen?
Im Matthäusevangelium offenbart Jesus in seiner Endgerichtsrede einen Zusammenhang: Was ihr für einen meiner geringsten Brüder getan habt, das habt ihr mir getan. Mt 25, 40. Und der 1. Johannesbrief verdeutlicht: Wenn jemand sagt: Ich liebe Gott, und seinen Bruder hasst, ist er ein Lügner. 1 Joh 4,20. Die beiden Gebote hängen also irgendwie zusammen. Man kann nicht das eine erfüllen und das andere nicht! Der Jesuitenpater Franz Jalics hat dies in seinen Exerzitienpredigten immer mit einem mathematischen Exempel verdeutlicht. Mich berührt dieses Zahlenbeispiel immer wieder aufs Neue, deswegen will ich es Ihnen nicht vorenthalten. Angenommen: Eine Person kennt 100 Leute, 30 mag sie, 50 sind ihr nur oberflächlich wichtig, eigentlich egal und 20 lehnt sie ab. Dann ist es ebenso bei Gott: 30% von Gott mag diese Person, 50% sind ihr egal und 20% von Gott lehnt sie ab. Wir können sogar noch weiter gehen: Ebenso steht es mit ihrer Beziehung zu sich selbst, auch wenn sie das nicht so erlebt: 30% von sich mag sie, 50% von ihr sind ihr egal und 20% von sich lehnt sie ab. Wir können dieses mathematische Exempel nun präzisieren und gewisse Personen zu Recht in ihrer Bedeutung gewichten: Wenn ich meinen Vater oder meine Mutter ablehne, dann hat das mehr Gewicht, als wenn ich irgendeinen Arbeitskollegen ablehne. Aber die grundsätzliche Erkenntnis ändert sich nicht: Ich kann nicht sagen, ich liebe Gott und lehne viele Menschen in meinem Leben ab. Dann mache ich mir etwas vor. Ich belüge mich selbst. Meine Liebe zu Gott ist eine

Einbildung. Es gilt aber auch umgekehrt: Wer sagt, ich liebe Gott nicht, denn der existiert überhaupt nicht, und in seinem Leben wirkliche Nächstenliebe praktiziert, der liebt Gott, auch wenn er es gar nicht merkt. Genau diesen Fall hat Rahner als anonymen Christen bezeichnet. Dieses mathematische Exempel macht uns realistisch: Wer wissen will, wie stark er wirklich Gott liebt, der frage sich, wie stark er die Menschen in seinem Leben liebt.

Gottes Liebe zu uns Das sagt aber nichts darüber aus, wie stark uns Gott liebt. Gott liebt die Menschen verschwenderisch, unabhängig davon, wie stark wir ihn lieben, ja seine Liebe ist eine Trotzdem-Liebe: Obwohl wir Irrwege gehen, wie der verlorene Sohn, bleibt er trotzdem der barmherzige Vater.

Wir können nun diesen Zusammenhang dynamisch betrachten, nicht nur statisch: Wer in einer Liebe wächst, der wächst auch in der anderen Liebe. Wer lernt, andere Menschen mehr zu würdigen, anzunehmen, sich ihnen zu öffnen, der liebt auch Gott mehr, der kommt aber auch mit sich selbst mehr ins Reine. Wer mehr seiner inneren Berufung folgt, wer mit sich selbst mehr in Frieden ist, wer mehr sich selbst annimmt und mit sich selbst liebevoll umgeht, der spürt, dass der Friede zu seinen Mitmenschen wächst und im Glauben stärker wird. Und wer in der Liebe zu Gott lebendiger wird, durch Gnade und durch ein Hören auf seine innere Sehnsucht nach Gott, der wächst in der Geduld mit seinen Mitmenschen und mit sich selbst und er freut sich mehr über sich und über die anderen.

Episode Franz Jalics erzählte in seinen Exerzitien dazu eine Episode aus seinem eigenen Leben, die mich ähnlich wie das mathematische Exempel immer wieder fasziniert: Er wurde Theologieprofessor und Spiritual in Argentinien. Dort erlebte er eine tiefe Glaubenskrise. Er hatte das Gefühl, dass eigentlich nur die sichtbare Welt existiere. Die atheistische Weltsicht erschien ihm als die ehrlichste, sein Ordensleben als fataler Irrweg. Drei Jahre lang rang er mit sich, ob er Priestertum und Ordensleben aufgeben solle. Eine Episode zeigte ihm einen Weg aus der Krise.

Im Gemeinschaftsraum hatte es sich eingebürgert, dass immer ein älterer, emeritierter Professor das Abspülen des ganzen Geschirrs übernahm. Eines Tages ärgerte sich dieser darüber, dass die anderen immer selbstverständlich das ganze Geschirr liegen lassen und sich nicht um das Abspülen kümmern. Am Nachmittag bemerkte Franz, dass er seinem Mitbruder gar nicht richtig zugehört hatte. Das Problem seines Mitbruders hatte er gar nicht an sich heran gelassen! Dann fragte er sich, ob das mit seiner Beziehung zu Gott ähnlich sei? „War ich nicht in mir, in meinen Gedanken und in meinen Aktivitäten so verstrickt, dass ich Gott nicht mehr an mich heran lassen und deswegen nicht mehr an ihn glauben konnte? Die Parallele war naheliegend und erschütterte mich tief."[70] Jalics bemühte sich ein Jahr lang, offener auf Menschen einzugehen. Er bemühte sich, seinen Mitmenschen aufmerksam zuzuhören. Nach einem Jahr war die Krise vorbei. Diese Erfahrung war für ihn der deutlichste Beweis für die Parallelität der Beziehung zu den Nächsten, der Beziehung zu Gott und der Beziehung zu sich selbst.

Aber warum ist die Liebe zum Nächsten so eng mit der Liebe zu Gott verbunden? Es sind keine zwei Arten menschlichen Handelns, die nachträglich irgendwie verbunden werden. Sie gehören zusammen wie zwei Seiten einer Medaille. Aber die Liebe zum Nächsten soll wirklich den konkreten Nächsten meinen, mit seinen Ecken und Kanten. Dieses Liebesgebot wäre falsch verstanden, wenn wir es in der Gottesliebe auflösen würden und uns fromm immer sagen würden: Ich liebe durch den Nächsten hindurch eigentlich Gott, der in ihm ist. Die Liebe zum Nächsten, zu sich selbst und zu Gott gehören unvermischt und ungetrennt zusammen! Also wie hängen sie nun zusammen? Ich lebe als Mensch, ich gestalte mein Leben nur im Dialog mit meinen Mitmenschen! Die liebende oder hassende Kommunikation mit dem konkreten Du ist DER Grundakt des Menschen. Und das ist ein offenes Abenteuer, ein Wagnis, immer gefährdet, immer eine Herausforderung, nie im endlichen Leben abgeschlossen. Wer treibt uns in dieser Liebe zum Mitmensch an? Wer trägt uns, wenn wir nicht mehr weiter wissen? Worauf verweist letztlich die Liebe zum Nächsten, die im endlichen Leben immer Stückwerk bleibt? In jeder konkreten Nächstenliebe ist die Verbindung zu Gott tragender Grund, Horizont, hoffende Kraftquelle, oft nur unbewusst mitgemeint, aber immer anwesend. Zuletzt ein Rahnersatz, der das alles zusammenfasst: „Auch die explizite Gottesliebe [im Gebet oder Gottesdienst zum Beispiel] ist noch getragen von jener vertrauend-liebenden Öffnung zur Ganzheit der Wirklichkeit hin, die in der Nächstenliebe geschieht."[71]

32. Sonntag im Jahreskreis: Die Frage nach Hobbes Urzustand und das Paradox der armen Witwe

Mk 12,38-44
Die arme Witwe beeindruckt Jesus und sie beeindruckt uns! Das ist doch nicht normal – denken wir! Aber was ist schon normal?
Der Philosoph Thomas Hobbes bezeichnete den normalen Zustand des Menschen: homo homini lupus est! Der Mensch ist des Menschen Wolf. Wir sind normalerweise nur auf unsere Vorteile bedacht. Selbsterhaltung und Triebbefriedigung leiten jeden Menschen. Und da wir Menschen das auch beim anderen erwarten, gehen wir im Naturzustand misstrauisch miteinander um: Übergriffe, Gewalt, Krieg jeder gegen jeden – das ist eigentlich der Urzustand zwischen Menschen. Wenn zwei Menschen den gleichen Gegenstand wollen, entsteht ein Konkurrenzkampf. Habsucht führt dazu, den Feind ausschalten zu wollen. Dieser reagiert mit Gegenangriff.
Die Folgen des Krieges aller gegen alle sind: Ständige Todesfurcht, keine Moral, Gewalt und Betrug sind Tugenden, keine Sicherheit für Eigentum, keine Entwicklung von Kultur usw.
Nur eine staatliche Macht kann Frieden zwischen Menschen herstellen. Deswegen ist es vernünftig, dass Menschen quasi in einem Vertrag ihre Macht abgeben und in einer Staatssouveränität bündeln: dem Leviathan.
Mir hat das Menschenbild von Hobbes nie gefallen. Ich wollte mich nicht damit zufrieden geben, dass wir Menschen von Natur aus nur egoistisch und voll Misstrauen gegenüber unseren Mitmenschen sind. Der Mensch ist doch von Gott sehr gut geschaffen worden – das ist für die Bibel der menschliche Urzustand!

Realer Krieg aller gegen alle in Russland Dann las ich „Verbrannte Erde. Stalins Herrschaft der Gewalt" von Jörg Baberowski: Schon im Frühjahr 1917 brachen die zaristischen Staatsstrukturen zusammen. Die Bolschewisten mit Lenin nutzten das Chaos und verschärften es, um es für ihre Ziele zu nutzen. Als ich die Beschreibungen über diese Zeit las, wurde mir überdeutlich: Das ist der Hobbessche Naturzustand – jeder gegen jeden! Die Bolschewisten konnten aber nicht in kurzer Zeit ein funktionierendes Staatssystem aufbauen, das die Menschen mit dem Wichtigsten versorgte. Um Hungeraufstände zu vermeiden, ließ Lenin ab 1921 einen gewissen Handel der Bauern und Gewerbefreiheit für Handwerker und Kleinstbetriebe zu. Er merkte, dass die umfassende Planwirtschaft noch nicht umsetzbar war.

Als ich dann zu den Analysen der Gewaltherrschaft Stalins kam, fasste ich für mich seine Strategie zusammen mit dem Gedanken: Er hat Hobbes Kriegszustand, jeder gegen jeden, Misstrauen überall, kultiviert und systematisch ausgebaut! Ein Junge, der seine Eltern als Verräter des kommunistischen Staates denunziert, wird mit einem Orden versehen und als Held gefeiert. Stalin war bewusst unberechenbar: Keiner sollte sich sicher fühlen! Berichte über Hungerkatastrophen ließ Stalin kalt. Jegliche Kritiker aus den Reihen der Parteieliten eliminierte er!

Was mich beim Lesen so furchtbar erschreckte: Man kann Hobbes Urzustand wirklich herstellen. Stalin hatte es sogar geschafft, seine Herrschaft zu erreichen, indem er den Hobbes Kriegszustand aktiv organisierte und kultivierte, nicht indem er diesen beseitigte! Mag der Mensch in seinem Urzustand gut und kooperationsfähig sein, mag der Urzustand des Menschen nicht ein Krieg jeder gegen jeden sein. Menschen waren und sind fähig, diesen Hobbesschen Kriegszustand herzustellen!

Aber sogar in diesem menschenverachtenden Gewaltraum gab es Menschen wie die Witwe, die das Unnormale taten. Ich denke z. B. an Schostakowitsch, der nach dem Verriss seiner Oper „Lady

Macbeth in Minsk" mit dem Tod oder dem Gulag rechnen musste. Er komponierte weiter und verlieh mit seinen Sinfonien dem leidenden Volk eine Stimme, obwohl man von ihm Triumphmusik für den Kommunismus erwartete.

In jeder offiziellen Doktrin eines kommunistischen Staates wurden die Solidarität und der Einsatz des Einzelnen für die Gemeinschaft gepriesen und gepredigt. Aber Mitte 1990 zeigte sich auch in Nordkorea deutlich, welchen Menschentyp die kommunistische Diktatur hervorbringt. Die staatlich organisierte Güterversorgung wurde immer schlechter. So entwickelte sich parallel zur maroden Staatswirtschaft eine rohe Marktwirtschaft im Untergrund: Menschen verkauften selbstangebautes Gemüse, Pilze, Fische, Elektrogeräte und DVDs aus China. Diese Marktwirtschaft zeitigte Menschen im hobbesianischen Naturzustand: Finde deine Marktlücke oder geh vor die Hunde!

Wenn also der Staat selbst die Menschen von der Verantwortung füreinander befreit, wie in extremer Weise in den kommunistischen Staaten, indem er die lokale normale Solidarität und Verbindungslinien einengt, ja zerstört und alle zu gleichförmigen Mitgliedern eines Staatskörpers macht, dann produziert er den Menschen, den Hobbes als natürlich bezeichnet: Jeder gegen jeden![72] In anderen Worten: „Dieser angeblich „natürliche" Zustand des Krieges aller gegen alle ist nämlich das rückwirkende Produkt der aufgezwungenen Staatsmacht; damit diese Macht funktionieren kann, muss der Souverän die direkten Querverbindungen zwischen den Individuen zertrennen."[73]

Dialektischer Lernprozess: Wie ist nun die Natur des Menschen, wenn er dazu fähig ist? Mit dieser Einsicht ergibt sich eine neue Frage: Vielleicht ist die Frage nach der ursprünglichen Natur irreführend und wir sollten eine andere Frage stellen: Was können wir tun, damit Staaten und Regionen nicht zu hobbesianischen Kriegszuständen zerfallen?

Oder wir sollten auch das Konzept der ursprünglichen Natur korrigieren. In einem Kommentar zu Hegels Phänomenologie des

Geistes fand ich folgenden Gedanken: Menschen verfügen zwar über ursprünglich-natürlich anerkennende Fähigkeiten. Aber diese sind schwach entwickelt. Nur in einem passenden gesellschaftlichen Raum können sie zu einer zweiten Natur, einer Gewohnheit der gegenseitigen Anerkennung entwickelt werden. Ansonsten würde sich eine hobbessche Struktur des Kampfes jeder gegen jeden durchsetzen.[74]

Menschen wachsen Familien und kleinen Gemeinschaften heran. In diesen überschaubaren Gemeinschaften entwickeln wir unsere Gewohnheiten, unsere impliziten Weltbilder und Menschenbilder. Hobbes übersieht das und beginnt mit schon voll urteils- und handlungsfähigen Personen, unabhängig von ihren sozialen Verbindungen. Er beginnt mit Personen, die Absichten haben und strategische Pläne schmieden können, mit reinen Individuen ohne soziale Einbettung.[75]

Fazit: Damit unsere erste Natur zu einer zweiten Natur der gegenseitigen Anerkennung entwickelt wird, muss unser sozialer Kontext uns positiv prägen!

Wir müssen ein positives Menschenbild kultivieren. Der Glaube an die Positivität schafft Positivität. Wenn wir in unserer Gesellschaft davon ausgehen, dass sich die erste Natur zu einer zweiten Natur der gegenseitigen Anerkennung entwickeln kann, können sich Menschen viel mehr auch dahin entwickeln. Die Einstellung, dass sich das Gute durchsetzen kann, schafft den guten Boden für das Gute!

Wichtig dabei scheint ein ausgewogenes Gemisch von Ordnung und Freiheit zu sein, das immer neu austariert werden muss. Ein bemerkenswertes Beispiel dazu: Nach dem Sommer 2016 zeigte sich in Deutschland: In den Gemeinden, in denen Politiker über die neuen Flüchtlinge im Ort aufklärten, transparent handelten und klare Prozeduren und gesicherte Ordnung schufen, gab es auch keine Fremdenfeindlichkeit.

Zwei Negativbeispiele: Stalin und seine Kommunisten trauten den Menschen nichts zu. Sie gingen von dem Menschenbild aus, dass der Mensch nur durch äußere Machteinwirkung kommunistisch wird.

Slavoj Zizek erzählte einen Fall in China: Ein helfender Mensch wurde verurteilt! Peng Yu half einer gestürzten Frau, als sie in einen Bus einsteigen wollte. Er gab ihr 200 RMB und brachte sie ins Krankenhaus. Er blieb solange, bis die Familie der älteren Dame kam. Statt sich bei diesem „barmherzigen Samariter" zu bedanken, verklagten sie ihn: er habe sicherlich den Unfall eigentlich verursacht und nur aus Scham oder Schuldgefühlen ihr geholfen. Das Gericht gab ihnen Recht: Peng Yu musste 45876 RMB Schmerzensgeld zahlen. Das Gericht begründete das Urteil: Ein normaler Mensch würde nicht so freundlich sein. Indem er die Frau zum Krankenhaus brachte, gab er vielmehr seine Schuld zu![76] – So eine Gesellschaft kann sich nicht vorstellen, dass es Menschen wie die arme Witwe oder wie den barmherzigen Samariter gibt.

Jesus dagegen beschenkt uns alle mit einem anderen Menschenbild: Nicht alle sind wie die Witwe oder der barmherzige Samariter, aber wir Menschen können so werden. Umso mehr wir von ihnen und anderen Helden der Nächstenliebe erzählen, halten wir in unseren Gemeinschaften das Menschliche wach, das den anderen als Menschen anerkennt! Das ist der wertvollste Wert, den das Christentum den Menschen, den Völkern, Staaten und Nationen zu vermitteln hat!

33. Sonntag im Jahreskreis: Rahners Gedanken zu Mariä Himmelfahrt

Mk 13,24-32

Karl Rahner hat zu dem Fest „Mariä Aufnahme in den Himmel" eine wertvolle Predigt gehalten. Ich möchte seine Gedanken und einige seiner Formulierungen aufgreifen, um einige Linien zu zeichnen, wie wir uns den Himmel, das ewige Leben, das Gericht Gottes, seine Gerechtigkeit und Barmherzigkeit vorstellen könnten – bei allem Vorbehalt, dass unsere Bilder und Gedanken darüber immer nur ahnende Skizzen sein können.

Rahner beginnt mit unserer alltäglichen Lebenserfahrung, dass alles im irdischen Leben im Fluss der Zeit ist, dass alles vergänglich ist. „Alles atmet den Odem der Vergänglichkeit." Wir können das verdrängen und so tun, als ob wir hier auf Erden etwas Beständiges aufbauen könnten. Doch Rahner ermahnt uns poetisch: „Wie seltsam eitel und klein muss in gewissem Sinn all unser Tun sein, da es nicht bleiben kann, sondern vergeht [...]. Darum wohl ist es, als wollten die Menschen mit Händen, die vor Gier zittern und vor geheimem Grauen vor dem Tod, schnell möglichst viel hineinraffen in diese kurze Zeit, in diesen kurzen Traum, den wir das Leben nennen, möglichst viel Lust und Ehre, Macht und Wissen. Doch das Gefäß ist eng, alles, was wir hineinschöpfen, ist endlich, arm und klein, und dann – einmal bricht das Gefäß, und für immer zerrinnen der Wein der Freude und die bitteren Wasser des Leides. Alles endigt im Tode."[77] Oder wie das Evangelium sagt: Himmel und Erde werden vergehen.

Dann malt uns Rahner ein Bild: Jeder Moment des Lebens ist wie eine Welle, sie kommt und vergeht. Aber jede Welle hinterlässt etwas am Strand. So hinterlässt jeder Moment etwas Ewiges am Strand der Ewigkeit. Etwas Gutes oder Böses, das diesen Moment ausmacht. Rahner selbst: „In der Gleichgültigkeit allen Kommens und Gehens lebt geheimnisvoll ein Bedeutungsvolles, ein Ewiges: das Gute und das Böse. Es ist, als ob alle Wellen der

Zeitlichkeit in ihrem ruhelosen Auf und Nieder immer leise anschlügen an dem Gestade der Ewigkeit, und jede Welle, jeder Augenblick der Zeit, jedes Menschenwerk dort das zurückließe, was an ihm ewig ist, das Gute und das Böse. Gut und Böse sind Dinge der Ewigkeit, sind Ewigkeit in den Dingen der Zeit."[78]
Das, was an den Strand der Ewigkeit von jedem Moment unseres Lebens angeschwemmt wird, bildet quasi ein Mosaik – ein immer weiterwachsendes Lebensmosaik. Unsere Seele enthält dieses Lebensmosaik, das mit jedem Lebenstag weiter wächst. Wieder Rahner: „Die ewige Güte und Bosheit unserer vergänglichen Werke sinkt nieder auf den ewigen Grund der unvergänglichen Seele, gestaltet diesen verborgenen Grund. […] Keine Zeit und kein Vergessen tilgt in ihm, was Güte und Bosheit geschaffen haben in jenen Tiefen. Nur neue Güte und Reue können noch gut machen, was Bosheit dort an Ewigkeit geschaffen hat, nur Bosheit kann dort die verborgene Schönheit der Güte noch zerstören […]. So bildet sich in der Vergänglichkeit langsam ein Ewiges, das ewige Antlitz unserer Seele und in ihm unser ewiges Schicksal."[79]
Unser Lebensmosaik besteht also – bildlich gesprochen – aus hellen und dunklen Steinen. Sie stehen für das Ewige unserer lebensförderlichen und guten Lebensmomente und unserer lebenszerstörenden und bösen Lebensmomente.
Wenn wir sterben, treten wir mit diesem Lebensmosaik vor Gott. Gleichzeitig sehen wir das erste Mal das ganze Mosaik, unverhüllt und unverzerrt! Diese Selbsterkenntnis im Lichte der vollen Liebe Gottes, ermöglicht uns Heilung, Reinigung, Reue. Die Gnade Gottes, die Heilung, Reue, Erlösung bewirkt, löscht die dunklen Steine aus dem Lebensmosaik. Aber sie können nicht mehr durch helle Steine ersetzt werden. Noch einmal Rahner: „Und wenn durch Gottes Gnade ein Augenblick der Reue wieder tilgt, was böse Stunden in der Tiefe unseres Wesens als Ewigkeit schaffen wollten, eines bleibt auch dann noch: diese bösen Stunden sind für ewig verronnen, für ewig leer. Nie mehr wird

aus ihrem Schoß eine lichte Ewigkeit hervorgehen, unfruchtbar sind sie ins Nichts des Gewesenen zurückgesunken."[80]
Als Maria in den Himmel aufgenommen wurde, zeigte sich ihr Lebensmosaik: Es war voll hell strahlender Steine. Große Heilige haben viele, sehr viele helle Steine. Aber auch sie werden von einigen Dunkelheiten durch die Gnade befreit.
Wie schauen dann die Lebensmosaike von Gewalttätern, von Diktatoren, von Menschenverächtern aus? Ihr Lebensmosaik wird nach dieser Logik viele, viele leere, gähnend leere Stunden beinhalten. Wenige helle Steine bilden ihr Lebenstorso.
Zeigt sich darin nicht sowohl die Barmherzigkeit als auch die Gerechtigkeit Gottes in Ausgewogenheit? Gott ist barmherzig in seinem letzten Gericht: Seine Gnade heilt, erlöst uns von unseren dunklen Steinen unseres Lebensmosaikes. Gleichzeitig zeigt sich eine Gerechtigkeit in der Ewigkeit. Marias Lebensmosaik erstrahlt überhell. Sie verkörpert ein Leben, das immer schon ganz aus der Gnade gelebt hat. Es gibt Unterschiede: Das strahlende Lebensmosaik eines Franziskus oder einer Teresa unterscheidet sich vom tristen Lebensmosaik eines Menschen, der viel Zerstörendes zu verantworten hat.
Wohlgemerkt, das sind Skizzen. Und wir können kritisch hinterfragen: Werden wir hier nicht zu individualistisch betrachtet? Sind wir nicht schon im irdischen Leben viel vernetzter? So müsste auch die Heilung vernetzter gesehen werden? Es ist eine Skizze, aber – wie ich denke – eine hilfreiche, insbesondere hilfreich für unsere Gesamteinstellung zur eigenen Existenz und zum Leben insgesamt. Es fördert unser Urvertrauen und fordert uns gleichzeitig zur Verantwortung auf. Mein irdisches Leben zerfällt nach dem Tod nicht in völliges Nichts. Gott heilt alle meine Dunkelheiten in der Ewigkeit. Aber es ist nicht egal, wie wir leben. Denn schon im irdischen Leben erahnen wir, dass wertvolle Lebensmomente etwas Ewig-Gutes enthalten. Sie erstrahlen auch in der Ewigkeit.

Christkönig: Hoffnung auf mehr Frieden?

Eine erstaunliche Untersuchung Der amerikanische Evolutionspsychologe Steven Pinker hat eine neue Geschichte der Menschheit geschrieben. Auf 1000 Seiten führt er aus, dass die Menschheit in ihrer Entwicklung immer friedfertiger geworden ist. Gewalt, Krieg, Mord und Folter sind auf lange Sicht der Menschheitsgeschichte nicht mehr geworden oder gleich geblieben sondern weniger geworden. Eine erstaunliche These, die nicht der intuitiven Einschätzung vieler entspricht, aber auch irgendwie hoffnungsvoll stimmt. So ist im Laufe der Jahrhunderte die Totschlagrate drastisch gesunken. In Oxford des 14. Jahrhunderts wurden durchschnittlich 110 Menschen pro 100.000 Menschen in einem Jahr ermordet, Mitte des 20. Jahrhunderts in London nur ein Mord pro 100.000 Menschen. Nach Pinkers Angaben starben im 20. Jahrhundert in Kriegen 180 Millionen Menschen, das sind 3% der Bevölkerung, in vorgeschichtlichen Gesellschaften dagegen starben in Kriegen ungefähr 15%.

Nach seiner Einschätzung haben die Menschen insbesondere in den letzten Jahrhunderten gelernt, die langfristigen Folgen ihrer Handlungen vorauszusehen, die Gedanken und Gefühle anderer Menschen zu berücksichtigen und mehr Mitgefühl zu entwickeln. Eine Kultur der Ehre, die auf Rache gesinnt ist, machte einer Kultur der Würde Platz, die mit der Bereitschaft, die eigenen Gefühle zu kontrollieren, verbunden ist.

So hoffnungsvoll Pinkers Analyse ist, bleiben doch die vielen Opfer der Geschichte. Wo erfahren sie Gerechtigkeit und Heilung? Und auch wenn die Gewalt weniger geworden ist, so gibt es immer noch Kriege – und der Kampf um lebensnotwendige Ressourcen wie Wasser, Boden, Wälder, Fische z. B. wird im 21. Jahrhundert mit seinem Klimawandel auch neue Formen von Gewalt hervorbringen.

Die christliche Hoffnung Wie sollen wir Christen da unsere Hoffnung verstehen und leben? Denn unsere Glaubenserfahrung ist ja selbst in einer Spannung: Einerseits glauben wir an einen Gott des Lebens, der Befreiung und der Auferstehung. Andererseits bekennen wir den gekreuzigten Gott. Gott selbst zeigt sich irgendwie selbst einerseits größer als alles und unermesslich erhaben, andererseits sich erniedrigend, still und schweigend. Wir können Gott als Vater ganz vertrauen und doch ist und bleibt er unverfügbares Geheimnis: Eure Gedanken sind nicht meine Gedanken! Durch die ganze Geschichte hindurch bleiben also Kreuz und Auferstehung, Macht und Ohnmacht, Offenbarung und Verborgenheit bestehen. Erst wenn „Gott alles in allem sein wird", wird Gott – das ist unsere christliche Hoffnung – alle Wunden heilen, Gerechtigkeit schaffen, die Überwindung des Bösen, die mit der Kreuzigung Jesu schon begonnen wurde, vollenden. Die Wahrheit unseres Gottes entscheidet sich also vollends erst in der Zukunft, am Ende der Zeiten.

Der Weg der Hoffnung Ist das eine Vertröstung auf das Jenseits? Nicht wenn wir uns klar sind, dass wir jetzt schon in der Geschichte immer wieder Spuren von Hoffnung finden können und Hoffnungsspuren selbst als Christen mit der Kraft Gottes legen dürfen. Der Weg der Menschheit in Zukunft ist genauso ungewiss wie der persönliche Lebensweg. Aber wir dürfen hoffen, dass Gott mit seiner Kraft in den dunklen Stunden beisteht, dass wir mit seiner Kraft auch für andere Quelle der Hoffnung und Freude und Sinn werden können. Weil wir glauben, dass letztlich wirklich alles zum Guten führt, wenn „Gott alles in allem sein wird".

Allerheiligen: Wer ist Ihr Lieblingsheiliger?

Wer ist Ihr Lieblingsheiliger? Oder haben Sie vielleicht mehrere Lieblingsheilige? Haben Sie vielleicht eine Biografie oder einige Texte gelesen, die Sie beeindruckt haben? Und wie hat Ihr Lieblingsheiliger oder Ihre Lieblingsheiligen Sie geprägt, Ihr Denken verändert, Ihren Lebensstil beeinflusst? Gibt Ihr Lieblingsheiliger Ihnen manchmal Mut, Hoffnung oder Trost? Inwiefern ist er oder sie ein Vorbild für Sie?
Ich habe einige Heilige, die mich sehr beeindruckt und beeinflusst haben und prägen! Als Kind habe ich gerne in einem Kinderbuch über Legenden von Heiligen gelesen. Eine Biografie von Ignatius von Loyola hat wesentlich dazu beigetragen, dass ich Priester geworden bin. Der Film über das Leben von Oscar Romero gehört zu den wenigen Filmen, die mich immer wieder so berühren, dass mir die Tränen kommen.
Aber warum ist es so wertvoll und wichtig, sich von Heiligen inspirieren zu lassen? Eine Antwort kann uns Ignatius und sein Leben geben. Eigentlich wollte er ja Ritter werden. Aber eine Kanonenkugel, die ein Bein traf, unterbrach seine Karriere. Auf dem Krankenbett las er Legenden von Heiligen, weil es sonst keinen anderen Lesestoff gab. Mit der Zeit wurde es für ihn immer attraktiver, ein Leben wie der heilige Franziskus oder der Heilige Dominikus zu leben. Sie wurden seine Vorbilder, sein Antrieb, seine Herausforderung!
Gebote und Nachfolge allein können uns nicht dazu führen, ein erfülltes, inspiriertes und lebendiges christliches Leben zu führen. Jesus selbst sagte ja zu dem Jüngling, der alle Gebote hält: Verkaufe alles, gib das Geld den Armen und folge mir nach! Jesus nachfolgen heißt, ihn zum Vorbild zu erwählen, sich von ihm und seiner Botschaft vom Reich Gottes inspirieren zu lassen, ihn zum Lehrer auf dem geistlichen Weg und auf dem Lebensweg zu machen. Fast 2000 Jahre später wird der Philosoph Henri Bergson von den beiden Quellen der Moral oder Religion sprechen:

Gebote sind die eine Quelle, Nachfolge die andere Quelle. Gebote sind allgemein und unpersönlich, Nachfolge ist persönlich und erweckt das Feuer des Heiligen Geistes. Gebote, Gesetze, soziale Verpflichtungen sind notwendig für eine Gesellschaft. Sie sind die eine Quelle der Moral und Religion. Die andere Quelle aber führt uns wirklich weiter in unserem Leben, Glauben, Hoffen und Lieben. Bergson selbst schrieb in seinem Buch „Die beiden Quellen der Moral und der Religion": „Da sie Begeisterte waren, strahlten sie eine Begeisterung aus, die niemals ganz erloschen ist und deren Flamme sich immer entfachen kann."[81] Genau aus diesem Grund lohnt es sich, sich mit Heiligen zu beschäftigen, sich einen Lieblingsheiligen oder mehrere zu erwählen: Sie können uns begeistern, sie können das Feuer des Heiligen Geistes in uns neu entfachen. Genau das ist auch die Einladung Jesu an den Jüngling: Lass dich von mir und meiner Botschaft vom anbrechenden Reich Gottes begeistern.

Mit allen Ecken und Kanten heilig werden Es lohnt sich also, sich mit Heiligen zu beschäftigen. Und Sie werden bald feststellen, dass sie auch Menschen mit ihren Ecken und Kanten waren. Das macht sie liebenswürdig und sympathisch. Und gleichzeitig zeigt uns das, dass sie oft aus ihrer Ohnmacht heraus dazu geführt wurden, auf die Gnade zu vertrauen, die sie dann verwandelte.

Paulus z. B. hatte seine liebe Not mit den verschiedenen Gemeinden. Im zweiten Brief an die Korinther lässt er sich zu einer Narrenrede hinreißen. Er lässt seiner ganzen Wut und Frustration freien Lauf. Er ist tief verletzt, dass man ihm vorwirft, er könne wortgewaltig schreiben aber in der freien Rede sei er wenig überzeugend. Verzweifelt ist er, dass die Korinther Superaposteln nachlaufen, die nicht das Wesentliche des Evangeliums verstanden haben. Er rühmt sich seiner Schwachheit, weil er dann umso mehr auf die Gnade Christi vertrauen kann. So ist mir Paulus sympathisch und Vorbild in einem.

Wegweisende Episoden Geschichten, kleine Episoden von Heiligen können für uns Wegweiser im Alltag und Schule für Herzensgüte sein. Ich denke da zum Beispiel an die berühmte Episode, als Johannes Don Bosco noch junger Kaplan war. Der Mesner vertrieb kurz vor der Messe einen Jungen aus der Sakristei. So ein Lümmel, schleicht hier herein und ist gar kein Ministrant! Der junge Priester horcht auf und fordert den Mesner auf, den Jungen zurückzuholen. Er bittet den Jungen zu warten, bis er von der Messe zurück ist. Nach der Messe fragte er ihn nach seinem Namen, was er arbeitet, was mit seinen Eltern ist, ob er lesen oder schreiben könne? Der Junge antwortet wortkarg und reserviert. Nein er kann nicht lesen oder schreiben. Kannst du wenigstens singen? Nein! Immer noch schaut der Junge skeptisch und unsicher. Da frägt Don Bosco ihn: Kannst du pfeifen? Da lacht der Junge, das Eis ist gebrochen. Don Bosco und Bartholomäus werden Freunde. Am nächsten Sonntag kam Bartholomäus mit fünf anderen Jungen wieder. So erkannte Don Bosco mit der Zeit seine Berufung für junge Menschen. Diese kleine Episode kann für uns inspirierend in vielerlei Hinsicht sein: Seien wir aufmerksam für die verschiedenen Menschen, die uns begegnen, gerade die, die wir leicht übersehen! Gerade wenn du mit Jugendlichen zu tun hast, dann schau, wo ihre Stärken sind, was sie interessiert. Vertrau darauf, dass in jedem Jugendlichen Stärken und positive Samenkörner verborgen sind.

Trost und Stütze Und wie können Heilige Trost und Stütze und Hoffnung in dunklen Zeiten sein! Ich denke da gerade an die kleine Therese von Lisieux: Sie erkennt ganz deutlich, dass Gott gerade die Kleinen, die Unvollkommenen erwählt hat. Sie will auch eine Heilige werden. Aber sie erkennt an sich so viel Unvollkommenes. Jedoch ihre Sehnsucht nach Jesus lässt sie einen anderen Weg erkennen. Sie nennt ihn den kleinen Weg. „Der Fahrstuhl, der mich bis zum Himmel emporheben soll, deine Arme sind es, o Jesus! Dazu brauche ich nicht zu wachsen, im Gegenteil, ich muss klein bleiben, ja, mehr und mehr erst werden."[82] Über mehrere Jahre hinweg erlebt sie eine große Dunkelheit in ihrer Seele. Sie spürt über längere Strecken hinweg nicht die Gegenwart Gottes. Und trotzdem bleibt sie vertrauensvoll auf Gott und Jesus Christus ausgerichtet. Ihre Treue im Glauben ist Vorbild und Kraftquelle zugleich.

Beste Kirchenkritiker Zuletzt möchte ich erwähnen, dass die Heiligen die besten Kritiker für unsere Kirche sind. Denken wir z. B. an Gertrud von Helfta, die sich nicht durch kontrollierende Priester klein kriegen ließ und damit heute wieder zur Mahnung wird, die Rolle der Frauen in der Kirche zu stärken und zum Beispiel endlich auch Frauen zur Diakonweihe zuzulassen.

Lust bekommen auf Heilige? Ich hoffe es! Denn sie können das Feuer des Heiligen Geistes und die Freude am Christsein neu in uns entfachen!

Anmerkungen:

[1] Vgl. Karl Rahner: Das große Kirchenjahr, hg. Albert Raffelt, 1987, S.27-31.
[2] Harald Welzer: Selbstdenken, 2013, S. 253.
[3] Vgl. Jon Sobrino: Der Glaube an Jesus Christus. Eine Christologie aus der Perspektive der Opfer, 2007.
[4] Harari, Yuval Noah: Eine kurze Geschichte der Menschheit, 2015, S.261.
[5] Pesch, Otto Hermann: Das Zweite Vatikanische Konzil, 1994, S. 307.
[6] Vgl. Michael Pflaum: Deleuze´s Differenzdenken und die Idiomenkommunikation, 1998.
[7] Sabine Hübner: Das torlose Tor, 2002, S. 168.
[8] Tolle, Eckhart: Eine neue Erde, 2005, S.65
[9] Dobelli, Rolf: Die Kunst des klugen Handelns, 2012, S. 151.
[10] Jung und Mordhorst: Kurzmeditationen zu den Evangelien aller Sonn- und Feiertage, 2010.
[11] Jacques Lusseyran: Das wiedergefundene Licht. Die Lebensgeschichte eines Blinden im französischen Widerstand, 12. Aufl. 2002, S. 18
[12] Jacques Lusseyran: Das wiedergefundene Licht. Die Lebensgeschichte eines Blinden im französischen Widerstand, 12. Aufl. 2002, S. 20f
[13] Jacques Lusseyran: Das wiedergefundene Licht. Die Lebensgeschichte eines Blinden im französischen Widerstand, 12. Aufl. 2002, S. 21
[14] Jacques Lusseyran: Das wiedergefundene Licht. Die Lebensgeschichte eines Blinden im französischen Widerstand, 12. Aufl. 2002, S. 28.
[15] Berz, August: Mit Gott ins Heute I, S. 187.
[16] Sogyal Rinpoche: Das Tibetische Buch vom Leben und Sterben, 2006, S. 235
[17] Martin Ebner: Jesus von Nazareth, 2012, S.146
[18] Martin Ebner: Jesus von Nazareth, 2012, S.147
[19] Martin Ebner: Jesus von Nazareth, 2012, S. 147
[20] Martin Ebner: Jesus von Nazareth, 2012, S.148
[21] Vgl. Dreyfus und Kelly: Alles, was leuchtet, 2014, S. 14.
[22] Berz, August: Als Christ in den Tag I, S. 10.
[23] Jon Sobrino: Der Glaube an Jesus Christus. Eine Christologie aus der Perspektive der Opfer, 2007, Vgl S. 157
[24] Jon Sobrino: Der Glaube an Jesus Christus. Eine Christologie aus der Perspektive der Opfer, 2007, Vgl. 120f.
[25] Jalics, Franz: Kontemplative Exerzitien, 1994, S. 134-136.
[26] Jon Sobrino: Der Glaube an Jesus Christus. Eine Christologie aus der Perspektive der Opfer, 2007, S.127.
[27] Jon Sobrino: Der Glaube an Jesus Christus. Eine Christologie aus der Perspektive der Opfer, 2007, S.171.

[28] Tolle, Eckhart: Eine neue Erde, 2005, S. 65.
[29] Essen, Siegfried: Selbstliebe als Lebenskunst, 2011, S.46.
[30] Gekürzte Fassung der Legende, Vgl. Lagerlöf, S.: Christuslegenden, München 1993, S.205-254.
[31] Dostojewskij: Die Brüder Karamasow, 1988, S. 337
[32] Dostojewskij: Die Brüder Karamasow, 1988, S. 338
[33] Vgl. mein Artikel: „Gottes Gegenwart, lebensweltliche Gnade und die Sakramente", in dem ich diese drei Ebenen durch die Erstheit, Zweitheit und Drittheit von Charles Peirce begründet habe. In: Christologisches Tryptichon, 2011.
[34] Emmanuel Jungclaussen (Hg.): Das Jesusgebet, 2001, S. 70.
[35] Emmanuel Jungclaussen (Hg.): Das Jesusgebet, 2001, S.71
[36] Vgl. Karl Lehmann, Albert Raffelt: Karl Rahner Lesebuch, S. 235 ff. „Die zwei Grundtypen der Christologie", insbesondere S. 238.
[37] Vgl. Badiou, Alain: Paulus. Die Begründung des Universalismus, 2002, S. 136
[38] Vgl. Badiou, Alain: Paulus, 2002, S. 166
[39] Vgl. Badiou, Alain: Paulus, 2002, S. 178.
[40] Vgl. Badiou, Alain: Paulus, 2002, S. 182
[41] Safranski: Das Böse
[42] Vgl. W. Reifarth: Wie anders ist der andere? Enneagrammatische Einsichten. S. 156-160
[43] Spät, Patrick: Der Mensch lebt nicht vom Hirn allein. Wie der Geist in den Körper kommt, 2012, S.120
[44] Bibel heute, Thema „Markus", 2002/2.
[45] Vgl. Deleuze, Gilles: Kleine Schriften, 1980, S. 27-30 Artikel: Philosophie und Minderheit.
[46] Vgl. Herders Theologischer Kommentar zum Zweiten Vatikanischen Konzil, Bd. 2, 2004.
[47] Vgl. Foucault, M.: Diskurs und Wahrheit. Berkeley-Vorlesungen 1983, Berlin 1996, S.10-19
[48] Vgl. Foucault, M.: Diskurs und Wahrheit. Berkeley-Vorlesungen 1983, Berlin 1996, S.22
[49] Vgl. Foucault, M.: Diskurs und Wahrheit. Berkeley-Vorlesungen 1983, Berlin 1996, S.79
[50] Vgl. Foucault, M.: Diskurs und Wahrheit. Berkeley-Vorlesungen 1983, Berlin 1996, S.97f
[51] Rahner, K.: Das freie Wort in der Kirche, Einsiedeln 1953, S.19.
[52] Vigil, Maria Lopez: Oscar Romero, 1993, S. 167-169
[53] Krauth, Lothar: Lausbub bis ans Lebensende, 1996, S. 35
[54] Die Zeit 14. Juni 2012, Nr. 25.

[55] Aber so Joseph Vogl, der mit seinem Buch „Das Gespenst des Kapitalismus" analysiert hat, wie die Finanzkrisen entstanden sind und inwiefern die blinden Flecken der Wirtschaftswissenschaftler dazu beigetragen haben, in einem Interview mit der ZEIT. Die Zeit 11. August, Nr 33/2011, S. 37f.
[56] Die Zeit 11. August, Nr 33/2011, S. 37f.
[57] Die Zeit 11. August, Nr 33/2011, S. 37f.
[58] Etwas genauer ausgedrückt von Joseph Vogl: „In Zeiten des Wachstums wird die Beschaffung von Krediten erleichtert, das Investitionsvolumen vergrößert. Das ergibt ein Erwartungsklima, in dem sich Sicherheitsmargen verkleinern, Geldangebote erhöhen, umlaufende Schulden vermehren. Zwangsläufig gerät dieser euphorische Prozess dann an einen kritischen Punkt, wo die Erfüllung von Finanzierungskontrakten immer riskantere Investitionen, die Schaffung neuer Finanzinstrumente verlangt. Und kleine Irritationen können zum Zusammenbruch des gesamten Finanzierungsgeschehens führen. Krisen und Turbulenzen werden also im Innern des Systems und durch seine stabilen Phasen selbst herbei finanziert."
[59] Die Zeit 11. August, Nr 33/2011, S. 37f.
[60] Interview mit Vogl von Christ und Welt/ZEIT
[61] Vgl. Carter Heyward: Und sie rührte sein Kleid an. Eine feministische Theologie der Beziehung
[62] Zahner, Paul: Franz von Assisi begegnen, 2004, S. 24f.
[63] Sobrino, Christologie der Befreiung, Band 1, S. 186 -187.
[64] Stertenbrink, Rudolf: In Bildern und Beispielen Bd. I, 1998; S. 74.
[65] Furman, Ben: Es ist nie zu spät, eine glückliche Kindheit zu haben, 2002, S.45.
[66] Tolle, Eckhart: Eine neue Erde, 2005, S. 210f.
[67] Vgl. Sander: Der Ort der Ökumene für die Katholizität der Kirche – von der unmöglichen Utopie zu prekären Heterotopie, S. 186-200 in Herders theologischer Kommentar zum II. Vatikanischen Konzil. Bd V.
[68] Wink, Walter: Angesichts des Feindes, 1988, S. 92.
[69] Martin Ebner: Im Schatten der Großen. Kleine Erzählfiguren im Markusevangelium, in: Biblische Zeitschrift 44 (2000).
[70] Jalics, Franz: Kontemplative Exerzitien, 1994, S. 64.
[71] Rahner, Karl: Sämtliche Werke Band 12, 2005, S. 90.
[72] Vgl. Zizek, Slavoj: Weniger als nichts, 2014, S. 430.
[73] Zizek, Slavoj: Weniger als nichts, 2014, S. 430.
[74] Vgl. Vieweg, Welsch (Hg): Hegels Phänomenologie des Geistes, 2014, S. 303.
[75] Vgl. Stekeler-Weithofer: Philosophie des Selbstbewusstseins, 2005, S. 420.
[76] Vgl. Zizek, Slavoj: Was ist ein Ereignis?, 2014, S.174.

[77] Karl Rahner: Das große Kirchenjahr, hg. Albert Raffelt, 1987, S. 495.
[78] Karl Rahner: Das große Kirchenjahr, hg. Albert Raffelt, 1987, S. 496.
[79] Karl Rahner: Das große Kirchenjahr, hg. Albert Raffelt, 1987, S. 496.
[80] Karl Rahner: Das große Kirchenjahr, hg. Albert Raffelt, 1987, S. 497.
[81] Bergson, Henri: Die beiden Quellen der Moral und der Religion, 1992, Seite 75.
[82] Bode, Franz-Josef: Zeit mit Gott. Ein Stundenbuch II. S. 427.